集 刊 名：以色列研究
主办单位：教育部国别与区域研究备案中心
四川外国语大学以色列研究中心

Israel Studies

以色列研究（第1辑）

集刊序列号：PIJ-2019-399
中国集刊网：www.jikan.com.cn
集刊投约稿平台：www.iedol.cn

教育部国别与区域研究备案中心
四川外国语大学以色列研究中心 主办
Center for Israel Studies at SISU

以色列研究

ISRAEL STUDIES

（第1辑）

陈广猛 主编

社会科学文献出版社
SOCIAL SCIENCES ACADEMIC PRESS (CHINA)

卷首语

从国土面积和人口来看，以色列是亚洲西部濒临地中海的一个小国，但有着与其领土人口极不相称的国际知名度。它与巴勒斯坦旷日持久的冲突、与阿拉伯邻国的敌对状态，以及与美国的特殊关系等，常会成为国际新闻媒体关注的热点。历史上，犹太民族与《圣经》的密切联系、犹太人二战期间遭受纳粹屠杀的惨痛经历，甚至犹太人赚钱理财的秘笈、犹太人教育的种种神奇等，也会让人不由自主地把目光投向以色列这个当今世界唯一以犹太人为主体的国家。而近年来，随着中国“一带一路”倡议的推进，国别和区域研究的蓬勃开展，作为“一带一路”重要节点国家的以色列，也越发引起中国学者的重视。《以色列研究》集刊正是在这一背景下应运而生。它是一本跨学科、综合性的学术集刊。作为国内第一份专注于“以色列研究”的集刊，它将带给你关于“中东”这个当今世界最复杂的地区之一，以及“以色列”这一重要国家的最新研究成果，力求成为各行各业中对以色列、犹太和中东研究感兴趣的人员相互沟通和交流的平台。

《以色列研究》研究以色列的什么呢?

首先，研究当代以色列社会的方方面面。

政治方面，以色列是中东地区民主化程度最高的国家（根据《经济学人》民主指数的历年排名）。自 1948 年建国以来，以色列虽然从未有过一个政党在议会选举中获得超过半数选票，每次均需政党联合才能组阁，但其政治制度的稳定令人惊叹，每次政权的交替总能和平进行。为什么以色列会形成这样一种政治体制？其结合犹太历史经验和现代民主原则的“克奈塞特”（希伯来语意为“大集会”）议会制度到底是如何运作的？值得去探讨。

经济方面，以色列也颇具特色。2018 年以色列建国 70 周年之际，其人均 GDP 已达 4 万美元，并于 2010 年加入了号称“发达国家俱乐部”的经济合作与发展组织（OECD）。作为中东地区的一个贫油国，以色列是凭什么在建国后如此短的时间内“发家致富”的呢？其中固然有它在现代农业、生物技术、电子芯片等高科技产业方面的成功，但以色列从建国初期颇具“社会主义”特色的“基布兹”（希伯来语，意为“集体农庄”）盛行，到 20 世纪 80 年代后期私有化运动的大范围开展，经济制度的适时转型可能是更为重要的影响因素。

军事方面，以色列虽国小人少，却是中东的“军事强国”，其军队的战斗力在中东地区可谓首屈一指。借助美国的支持和援助，以色列的某些军工技术和产业甚至“青出于蓝”，无人机技术、费尔康预警机系统、铁穹防御系统等都达到了世界领先水平；而其男女学生在中学毕业后统一服兵役的制度，在全世界也是独一无二的。此种制度的一个显性表现便是和平时期街头随处可见的荷枪军人。为什么会产生这种奇特现象？个中原因令人深思。

社会文化方面，当代以色列社会中的两大人群，尤其值得关注：一是占其总人口约 20%的拥有以色列国籍的阿拉伯人；二是占人口 10%左右身穿黑色礼服不工作的极端正统派犹太教徒。作为当今世界唯一以犹太人为主体的国家，以色列阿拉伯人常被人忽视，但其快速增长的人口趋势，对于阿以关系的影响不亚于武装冲突；而极端正统派犹太教徒是否需要服兵役的问题也始终是以色列社会争论的焦点。如何在犹太性和多元性之间保持平衡？这是以色列社会必须面对的一个难题。

除此之外，当代以色列在宗教、文学、电影、艺术等方面也都颇具特色。犹太教在维系以色列国民性方面的作用、以色列作家在世界文学中的地位、以色列国家犹太电影中心（National Center for Jewish Film）的角色和功能、以色列艺术与阿拉伯艺术的风格差异等，都值得进行全面而深入的研究。从中国视角对这些领域进行考察，无疑会加深我们对以色列的认识和理解。

其次，要更深入地认识当代以色列，就必须了解以色列的历史。

虽说以色列 1948 年才建国，但犹太人的历史却绵延数千年。实际上，犹太研究（Jewish Studies）是一个专门的学术领域。国际犹太研究学会（AJS，1969 年成立）的历史也远早于国际以色列研究学会（AIS，1996 年成立），并且年会的规模要大得多。中国的情况也大致如此，犹太研究的开展不仅早于以色列研究的开展，犹太研究学者的数量也比以色列研究学者多一些。但两个学术圈之间联系紧密，人员也多有交叉。

犹太研究最突出的领域是犹太史。历史上，犹太人很早就在巴勒斯坦地区生活，该地区在圣经时代就被称为“流奶与蜜之地”；而《圣经》也与犹太人有着直接的联系。耶稣本身就是犹太人，而出卖他的“犹大”也是犹太人。公元1世纪前后，罗马帝国攻破耶路撒冷后，犹太人开始了长达千年的“大流散”（Diaspora）。虽然离开了巴勒斯坦这块土地，但犹太人的历史并未中断。时起时落的反犹主义（Anti-Semitism）一直贯穿着欧洲的历史，直至二战时期，纳粹屠杀了600万犹太人。而19世纪末西奥多·赫茨尔等人提出的犹太复国主义（Zionism），最终为以色列的建国提供了重要的思想动力。历史是现实的一面镜子，通过深入考察犹太民族的历史演变过程，无疑有助于认识当下的以色列。

除了犹太史，当代犹太人也是一个值得研究的主题。散居于世界各地的犹太人，与以色列皆有着千丝万缕的联系。美国犹太人、俄罗斯犹太人等通常是所在国的一股重要的政治力量。其中，作为当今除以色列之外犹太人最多的国家，美国的犹太人对于美国和以色列特殊关系的影响，一直是国际关系学者关注的主题；而苏联/俄罗斯对俄裔犹太人的政策，也不断左右着它与以色列的关系，甚至现在俄裔犹太移民政党（如以色列家园党）在以色列政坛的影响力也不容忽视，这些问题都需要深入研究。

此外，将犹太人作为一个民族与其他民族的比较也是一个有意思的话题。经常被提及的一个数据是“犹太人以占全世界0.2%的人口摘取了20%的诺贝尔奖”（*The Jewish Chronicle*，Oct. 10，2013）。作为一个独特的民族，犹太人的这项成就确实让人感到惊奇。犹太人的教育思想、犹太人的价值观念、犹太人的道德伦理，以及作为犹太人基本特征的犹太教等，无一不值得深入研究和考察。

而对于中国学者来说，历史上来华犹太人也是一个值得研究的主题。从“古代开封犹太社团”到“近代上海的塞法迪犹太商人”；从“近代哈尔滨、天津的俄国犹太人”到“二战时期到上海避难的欧洲犹太人”，都表明犹太人与中国之间有着深厚的历史渊源。同时，这些也是可资研究的素材，是中国学者开展犹太研究的优势所在。

最后，研究以色列，还需将其放入中东的大背景下来考察。

中东地区，是当今世界最为动荡的一个区域，由于其连接欧、亚、非三大洲的地理属性，自古以来就是兵家必争之地，而以色列则是其中的一个焦点国家。从某种意义上来说，以色列是国际关系研究的“一座富矿”。有统计表明，近年来去以色列留学的中国学生，除了研习物理、化学、农业等自然科学之外，研修最多的就是国际关系专业了。

“阿以关系”是公认的世纪难题，也是国际关系研究中持久的热点问题。1948 年、1956 年、1967 年、1973 年四次中东战争，1982 年黎巴嫩战争，以及 2008 年、2012 年、2014 年三次大规模的加沙军事行动，以色列都是实际参与者。时至今日，安全仍是以色列关注的首要问题，虽然以色列在 1979 年、1994 年分别与埃及和约旦实现了关系的正常化，但与其他周边邻国如叙利亚、黎巴嫩和巴勒斯坦的敌对状态仍未解除。

同时，以色列与中东地区的其他伊斯兰国家如土耳其、沙特、伊拉克、伊朗等的关系也非常微妙，分化组合，瞬息万变。中东地区的一些热点问题如伊朗核问题、叙利亚内战、库尔德问题、“伊斯兰国”恐怖组织问题等，以色列都认为与其相关。2010 年“阿拉伯之春”爆发以来，政治风暴所到之处，以色列人也是心惊胆战。“城门失火，殃及池鱼”，面对中东地区的复杂外部环境，以色列根本无法置身事外。

此外，由于中东地区的战略重要性，传统域外大国纷纷涉足该地区，甚至在某一时期成为影响中东地区局势的决定性因素。美以特殊关系的影响、俄罗斯对于中东事务的介入，英法与中东的历史渊源，中国对中东地区事务越来越多的参与，都是以色列处理对外关系时必须要面对的问题。

在某种程度上，以色列的国内问题和外交问题实际上很难截然分开。由于以色列与中东的密切联系，对以色列的研究就要做适度的延展。正如那句谚语所云，“若要研究世界，必要研究中东；若要研究中东，必要研究以色列”（To study the world, the Middle East is a must; to study the Middle East, Israel is a start），反之亦然。

总的来看，以色列及其相关领域的研究，是一个很有前途的学术领域。虽然已有国外学者进行了探索并定期出版研究成果，如英国的《以色列事务》（*Israel Affairs*，一年六期，SSCI）、以色列的《以色列研究》（*Israel Studies*，一年两期）和美国的《以色列研究评论》（*Israel Studies Review*，一年三期），但以中文形式出版《以色列研究》集刊，仍有其独特的学术价值。它除了发表以色列研究相关成果之外，还展示中国学者观察问题的视角。在此之前，中国的中东研究刊物发表的多是关于中东各国的综合性研究成果，如中国社会科学院西亚非洲研究所的《西亚非洲》、上海外国语大学中东研究所的《阿拉伯世界研究》，以及西北大学中东研究所的《中东研究》，而以集刊形式专门出版“以色列研究”的学术成果，这在国内还是首份。旁观同属亚洲的日本、印度等国，也尚无此类出版项目，这可能也是中国方兴未艾的国别和区域研究出版物的一个缩影吧。

陈广猛

2019 年 11 月于重庆

目录 Contents

以色列与中东

书 评

CONTENTS

INTERVIEW WITH FAMOUS EXPERTS

ISRAEL STUDIES

JEWISH STUDIES

ISRAEL AND THE MIDDLE EAST

BOOK REVIEW

• 名家访谈 •

编者按：本栏目每期对一位国内外著名的犹太和以色列研究专家学者进行访谈，由他/她来讲述自己与希伯来语、以色列研究结缘的故事，分享治学经历和经验，介绍学术思想和理念，以期对年轻学者有所启迪和帮助。

机缘巧合入门来

——访中国著名希伯来语和以色列研究专家、上海外国语大学东方语学院杨阳教授

郭　洋

● 杨阳，上海外国语大学（上外）东方语学院教授、副院长，以色列研究中心主任，兼任《新丝路学刊》编辑部主任，中国犹太文化研究联盟理事，国际以色列研究学会会员、欧洲以色列研究学会会员。1995年毕业于北京大学（北大）东方学系希伯来语专业，后获上海外国语大学国际关系专业中东研究方向硕士和博士学位，曾在以色列特拉维夫大学政治学系、加拿大麦克马斯特大学、美国布兰代斯大学舒斯特曼以色列研究中心、美国马里兰大学以色列研究所访学，主要研究方向为犹太研究、以色列研究和中东国际关系，参与多项教育部重点课题，包括“国际核不扩散机制与中东核问题”“新中国对中东国家的人文外交研究”“冷战后西方大国在中东的军事基地研究”等，承担校级教材项目“中东思想库研究”和“希伯来语泛读教程”，出版学术专著《以色列与美国犹太人关系研究》《中东非阿拉伯国家智库研究》和译作《奇迹年代》，发表以色列研究相关论文20余篇。

○ 郭洋，海法大学犹太研究专业硕士，2016年上海外国语大学希伯来语专业本科毕业，现就职于四川外国语大学重庆非通用语学院。

○ 杨老师，您好！希伯来语在国内一直是小众的语种，您是如何与希伯来语结缘的呢？

● 我是机缘巧合之下开始了希伯来语的学习。我在 1990 年被北大阿拉伯语专业录取。当时，1990 届的北大新生需要先进行一年的军训。在军训结束，等待正式入学的暑假里，家里收到了北大的一封信，学校为了国家外交事业的建设准备新增设一个希伯来语班，问我愿不愿意转到希伯来语专业。当时希伯来语也是挺新奇的一门语言，跟父母商量了一下，也没有看出阿拉伯语和希伯来语孰优孰劣，再加上当时我国与以色列还没有正式建交，相关的一切都很神秘，让我也很好奇，于是我没有多想就同意了。

当时我们的班主任是张平老师，主要教东方文学，所有语言课由外教负责，当时我们的外教很有教学经验，推崇乌尔潘（Ulpan）[①] 的用希伯来语教希伯来语（Teaching Hebrew in Hebrew）的沉浸式语言教学方式，尽量在课堂不使用英文解释。刚开始我们不太明白她一上来说的话是什么意思，说得多了，再通过肢体语言，慢慢你会知道大概的意思。

○ 您求学时网络并不发达，除了课堂上的沉浸式教学，还有什么别的学习方式吗？

● 我们当时使用的教材跟现在学生使用的是同一套初级教材，只不过那时候的版本更薄一点，只有一册。由于没有什么网络资源，就专心致志搞好这一本书。另外，我们的外教也竭尽所能通过各种渠道给我们带来资料。北大和系图书馆里也有一批希伯来语书，我借了不少，课余时间借助借来的词典，认真读了几本。那本词典原本是希伯来语-英语词典，后来有人根据英文解释补上了中文翻译，所以有些中文表达与希伯来语原文并不完全匹配。现在同学们学习，可以自由地使用网络词典，比我们以前的学习方便了不少。即使当时使用的词典有些小错误，我觉得阅读完这些书，我的单词量还是大大地提高了。

我们当时外教的课堂很活跃，学生与老师的交流很积极，在外教的指导下，我们还排练了希伯来语戏剧。后来徐哲平教授从希伯来大学回来了，她也参与到教学中。她会比较系统地去教语法，帮助我们练习动词的变化和介词的使用等。

---

① 乌尔潘（Ulpan）是以色列专门教授希伯来语的机构。——编者注

除了专业课，北大还有各种各样的选修课。我更多地关注语言和文学方面，文学史、东方文学、西方文学、中国古代文学、古典汉语、现代文学，我都去学了一遍。各个院系开的其他选修课、举办的各种讲座，我也很有兴趣，去听了不少。

○ 您参与建设了上外的希伯来语专业，可以谈一谈当时的情况吗？

● 上外的东方语学院在20世纪90年代末就有意向开设希伯来语专业，不过当时条件还不是很成熟。我觉得上海本身与犹太人的联系还是比较紧密的，这是我们后来建设希伯来语专业的基础。历史上有很多犹太人为上海的繁荣发展做出了贡献，当然他们自己也获得了财富。最重要的是，上海在二战中接纳了很多犹太难民，让他们能够平安度过那一段最艰难的岁月。上海很早就有了犹太研究。我记得90年代，上海三联书店就出过一套犹太文化丛书。

我加入上外后首先是在上外中东研究所工作，中东研究所是教育部人文社会科学重点研究基地。以色列是中东研究里不可或缺的一部分，朱老师①很欢迎我加入他们的研究团队。在工作的同时，我取得了国际关系专业的硕士和博士学位，并从事中东国际关系的研究工作。因为我是希伯来语专业出身，所以上外的希伯来语专业开设前，我也作为学校的一个储备人才参与准备工作。

○ 上外的希伯来语教学是什么样的？

● 我们新的外教盖伊（Guy），因为本科学的是希伯来语语言学，教学方法也比较专业。我去听了他好多课，发现他对街头的语言也很有研究，他会告诉学生这个说法语法上是正确的，但是以色列人都不这么讲。虽然他们口头讲的是有语法错误的，但是你要知道哪种说法是“正确”的。不然的话，说话太“文绉绉”，人家会用异样的眼光看你。

专业培养方面，现在本身外国语言文学已经分出几大方向来了，不再单纯的是语言和文学了。语言学习可以与国际关系、区域国别研究结合。还可以做比较文学研究、跨文化研究。我感觉现在的语言学习更多样化了。

现在学校还建议我们在平台上开放专业课程，供其他系的学生选择。但是目前实施起来有一定难度。我们是四年一招，带着每届学生从大一上

① 朱老师即朱威烈教授，曾任上海外国语大学中东研究所所长，下同。——编者注

到大四，中途不会有重复的课程，专业课的课程量也很大。没有基础的学生来上课，不可能参与那么多课时，进度也很难跟得上。

但是我们现在有了转专业通道，符合一定的条件的学生是可以转出去也可以转进来的。现在修读本科的时间年限也放宽了，不再严格地限定为四年，目前三到六年都是可以的。

○ 我们国内很多高校都开了希伯来语专业，有些是刚刚起步，您对此有什么建议？

● 我觉得希伯来语相比其他的小语种，教学方面有一个天然优势。以色列是一个移民国家，他们给母语为非希伯来语的人教授希伯来语很有经验，有一套自己的成熟体系，也培养了众多教学人才。相较而言，我们更容易请到专业的外教。这个优势可以好好利用。

但是以色列的移民多来自欧洲、中东等地，中国对于很多外教来说还是陌生的。虽然以色列倡导的针对移民的希伯来语教学是面向所有人，但是这种教学模式怎么在中国落地生根，这就是我们中国教师需要研究的一个课题。我们中国的大学生与大多数以色列的移民又不太一样，需要互相理解、配合，充分发挥以色列希伯来语教学模式的优势特点，使其更适应我们中国的学生。希望中国的教师团队能够对此有所研究，把研究成果带到实践中去。

我们希伯来语专业的教师群体很小，现在开设这个专业的学校多了，这个群体能够逐渐壮大。希望大家能形成一个整体，不一定要时常见面，可以通过网络聚在一起探讨一下，取长补短，吸取各方经验，甚至可以流动起来，实现一些跨学校的合作教学。

○ 在参与建设上外希伯来语专业前，您在中东研究所读完了硕士和博士，可以谈谈当时的经历吗？

● 这得益于专业的优势。希伯来语的人才很少，我本科毕业就到了中东研究所。当时朱老师说进来就要提高学历，所以我的硕士和博士都是在职读的。念书过程中，我参加了中以政府互换奖学金项目，去特拉维夫大学访学了 8 个月。

我读硕士期间的导师赵伟明教授承担了重大课题，研究美国的中东政策及美国与中东国家关系，下面又分了几个子课题，美国的中东政策、美国与土耳其关系、美国与阿拉伯国家关系、美国与以色列关系等。当时在中东所读博士、现在是上海国际问题研究院中东研究室主任的李伟建老师，承担了美国与以色列关系这个子课题，我就参与了他的这个子课题。当时组里四五个成员一起完成了一本著作，我承担了两三章的内容，主要研究美以关系之间的文化认同因素，这也是我硕士期间的研究重点。

做这个研究的时候，我去了特拉维夫大学，终于得以亲身感受一下以色列。之前学习了那么久，以色列还是第一次去。那个时候也是特殊时期，是 2002~2003 年第二次巴勒斯坦起义的高峰时期，当地发生了很多次自杀式爆炸。

我好像刚开始的时候并没有担心安全问题，因为之前接触了有经验的人，据说实际上并没有想象的那么可怕。后来真的要出发的时候，心里又想到毕竟要离开半年多的时间，并不是全然放松的。临走前，其他人嘱咐我不要乱跑，不要到处乱走，待在学校里还是安全的。但是突然那一年暑假里，希伯来大学咖啡馆也发生了爆炸。连大学校园都有袭击，这突然让人担心起来。

抵达特拉维夫前，我先在法兰克福转机。在上海飞往法兰克福的过程中，以色列又发生了一起公交车爆炸。等我到达法兰克福机场，发现法兰克福飞特拉维夫的航班上的希伯来语报纸上正是关于这次爆炸的最新消息。本来很遥远的事，突然变得如此近，一下飞机就要进入那个新闻报道里的世界了。

我到了特拉维夫以后，先熟悉环境。另一个同事是先来到以色列的，住在耶路撒冷，他还托我带了点物品。他有个朋友到特拉维夫，让我把给他带的东西转交一下。我们约定在中央车站见面，我得坐公车出门，这是我第一次坐以色列的公车车，感觉还真是挺忐忑的，好像上来的人都有恐怖分子的嫌疑。但一切都很顺利，后来就习以为常了，渐渐觉得没什么问题。

但是后来发生的一件事也挺让人后怕的。好像是 2003 年底，特拉维夫老公交总站被炸了，有 30 多人死亡。在这一事件的前一周，我刚刚路过了那个地方。以前没有亲身体会，这次感觉爆炸就发生在身边。然后他们的志愿组织让我去医院看望中国的伤者，就更深切地体会到这些恐怖事件给普通人带来的伤害。这是在空间和时间上离我最近的一起恐怖袭击，后来还发生了几起，但我发现以色列人还是如往常那样生活。每当发生爆炸，当晚电视里会播放很低沉的音乐，然后念出一个个遇难者的名字，第 2 天出门，人们好像看不出任何情绪变化，还是该上班上班、该吃饭吃饭，咖啡馆里还是坐着客人。后来我也感觉没什么问题，该去哪里还是去哪里，不会因为害怕就不出门了。这种心态很好，人各有命，你也不知道明天会发生什么。

伊拉克战争之前我们有提前演练，使馆告诉我们，他们会有预案，如果不行，我们特拉维夫的同学可以撤到耶路撒冷。以色列方面给每个人发放了防毒面具。防空警报一响就躲到防空洞去。战争爆发前夜，人们都有点焦躁不安。我跟同学说，去放松一下。于是一起去看了一部恐怖电影，反正我们也不能左右局势，世界末日也还没到来。战争爆发后第一天上学，街上人人都背着防毒面具，两三天后背的人就越来越少了。

大概在那里过了 8 个月，我记得 2003 年还正值国内“非典”暴发。在“非典”严重的四五月份，以色列朋友还开玩笑说你不要回去了，以色列现在是最安全的，反倒是中国目前非常危险。

○ 目前国内各大高校涌现了许多专攻以色列和犹太研究的机构，结合您的经验，您对此有什么看法？

● 犹太研究的起步其实比以色列研究更早。最早有上海社会科学院、南京大学犹太研究所等。它们都有其他学科的支撑，或者是历史学，或者是宗教、哲学等学科。山东大学后来成立了犹太教和跨宗教研究中心，它也是教育部的人文社会科学重点研究基地。这些科研机构可能最早是偏重犹太方面的研究。以色列研究其实是最近 10 年左右提出的，国家现在很重视区域和国别研究，以色列是中东地区很重要的一个国家，当然应该需要有针对以色列国别的研究。

犹太研究在西方也是一个有很长历史的研究学科了，因为犹太民族的历史是很长的；但以色列也就 70 多年的历史。

以色列研究近几年爆炸式增长，这跟以色列方面的鼓励支持也有关系。如果在学术方面有更多的人去研究以色列，实际上对这个国家的合法性是有帮助的。以色列一向是一个比较孤立的国家，有那么多人去研究它，对其国际地位也是有推动作用的。

现在很难分清一个学者是犹太研究领域还是以色列研究领域，其实很多是重叠的。相关研究机构由于学科背景不同，对这两个领域各有偏重，但有些机构可能还缺乏希伯来语语言的支撑。所以如果我们开设希伯来语专业的院校与历史、文化、宗教、哲学学科相结合，在科研上会有更多可开拓的空间。

另外我们有一个“中国犹太文化研究联盟”的平台，目前实质性的活动开展还不够多。希望能得到更多的支持，能够打破一些院校之间的壁垒，让相关领域的专家有更多的合作，多做一些讲座、合作课题或者是访问研究。因为我也觉得仅在本校可能没有很多支撑力量。很多课题我也希望能够与犹太、以色列研究领域的机构和专家合作。我曾邀请了一些上海社会科学院和上海外国语大学中东研究所的老师来为希伯来语的本科生讲课，希望以后还能有机会让专家走进学生的课堂。我们需要考虑怎么把科研和教学相结合，教学相长。我们小语种专业可能就两三个老师，你单打独斗没法成为每个方面的专家，所以如果有这么多学校、这么多科研机构，老师各有特长，大家可以互相取长补短，进行交流。你这方面强，我请你到我们这里来短期授课或者做一些讲座。他在那方面行，我们也把他请过来。或者我们可以办个暑期班，让学生能够在一起聆听国内相关领域专家的讲课。

由于联盟里的各高校地理位置的局限性，除了参加研讨会碰面，平时互动交流并不是很频繁。我觉得大家熟悉起来，对彼此的研究和教学都是有帮助的。

○ 您目前在上海外国语大学丝路战略研究所兼职，这跟以前您所在的中东研究所有什么不一样？

● 马老师[①]原来也是中东研究所的。我在中东研究所时是《阿拉伯世界研究》的编辑，她是副主编。现在丝路战略研究所也办了一本学术集刊——《新丝路学刊》，我继续做集刊的编辑工作。

这本《新丝路学刊》题材范围可能更宽广一些。中东研究所的《阿拉伯世界研究》可能更关注中东的国际关系问题，《新丝路学刊》可能更注重丝路国家历史文化方面，民心相通、人文交流等，也包括“一带一路”共建国家的研究和区域研究。

我目前自己的研究还是专注于以色列研究方面，当然这也是跟丝路挂

---

① 马老师即马丽蓉教授，上海外国语大学丝路战略研究所所长，下同。——编者注

钩的。以色列也是丝路沿线的一个重要的国家，中以的创新合作项目也越来越多。

○ 以色列研究也有很多分支，您发表了很多有关美国和以色列关系的论文，您如何看待美以关系？

● 美国和以色列的关系很值得研究。美国是这么一个超级大国，以色列是一个中东的小国家，它们现在发展成一种特殊的盟友关系。其实很长时间里，以色列并没有跟美国签订过特别的盟约，但是有时美国与它的关系甚至比与盟友的关系还要亲密，对它的支持力度比对盟友的支持力度还要大。

形成这种特殊关系有很多方面的因素，都很值得关注和研究。当然，我们讲美以特殊关系，它包括了很多的方面。有的讲是美国犹太人因素，美国犹太人支持以色列复国，有的讲是美以在中东有着很多共同的利益；还有的讲是讲意识形态因素。在冷战时期，美国把以色列看成中东的一个民主堡垒，来对抗这些苏联支持的阿拉伯国家。但其中的关系是很复杂的，有各种因素在里面。而且美以关系也不是恒定的，它也是有起伏的，并不是从以色列建国以来就一直很亲密。当然，以色列刚建国就得到了美国的支持，但是在建国的时候也没有说一开始就能发展成现在这样的密切关系。

在有些总统的任期内，美以的关系也产生过一些问题或者是冲突，从奥巴马、特朗普两个总统任期内的美以关系比较就可以看出来。现在特朗普对以色列的支持力度更大了。这个在国际问题领域是值得关注的。

因为在中东地区，美以关系走向是美国中东政策的很重要的一环，对这一问题的研究可以帮助中国更好地制定外交政策。有的时候可以把中美以说成一个三角，或者说三个国家之间好像有一种互相牵制的关系。

现在美以、中以之间的关系很热络。中美关系不是很顺畅，随着中国国力的上升美国越来越把中国视作一种威胁。中以之间，以前也发生过一些事件，如预警机事件，“哈比”无人机事件，等等。现在中国在推进“一带一路”建设，以色列与中国创新合作加强、科技合作深入，美国似乎觉得受到一些威胁，向以色列施加压力。因此，美国成为中以关系中的一个不稳定因素。有时候我们讲中阿以，也是一种三角关系。中以的关系会影响中阿的关系，中阿的关系会影响中以的关系。中美以的这种关系很微妙，互相影响，需要我们放在一个更大的格局里去研究。

其实国际关系本身就是跨学科的研究，牵涉到很多方面。当时我做美以关系课题的时候，我更偏重它的文化认同因素，具体就是去找犹太文化、以色列文化跟美国文化当中相似的地方。比如说犹太教的因素，美国的基督教福音派对犹太教的支持，还有美国最早的那批人是在英国受到迫害的新教徒，他们有这种反抗迫害的情结，他们跟长期受迫害的犹太人有产生共鸣的可能。另外，美国和以色列都强调先锋的精神。以色列建国的开拓精神，跟美国当时西进的开荒精神也有相似之处，美国人也很欣赏犹太移民的开拓精神。二战当中犹太人遭受大屠杀，美国人未能及时伸出援手，也对犹太人产生了一种负罪感。还有政治体制的因素，美国人觉得以色列是中东唯一的民主国家，其他阿拉伯国家多为独裁专制，这种种因素加在一起，使得美国人对以色列产生好感，这可能比那种只是因为两国政治、经济等实际利益而维系的关系有一个更牢固的基础，美以关系不会因为一些外部因素的变化发生很剧烈的变化。

○ 那么您认为美以关系对中以关系会有什么影响？

● 以色列肯定也会在这之间做一个权衡，在美国和中国之间发生一些冲突和矛盾的时候，以色列会做出一个选择。但目前来说，如果真的要在中国和美国之间选择，它选择美国的可能性更大一点。但是另一方面，因为中国的国力增强，以色列在与中国经济合作时是挺积极的，犹太人也不会轻易地得罪中国，一味靠近美国。以色列肯定也是尽可能地与中国合作，但是又不至于太影响与美国的关系。美国虽然对以色列也提出了一些警告，但以色列的态度目前还不是很明确。

以色列认为，在关键问题上，在最关键的时刻，谁也靠不住，只能靠自己。为了维护犹太人的生存、犹太人的国土，只要事情是对我有利的，哪怕美国反对我也会去做。现在中国在以色列开展了很多基础设施建设等合作项目，美国人好像不太高兴。我觉得美国人有点太过敏感，所谓的威胁美国人只是捕风捉影，目前美国只是警告以色列不要离中国太近了。

现阶段我们都是谋求和平发展，不是谋求霸权，也不是通过第三国针对美国。以色列维持美以关系，符合以色列的利益，这一点中国是可以理解的，但是如果美国影响到中以之间正常的合作，而以色列在这之中把握不好分寸，中国肯定会在必要时敲打一下以色列。

当然我们知道任何一个国家都是根据自身的利益来做出自己的决定。现在中国的发展有目共睹，其实中国可以通过现在合作的一些基建项目帮助以色列变得更有效率，也有助于以色列的发展。当然与一些国家追求经济效益为首要前提不同的是，以色列一向是以安全为第一。它会更仔细地审视是否对以色列的安全有影响，哪些做法让它觉得更放心。不是说你这个项目我们立刻签了，它会经过一个权衡的过程，它觉得如果经过各方面的考虑以后这个事情是可行的，那么签完协议以后的合作也会更加顺畅。不过以色列媒体中我也听到一些反对的声音，比如特鲁瓦（Tnuva）[①] 被光明收购以后，有文章说中国要接管他们最大的食品集团对国家安全不利。另外，由于以色列认为伊朗是对它最大的威胁，它对中国和伊朗的关系也存在芥蒂。如果以色列把一些与它安全相关的这些项目拿来跟中国合作，如果外部出现问题，比如伊朗与以色列发生冲突，中国会选择哪边站？以色列也会有这些顾虑。有顾虑是正常的，我们需要考虑在合作的时候把这些顾虑都打消掉，达成一个更牢固的合作关系。当然以色列社会也不是没有支持的声音，比如特拉维夫大学前校长谢艾伦就曾在以色列媒体上为打消以色列社会对中以合作的顾虑而发声。

我们和以色列可能存在一些文化上的差异，要更加强调沟通，也不要把自己的价值观念强加于对方，要互相理解。

○ 以色列方面对中国的“一带一路”有什么看法？

● 以色列应该是积极响应的。现在中国积极推动以色列的基础设施建设，我们有投资有人力，可以帮助他们更有效率地发展这些基础设施。以色列的轨道交通，可能自己好多年都建不成，通过合作能够更高效地推进。现在中国需要真正地做成一两个好的样板项目，让对方有获得感。现在项目还没有完全落实下来，没有真正让它看到眼前的利益。一旦一个成功的项目做下来，以色列才可能更进一步寻求积极的合作。

现在国内也出现了很多中以创新中心。以色列是一个以创新著称的国家，但是如何把一个创新的点子孵化，成功落实到一个具体的项目中，还需要双方不断地协调和摸索。我认为我们事先不要期望值太高，也要考虑到一些困难因素，多加强互相的理解，进行文化上的沟通。以色列人很喜

---

① 特鲁瓦（Tnuva）是以色列第一大乳制品制造商。——编者注

欢孵化出一个产品，很快把它卖给大公司，然后再投入下一个产品的研发。中国人喜欢埋头一步一步把这个产品做大。这是观念上的差异。我认为双方的企业界需要加强对对方的了解。我们现在也逐渐意识到了这一点。比如浙商协会里的一些企业家，他们对犹太文化也很感兴趣，后来邀请徐新老师牵头去做了系列的犹太文化讲座。

○ 现在国内有许多学生进行以色列和犹太研究，您对此有什么看法或建议？

● 我确实也感觉最近几年去以色列的中国学生越来越多，他们中有些人可能进行以色列研究或者犹太研究，有的甚至去学希伯来语。但具体的情况我还没有掌握。以色列方面也鼓励中国学生去留学，如果他们毕业以后想继续从事这方面的研究，我想他们会是以色列和犹太研究学界的新力量。

我看到有些同学是阿语出身，他们可能选择了去以色列留学，于是就转到了以色列研究。也有的学生是在国内学习中东政治和国际关系，因为以色列也算一个中东热点国家，所以选择对以色列进行研究。从事中东研究的学生，很多人硕士、博士期间出国的话，由于语言和政治局势等因素，其实可供选择的中东国家也相对有限，大部分会去以色列，那么他们的硕士或博士学位论文也很可能与以色列有关。

他们中愿意走学术道路的人毕业后会选择到大学或者科研机构工作，一部分人可能继续他们对以色列的研究。我希望能听到更多年轻人的声音，让以色列研究和犹太研究学界更具活力。

对于很多本科学习阿拉伯语后来转到以色列研究的学生，他可能带来的看法与学习希伯来语出身的不一样，我很欢迎这些语言背景不同的学生。当然我们好像有这种感觉，学习什么语言的人可能就会自然而然向这门语言的对应国家靠拢，但是我们搞研究需要注意保持中立，不偏不倚，这样才能站得更高一点。

（作者单位：以色列海法大学以色列研究系）

• 当代以色列 •

以色列现役士兵自由持枪现象研究

赵赟飞

内容提要 以色列安全环境复杂。长期以来，以色列现役士兵都拥有自由持枪上街的权利。有人担心，这一规定会极大地增加国内安全风险，但事实上，以色列保持着较低的枪击案发生率。以色列现役士兵自由持枪现象主要与以下因素有关：一是政策依据；二是重视武器的观念基础；三是对抗恐怖主义势力的需要；四是严格的安全培训与规定。

关键词 以色列　现役士兵　自由持枪　国家安全

在以色列的街头，着便服的士兵自由持枪现象①比比皆是。令人惊讶的是，他们并不是公务执行者，持枪出行只是其日常生活的一部分。以色列士兵休假时，也被允许自由携带枪支出行。这在他国游客看来不可思议：以色列对士兵的枪支管理为何如此松懈？年轻气盛的士兵们会利用枪支实施不法行为吗？普通公民的安全能得到保障吗？许多人由此怀疑以色列安全策略的正确性。然而事实是，以色列保持着低于其他许多发达国家与枪支相关的谋杀率，2012 年以色列与枪支相关的谋杀率在被调查的 32 国中排在第 29 位，美国排在第 1 位（见图 1）。

以色列为什么会出现现役士兵自由持枪现象？本文致力于考察该现象背后的原因。

目前，国内对该领域的研究较少，张宇、杜木等人对以色列士兵系统、

① 本文所述自由持枪现象专门指在符合法律法规的前提下，现役士兵自由携带枪支出行的现象。

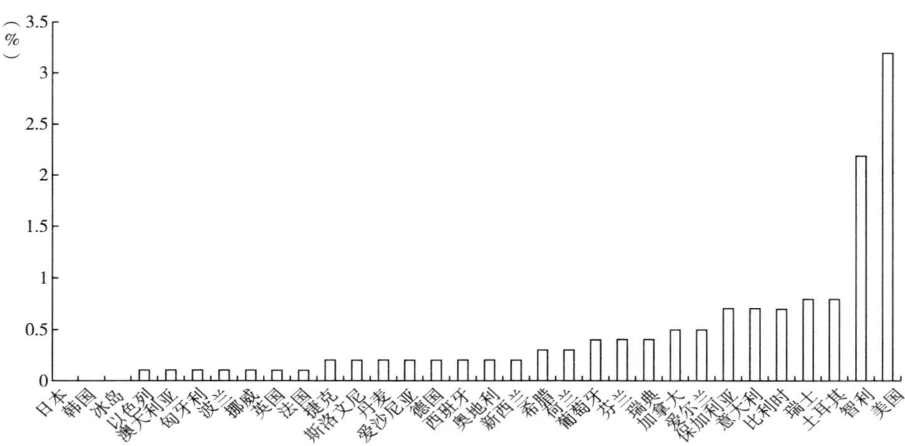

图 1　先进国家枪支谋杀率排名

资料来源：Gun Related Murder Rates in the Developed World，*Washington Post*，December 14，2012，https：//www.washingtonpost.com/news/worldviews/wp/2012/12/14/chart-the-u-s-has-far-more-gun-related-killings-than-any-other-developed-country/？arc404=true。

警察机制进行过介绍，周顺贤阐述了以色列情报系统的动态工作模式，但对以色列士兵持枪问题的探讨几乎难觅踪影；国外方面，政治学学者塞缪尔·德卡洛提出了将以色列军事与政局结合分析的思路，扩展了对以色列士兵的研究方向，沙恩·加斯科尔指出了以色列恐怖主义的发展与士兵持枪的相关性；近几年，在《犹太与军事》（*Jew and the Military*）[①] 和《以色列士兵与叙利亚士兵对比研究：戈兰高地 1967～1973 年》（Israeli Soldier vs Syrian Soldier：Golan Heights 1967-73）[②] 中，以色列的军事文化得以展现，以色列士兵强势的精神特质和重视武器的传统得到追溯，但内容较为零散，未形成对本文选题的系统性研究。

本文通过历史梳理、文献追踪、社会调查等方法，整合已有资讯，分析导致以色列现役士兵自由持枪现象的因素，以期为他国处理士兵与枪支

① Derek J. Penslar，*Jews and the Military：A History*（Princeton：Princeton University Press，2013）.

② David Campbell，Johnny Shumate，*Israeli Soldier vs Syrian Soldier：Golan Heights 1967-73*（Oxford：Osprey Publishing，2016）.

关系、解决枪支问题、提升国家安全系数带来思考。

一 以色列现役士兵自由持枪的政策依据

以色列现役士兵自由持枪这一现象是以色列政府政策允许的，而该政策源于以色列建国后政府对不同时期安全形势的动态综合考虑。

建国初期，四面楚歌、武器不足的以色列尚无对士兵携带枪支做出具体规定的需求与精力。1949 年后，以色列开始对武器给予重视，在当时颁布的《武器法案》中对枪支进行了明确定义，“枪支是用以发射子弹、弹丸、炮弹、炸弹或类似物质的足以致人伤亡的管状装置，包括附带的零件、附件或弹药”，并开始有了对枪支的管理。50 年代以来，巴勒斯坦人对以色列的敌视已经到了无法化解的程度，坚持要以武力解决与以色列人之间的争端。强硬的以色列政府选择以暴制暴，实施了一系列对抗措施，包括宵禁和设置大量检查站等。士兵们必须随时全副武装，保持警惕，以便随时应对任何有可能发生的紧急事件。1986 年，以色列社会与临床心理学家鲁文·加尔在《以色列士兵肖像》（*A Portrait of the Israeli Soldier*）① 一书中指出：“以色列对士兵的武器规定是很严格的……士兵被要求随时随地带着自己的武器，如果武器丢失是无可辩驳的，所以在大街上常看到背着武器的士兵。”很明显，这一规定被制定和实施了很久，并被要求继续实施下去。直到 2012 年 9 月，出于一些因素的考虑和改变政策的想法，政府才增加了一些对现役士兵自由持枪的限制。2013 年，以色列公共安全部长伊扎克·阿哈罗诺维奇在新闻发布会上表示，近几十年来以色列的枪支许可情况决定于以色列的安全情况，一定程度上肯定了士兵自由持枪对安全形势的作用，但也印证了以色列安全形势有所改变，枪支政策因之有所调整。但此后，耶路撒冷犹太教会堂遭遇袭击等突发安全事件的发生使得以军高层在 2016 年重新修改现役士兵的持枪政策，规定现役士兵无论休长假、短假，均可自由持枪，到现在，该规定仍未改变。

显然，以色列允许现役士兵自由持枪政策得到了时间的检验，被实践证明是切实有效的。

---

① Reuven Gal, *A Portrait of the Israeli Soldier* (Westport: Praeger, 1986).

二 以色列重视武器的观念基础

以色列现役士兵自由持枪的规定在很大程度上源于其独特的历史积淀。以色列祖先、犹太民族长期受到的不公正待遇和其祖先留下的传统，使得重视武器、尊重武器的观念早已植根在他们心中，并不断得到巩固，最终演化为以色列现役士兵自有持枪的权利。

在古代，犹太民族遭到非利士人的压迫和控制，而扫罗和约拿单的战士们发现，他们根本没有武器，甚至扫罗和约拿单本人都没有。这使得犹太战士们心中开始深种提升防御力、珍视武器的观念，这一观念逐渐成为犹太军事文化中的一个主要原则。在危机四伏的环境中，以色列人不得不要求守卫们更加强大，对武器的渴望亦日趋明显。

“我们不能依赖奇迹，必须采用合理的手段来保护我们的生命与财产。”在经历长期的苦难之后，犹太人将保卫的权利写进了律法。他们开始认识到，不能以消极的视角定义战争。用历史学家海姆·希勒尔·本-萨森（Haim Hillel Ben-Sasson）的话来说：“战争羞辱犹太人对他们来说是一件好事，就像手中的剑一样，可以维护信徒的荣誉和神的旨意。”因此，犹太拉比们在讨论战争时，不仅强调了对人生命的尊重，也探讨了武器携带的价值。除遵循在安息日禁止携带武器的传统外，拉比埃利泽（Rabbi Eliezer）将战斗用的武器称为装饰品，指出人们应被允许自由穿戴它们[①]，这样的说法实际上是将圣经中的战士们改造为带有以色列拉比所说的守卫者精神的先驱。中世纪时，犹太人中的士兵数量依然较少。当犹太人面对外敌侵略时，根据希伯来拉比什洛莫·巴尔·希蒙（Shlomo bar Shimon）的史诗纪事：“犹太战士穿上了他们的铠甲，装备武器，勇敢地反抗。”尽管数目不足的犹太人很快败下阵来，但当面对被控制或者死亡的选择时，他们选择了自杀。[②] 犹太人们铭记这些事件，并希望借此赢得后人的关注。中世纪时，阿什肯纳兹犹太人将携带武器作为法定特权，重要性等同于骑士拥有

---

① Derek J. Penslar, *Jews and the Military: A History* (Princeton: Princeton University Press, 2013), p. 23.

② Derek J. Penslar, *Jews and the Military: A History* (Princeton: Princeton University Press, 2013), p. 25.

武器的权利，象征了社会地位高者的特权。

之后的几百年，基于犹太人的离散状态和精明的商人特质，欧洲各国对犹太人的歧视态度并没有改观。对此，俄罗斯犹太人深有感触。俄罗斯对犹太人设置的征兵制度极为残酷和苛刻，他们深入犹太人聚集地进行征兵，有些犹太孩子被征走时甚至仅仅只有 8 岁。1855 年，沙皇强制征集 3 万名犹太儿童，送到黑海沿岸，在最严酷的季节对其进行训练。在法国，一部分犹太人通过努力成功地成了军官，即使如此，他们的忠诚度也常遭到怀疑。长期的歧视和伤害，使犹太人痛定思痛，增强了他们的忧患意识和复仇情绪。《撒母耳记》中有这样的话："一个孩子应该被教导适龄的安全知识，因为他的生命可能需要依赖它……他教我用手战争，并训练将自己的手臂作为弓。"基于《希伯来圣经》的指导，犹太人对后代提出了更高的要求。他们注重教育和文化的延续，希望孩子能够"早熟"。因此，在受欺辱的历史中，犹太人也发起过起义，而起义组织者常是孩子；其他民族起草起义文件的最低年龄为 18 岁，犹太民族则为 12 岁。[①] 守护安全成为他们一以贯之的观念。可以说，犹太先民们希望在子孙的年轻时代就能注入革命与战斗的意识，并且本能地愿意相信本民族的青年人更早地具备成熟、冷静的气质，给他们灌输不被欺侮的目标和期待，这是以色列现役年轻士兵自由持枪但是政府并不非常担忧安全问题的根源之一。

近现代历史上，由于没有国家，分散的犹太民族力量只能组织小规模的战斗团体。二战中，犹太人遭遇的惨无人道的大屠杀使犹太民族对安全和守护的渴望更加强烈，并继续坚守着其军事文化传统。必须承认，传统文化因素，对该规定的形成产生了不小的影响。成功建国之后，以色列逐渐将上述这些理念融入国家安全策略。

三　以色列对抗恐怖主义势力的需要

根据马斯洛需求层次理论，生理需求和安全需求是人的所有需求中最基础的层次，只有在这两个需求得到满足时，人类才会有追求归属感和爱

---

① Derek J. Penslar, *Jews and the Military: A History* (Princeton: Princeton University Press, 2013), pp. 26-28.

等更高层次需求的意愿。在基本的生活保障得到满足后，以色列人致力于寻求安全方面的保障。但对他们来说，追求安全的道路上存在着强大的"拦路虎"——恐怖主义势力。肆虐的恐怖主义势力极大地威胁着以色列人的生命安全，是以色列现役士兵自由持枪现象存在的根本原因。

恐怖主义的定义一直没有公认的标准，根据以色列国际反恐专家鲍阿斯·加纳给出的定义："恐怖主义是指故意使用和威胁使用暴力，袭击平民和民用目标，以达到政治目的的一种行为。"① 恐怖主义对以色列来说是一个高敏感度和高频出现的词语，以色列建国以来面临着各式各样带有指向性的政治目的严重的恐怖主义袭击。

除了几次中东战争，以色列在非战争时期也面临着骇人的安全威胁。第一次中东战争以以色列的胜利告终，周边国家并没有善罢甘休：阿拉伯国家组织的小规模的军事偷袭和渗透行动时常发生，巴勒斯坦的报复性破坏行动的发生频率更高。1949~1956 年，在以色列和巴勒斯坦的新边界线上发生了 1 万~1.5 万次渗透行动。② 这些行动酝酿了以色列的恐怖主义阴云。20 世纪 60 年代，"解放巴勒斯坦人民阵线" 劫持了飞往特拉维夫的以色列航空客机，这是世界上首例劫机事件；随后 70 年代，发生了 "慕尼黑惨案" 和 "玛阿洛特惨案"③；1983 年，真主党首创 "自杀式恐怖袭击"，并在 1994 年开始被哈马斯的主要军事力量分支 "卡桑旅" 策划实践。他们认为，以色列对巴勒斯坦犯下了不可饶恕的错误，以色列的任何人、事、物，包括妇女和小孩都有罪，都是可以攻击的对象，因而选择超市、商场、公交车等人流较大处实施袭击。这类自杀式袭击者，大多是虔诚的宗教徒，他们力图通过自己的牺牲最大范围地造成以色列的损失。连环的恐怖袭击使得以色列举国被恐怖主义的阴云笼罩，以色列全国上下为之愤慨，政府和社会高度重视，同仇敌忾，迅速推动了以色列城市反恐行动队的建立和发展。

数据显示，2016 年以色列恐怖主义指数在全球 160 多个排名国家中排

---

① Boaz Ganor, "Defining Terrorism, Is One Man's Terrorist Another Man's Freedom Fighter?" (Herzlia: ICT, 1998), pp. 12-17. 转引自潘光、王震《以色列反恐战略研究》，《现代国际关系》2007 年第 8 期。

② Benny Morris, *Israel's Border Wars, 1949-1956: Arab Infiltration, Israeli Retaliation, and the Countdown to the Suez War* (Oxford: Oxford University Press, 1993), p. 14.

③ 杨玲玲：《以色列反恐战略研究》，硕士学位论文，上海外国语大学，2012，第 23 页。

在的第 24 名，属于恐怖主义指数最高、受威胁最严重的一类国家。与近年来频频发生大型恐怖袭击事件的美国相比，以色列恐怖主义指数平均水平明显更高（见图 2、图 3）。

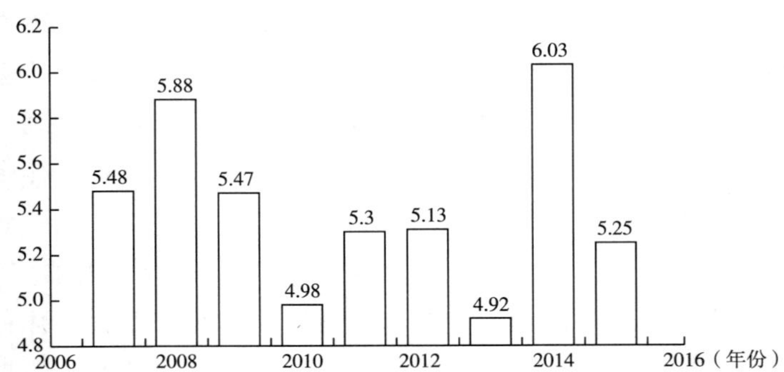

图 2　2006~2016 年以色列恐怖主义指数

资料来源：以色列恐怖主义指数参见全球经济指标数据网（Trading Economics），2016 年 1 月 31 日，https：//zh. tradingeconomics. com/israel/terrorism-index。

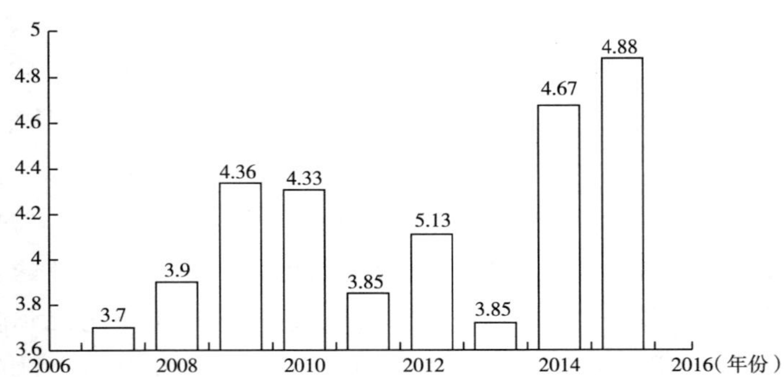

图 3　2006~2016 年美国恐怖主义指数

资料来源：美国恐怖主义指数参见全球经济指标数据网（Trading Economics），2016 年 1 月 31 日，https：//zh. tradingeconomics. com/united-states /terrorism-index。

事实上，为打击恐怖主义，以色列已进行了大量部署。以色列防卫系统分工明确，国内主要防卫力量为警察，与打击边境及国外恐怖主义相关的事务由国防军管理。以色列国家警察是国内最主要的执法力量，隶属于公安安全部，截至2016年底有在编警员3.5万人，警察组织下由市民志愿组成的国民卫队7万人[①]，其首要任务是维护公共安全、打击犯罪及反恐；在军队方面，以色列建设了反恐部队，训练识别恐怖分子能力的人员；信息情报方面，凭借摩萨德的高级情报系统，第一时间掌握第一手恐怖主义的资料，力争将恐怖主义扼杀在摇篮中。然而，这些努力依然不足以应对以色列面临的恐怖主义袭击，仅仅靠警察的力量还无法达成政府制定的"将全社会武装起来"的目标。

虽然以色列警察十分精锐，但反恐的成效受到了以色列人口的制约。以色列建国初期，人口仅约80万，截至2016年，人口约为860万，已经增长至建国时的10倍，似乎是一个惊人的数字。以色列安全形势最大的威胁是周边一些国家的极端组织的恐怖袭击。以色列警察的基数相对于潜在的恐怖主义人数差距过大，即便以色列警察再精锐，也分身乏术。

现役士兵作为国家安全力量的组成部分，即便没有受到如专门性反恐部队般全套的反恐标准训练，但他们接受了专业的武装战斗训练和指导，相对于平民来说，遇到紧急情况时他们更善于冷静地思考和处理问题，具有更强的防卫和应变能力。正如美国学者珍妮特·罗森鲍姆所说："以色列有着众所周知的安全隐患，但是以色列将它缩放在了专业人士身上。"[②]

当然必须承认，士兵的不理性问题是必然存在的。但须知，不理性并不仅仅存在于士兵中，而是对所有群体的一个描述。鉴于世界上枪支泛滥而导致治安混乱的先例，以色列不能冒险实施全民带枪：这极有可能以国内治安的混乱为代价——黑市武器市场的壮大，武器落入不法分子手中，从而造成恐怖分子想要的结果。要更高效率地打击恐怖分子，同时平衡枪支可能带来的危险，必须将士兵、平民和恐怖分子进行安全性和理性的权衡对比。因此，以色列枪支法规定："只有枪支执照持有者才能合法地获得火器或弹药；所以申请者需进行背景调查；枪支所有者最低年龄为27岁，现役军人为21岁……枪手每3年需重新申请枪支执照。"[③] 诚然，平民获取

① 李钢：《以色列警察》，《现代世界警察》2017年第3期，第56页。

② "For or against Easing Gun Controls-Neither Side Wants an Israeli Second Amendment," *Jerusalem Post*, February 18, 2016, http://www.jpost.com/Israel-News/Politics-And-Diplomacy/For-or-against-easing-gun-controls-neither-side-wants-an-Israeli-Second-Amendment-445402.

③ "Israel—Gun Facts, Figures and the Law," Gun Policy Org, April 29, 2014, http://www.gunpolicy.org/firearms/region/israel

枪支的法律规定是较为严格的，据统计，不到 7.3%的以色列人拥有枪支[①]。以色列在尽可能减少混乱的情况下，让以色列人拥有更多更安全的武器。

根据心理学的概念，安全感分为原始状态下的内在驱动力和被文化定义的安全感。在离散的历史中，以色列经历多次战争洗礼，特殊的国家安全感得到塑造，同时树立起了尊重战士的传统和习惯。曾有以色列官员说："如果连我们的士兵都不能相信，那还能相信谁。"信任自己的士兵是对国家体制规定的一种自信，也增加了士兵们保卫国家的信心，将其视为自己的责任。有媒体对以色列人民关于士兵便服带枪问题的采访，市民们表示，在其他国家看到有士兵随意带枪在街道上走动时会感到害怕，而在以色列恰恰相反，看到这样的情况时明显感觉更加安心。以色列独立武装审查员利亚尔·莱博维兹这样解释："一个武装起来的社会，是一个有礼貌的社会；当有人能支撑起大多数人的生活时，人们的行为会很有礼貌。"[②]

事实也同样证明，以色列这一规定是正确的。持枪的士兵使用枪支杀死恐怖分子的事件时常上演。2008 年，一起恐怖袭击发生在耶路撒冷的神学院，来自巴勒斯坦的恐怖分子杀死了 8 个青少年，当时一个在回家途中的士兵遇到了这种情况，用带在身上的枪杀死了恐怖分子，使得事件的恶劣影响没有再次扩大。[③] 完成了 3 年兵役的以色列年轻人伊泰在回答媒体对以色列国防军的持枪政策是否正确的提问时这样说："因为我们无法全部确定袭击在哪里发生，因此存在携带武器的战士是应对紧急情况的好事；经过训练的士兵普遍被认为比仅仅是平民更值得信赖，知道什么时候开枪，何时不能。"[④] 以色列士兵对自己国家感到骄傲和保卫国家的勇气、决心可见一斑。

当然，以色列政府高层也曾对此项规定有过怀疑和更改。由于 21 世纪第一个 10 年对恐怖分子的对抗策略颇有成效，以军高层开始将重点放在了

---

① Janet E. Rosenbaum, "Gun Utopias? Firearm Access and Ownership in Israel and Switzerland," *Journal of Public Health Policy*, Volume 33, Issue 1 (2012): 46-58.

② "No Newtowns in Israel," Tablet Magazine, December 1, 2013, www.tabletmag.com/jewish-news-and-politics/119408/why-israel-has-no-newtowns.

③ 《耶路撒冷犹太神学院枪击案九人亡》，美国之音中文网，2008 年 3 月 7 日，https://www.voachinese.com/a/a-21-w2008-03-07-voa13-62999347/1039751.html。

④ "Israeli Army Orders Soldiers to Carry Arms when Off-Duty," The Media Line, February 23, 2016, http://www.themedialine.org/news/israeli-army-orders-soldiers-to-carry-arms-when-off-duty/.

避免丢失弹药和防止枪支被盗上，因此做出规定：如果士兵休假超过 3 天，则应将自己的步枪留在部队。这一规定，显然是以方过于乐观地估计了本国所处的安全形势。此后悲剧时有发生，其中一起发生在 2016 年 2 月，以色列陆军青年营步兵旅的一名上士在休假期间陪同妻子和女儿在超市购物时，遭遇两名持刀砍人的暴恐分子。因为其正处于一周的休假之中，按照新规定不能携带步枪，上士只得赤手空拳与持刀歹徒搏斗，不幸被刀刺中遇害。总参谋长表达了对此事件的愤慨，检讨并废除了这不合时宜的规定，为士兵休长假不可带枪的规定松绑。由此可见，以色列士兵持枪政策并不是在全民高戒备、恐惧状态下得出的权宜之计，而是一种科学、需要被长期实施的方针；恐怖主义是该政策一直得到延续、实施而没有被废止的核心因素。

四　严格的培训与规定可确保士兵持枪安全

以色列对现役士兵做出的自由持枪规定自然是出于上述多方因素综合考虑得出的，但枪支作为具有高杀伤能力的武器，以色列在对携带枪支的士兵进行管理的过程中也存在顾虑。虽然政府对士兵们有着保持高度的信任，但带离基地的武器被不恰当使用的可能性依然存在（如在公共场所射杀、暴力冲突、不熟悉枪支使用规则等），士兵的文化水平参差不齐更增加了这种可能性，这对国家安全来说是一种潜在的风险。因此，为最大限度地降低士兵错误使用枪支的概率，以色列进行了细致的规划和系统的处理，在思想责任、技能学习、实际操作上都给予了极高的关注。

1948 年 5 月 26 日，宣布建立国防军的两周后，大卫・本-古里安公布了以色列国防军四号条例，宣布建立独立的海陆空军战队，适龄士兵被要求绝对忠诚地服务，严禁在外建立武装组织，保卫国土完整和对抗恐怖主义是重要的任务。这成为以色列士兵思想方向的基石。自此之后，以色列政府对其士兵的思想和素质始终保持着高度的关注。1986 年修订的国防服务法第 23 条指出："在国防部服役的士兵的教育水平低于规定的小学教育水平的情况下，按照规定的方式和条件，将其常规服务中的 3 个月时间用作教育。与以色列外交和安全委员会协商，经教育与文化部部长同意后决定制定该规定。”[①] 以色列注重教育的传统不仅体现在对平民的教育中，同样着眼于军队这群为国家安全保驾护航的人。在日常教育中，以色列的新士兵们需要学习战士的价值观、基本原则、国防部的安全守则等。作为一个士兵，必须清楚地划分道德问题和杀戮之间的界限，携带枪支是为了集体最大的利益的实现——即为国家的福祉和安全而奋斗，作为枪支的拥有者，身上背负的不仅仅是实际的枪，更是保护国家和人民的使命。这潜在地定义了作为武器拥有者的士兵们的责任，暗示了士兵需要消灭任何明确与隐含的威胁国家安全的敌人。军队还经常组织士兵前去参观犹太人大屠杀纪念馆，尽力让所有保家卫国的战士们了解自己的使命。这一文化教育过程是较为彻底的，将其军事文化和基础教育结合在一起，不仅提高了士兵的素质，而且对士兵进行了精神认知上的洗涤，警示士兵必须时刻注重枪支使用安全。

在精神教育之外，实战操作训练更加严格。所有的年轻人以白板的身份进入军营，但被带入基地并接受军装制服之后，他们便开始被逐步改造。对于枪支携带和使用的训练是长期的。军队的议事规则中规定，士兵不能够玩枪，在拿到枪支的时候，需要抱着如同与枪支“结婚”般订立终身契约的认真态度，一旦丢失派发给他们的个人枪支，将受到军事法庭的审判。[②] 惩罚将根据实际情况，判处 1 年以上的有期徒刑。严格的规则使得士兵警醒，像美国那样的大规模收集枪支、以玩枪为乐的情况基本是不存在的。进一步明确枪支的重要性后，士兵将会有几个月的时间接受基础的训练，其中包括理论研究、监督和测量枪支的射程范围，团队训练和个人训练交替进行。每一排的军官都高度负责。一名以色列网友称其教官在多年后仍然认识他们那一排的士兵。训练过程中，不同级别的项目开始前，士兵都必须大声朗读安全说明，军官向上级进行不定时的训练汇报，确保安全原则的落实。[③] 子弹的给予同样不是随意的，在任何课程中，子弹都必须按照士兵名字定量地给予，因此士兵并没有随意获得大量子弹的途径，为所谓的潜在的“滥用枪支”的危险上了双保险。

---

① *Basic Laws of Israel*：*Defense Service Law (1986)*，Jewish Virtual Library，February 1，2008，shvirtuallibrary. org/israel-defense-service-law-1986.

② Reuven Gal，*A Portrait of the Israeli Soldier*（Westport：Praeger，1986），p. 104.

③ 《防卫与安全》，以色列国防部官方网站，2017 年 10 月 4 日，https：//www. idf. il/en/minisites/defense-and-security/。

在外出时，士兵如果携带了自己的来复枪或者乌兹冲锋枪，必须做出规定的安全动作。携带枪支的过程中，饮酒被严令禁止；随意走动时，枪支的枪膛必须清空，弹匣需要摘掉放在背包里；军营规定，背枪时士兵须将背部向上倾斜，用一个肩带维持枪的稳定，使得枪口斜对角指向地面，永远不能将枪口指向任何人（在安全情况下）。卸下枪支时，士兵要执行必要的统一操作，在早期阶段，士兵的卸枪动作必须由教官进行指导：所有士兵必须在无人的空地，倾斜向上将枪支卸下。卸下后，枪支必须紧靠在自己的身边，向下杵在地面上。当然，很多时候士兵是将弹药取出的。这也使得士兵的枪支成为唬人的工具。许多以色列士兵在出入公共场合时，枪支配备了一种橙色塑料安全警示零件——枪膛无弹指示哨。当枪支中没有子弹时，这种塑料零件才会紧贴枪管，这对持枪士兵周围的人来说是一种警示，没有枪支的平民可以据此判断士兵的安全性，为防止走火伤人等意外情况的出现而提前保持一定的安全距离。这种装置既保证枪弹分离，又能使士兵在最短时间内上膛开火。士兵的职责能及时履行，平民才能感受到安全。

此外，权利和义务是对等的，以色列现役士兵拥有自由持枪的权利的同时需要承担相应的义务。以乘坐公交车为例，公交车司机通常会将第一排座位预留给这些背着枪的士兵，以便应对随时可能发生的危机——这是士兵们作为合法持枪者应尽的义务。

得益于严格的规定和训练，以色列士兵在使用枪支之前，个人素质修养和使用枪支的能力都得到较大的提升，这实际上是国家安全防卫能力的提升。

结　论

苦难让以色列人有着强烈的危机意识。没有办法预测全部风险，就采取最有效的手段来防范风险。以色列现役士兵自由持枪的政策，是以色列政府经过综合考虑，判断以色列安全形势并继承军事文化传统后制定的。对可能产生的负效应进行对比之后，以色列政府运用科学的培训方法和防护措施，提升士兵持枪的安全性，从而达到提升国家总体安全系数的目的。

这样的安排是独一无二的，也是蕴涵深远的。以色列政府的政策始终以本国的生存发展为纲，与时俱进，既秉持了独有的民族气节，也完美展现了以色列不向强权、恐怖主义等邪恶势力妥协，以情感力量激励人民顽强生存的特点。以色列致力于平衡纪律性、组织性、科学性三者的关系，恪守纪律和规则，对有可能出现的各类情况做好充分的准备。可以预计，在安全形势没有较大变化的情况下，该政策将被继续推行。当然，若国家安全形势在未来发生变化，以色列政府也将制定并实施较现有政策更为合适的政策来应对可能发生的安全问题。

（作者单位：外交学院外交学与外事管理系）

A Research on the Phenomenon that Israeli Serving Soldiers Holding Guns Freely

Zhao Yunfei

Abstract: Israel has faced complicated geo-security situations since founding. for a long period of time, Israel serving soldiers are allowed to hold guns freely. Someone is fearful that this rule may increase the possibility of security risks. However, Israel actually maintains a low gun-related murder rates. In fact, this rule is closely connected with four factors: The Policy basis, history traditions that over-emphasize weapons, the need to fight against terrorism as well as the strict security training and regulations.

Keywords: Israel; Serving Soldiers; Holding Guns Freely; National Security

论以色列阿拉伯政党的政治发展

生堡钧

内容提要 从以色列建国起，以色列阿拉伯人政治发展经历了从被动到主动，从附属到独立的过程，其发展变化深刻地反映了该族群在以色列国内乃至整个中东演变的大背景下的自我认知与政治诉求的变化。本文从以色列建国之初的阿拉伯政党的最初形态即作为左翼政党的附属开始讲述，探讨以色列阿拉伯政党最初及其后期发展变化的背景及影响，特别是以色列 2019 年议会选举中以色列阿拉伯政党呈现的新合作形式——阿拉伯联合阵线（“共同名单”），主题涉及早期以色列共产主义政党的发展、巴以和谈进程、右翼党派的崛起以及 2019 年的以色列议会选举等方面。

关键词 以色列 阿拉伯政党 议会选举

当今以色列阿拉伯人数量庞大，官方最新统计数据显示，其人口规模已达 189 万，占以色列总人口数的 20.9%[①]。根据以色列宪法，“宪法委员会承担少数群体的集体权利问题的制宪讨论任务，这些权利旨在帮助少数群体保持其身份、语言、宗教和文化的独特性”[②]，虽然依然处于相对弱势的地位。实际上，给予他们平等权利的要求可以追溯到以色列国初期，以色列第一任总理大卫·本-古里安曾提出：“在我们的国家里也将会有非犹太人，他们都是平等的公民，在各方面平等没有例外；这就是：这个国家

---

① “Israel's Independence Day 2019,” Israel Central Bureau of Statistics, May 1, 2019, https://www.cbs.gov.il/he/mediarelease/DocLib/2019/134/11_19_134b.pdf.

② Quoted from Constitution for Israel, the part of Collective Rights of Minorities, https://knesset.gov.il/constitution/ConstMHumanRights.htm.

也是他们的国家。”[①] 然而，在以色列建国至今的大部分时间里以色列阿拉伯人被视为国家安全的潜在威胁。其中最主要的原因是他们与加沙和约旦河西岸的阿拉伯人在血缘和情感上的密切联系。最近几年，右翼党派在以色列政坛急速崛起，高涨的民粹主义情绪也经常成为政客操弄选票的有力手段。2018 年 7 月 19 日，以色列国会正式通过《犹太民族国家法案》，该法案作为以色列国家的基本法规定以色列是犹太人的民族国家。在 2019 年的两次议会选举中，总理内塔尼亚胡和蓝白党候选人甘茨均未成功组阁，以色列政坛又陷入信任危机的风险。反观以色列阿拉伯人，他们在 2019 年的第二次议会选举中再次进行政党联合，一举获得 13 个席位。在以色列政坛右倾的大背景下，阿拉伯政党的团结释放的信息非同一般。为了更好地解读这些信息，本文从以色列建国谈起。

一　早期附属选举名单和共产主义政党合作

阿拉伯居民（或者也称作巴勒斯坦裔以色列人）在 1948 年阿拉伯人大流散（al-Nakba）时期作为难民在约旦河西岸、加沙和周边国家出现。[②] 在 1947～1949 年阿以战争之后，一个独立的巴勒斯坦国没有建立，原先英国托管的巴勒斯坦人的家园被以色列、埃及和约旦分割。其中以色列境内超过 70 万阿拉伯人被驱逐或者从自己的家园流散[③]，超过当时巴勒斯坦人口总数的 80%，剩下的 20%（大约 15.6 万人）继续留了下来。[④] 留下的人被迫与原本整体的巴勒斯坦群体分离，最终成了以色列居民。从那时起，他们的政治命运自然而然也成了以色列国内政治的一部分。1945 年英国托管时期制定的紧急保护条例依然适用，在 1950 年以色列政府创立了军事戒严体制，

---

① Quoted from Ilan Peleg and Dov Waxman, *Israel's Palestinians*: *The Conflict within*, p. 19, Originally Quoted in Dan Urian and Efraim Karsh (eds.), *In Search of Identity*: *Jewish Aspects in Israeli Culture* (Portland: Frank Cass, 1999), p. I.

② Baruch Kimmerling & Joel S. Migdal, *The Palestinian People* (Cambridge: Harvard University Press, 2003), p. 169.

③ McDowall, David; Claire Palley "The Palestinians," *Minority Rights Group Report*, No. 24 (1987): 10.

④ Dr. Sarah Ozacky-Lazar, "Relations between Jews and Arabs during Israel's First Decade (in Hebrew)," Zalman Shazar Center for the Study of the History of the Jewish People, 2001, https://lib.cet.ac.il/pages/item.asp?item=13336.

严格限制以色列巴勒斯坦人的言论表达、政治运动和活动组织等。显然对于以色列居民这一新的标签他们也更多地表示排斥和拒绝。除内部因素外，区域环境还影响了两个社群的关系，阿拉伯国家对以色列的敌对行动、对巴勒斯坦难民问题的处理，泛阿拉伯和巴勒斯坦民族主义的发展、军事政变及阿拉伯国家政权更迭，以及大国对以色列和以阿冲突的立场都在塑造阿拉伯人与犹太人之间的关系方面发挥了作用。[①] 两者之间的早期关系陷入了疏离和敌对状态。当然，早期的犹太复国主义政党不会接受阿拉伯人加入他们的行列。取而代之的是，他们创建了附属的选举名单，被称为“阿拉伯派系”，其中大多数包括被安全部门视为“忠诚”的哈姆拉头目（hamula）。[②] 其中一个例子是大众阿拉伯集团（The Popular Arab Bloc）。该集团是由左翼的犹太复国主义政党联合工人党（也称为 Mapam）在选举前三个星期才成立的。该集团获得了 2812 票，未能超过赢得席位所需的 1%选举门槛（4347 票）。[③] 与大卫·本-古里安赞助的另一个少数派，即与以色列地工人党（Mapai）有关的拿撒勒民主党（Democratic Party of Nazareth），获得了 7287 票，赢得了唯一一个阿拉伯政党的席位。[④] 因此，犹太复国主义政党作为阿拉伯人表达政治关切的功能有很大的局限性。对于阿拉伯人来说，这些战争难民的领导也混乱无序，加上以色列对阿拉伯人的严格军事控制，因此，最初的情况是绝对不允许他们捍卫自己的权利，更不用说独立组织任何政治活动了。

有一个例外就是共产主义政党，即以色列共产党或马基（Maki），其目标包括确保以色列阿拉伯人有相对平等的政治参与权。共产党的成立起源于反犹太复国主义的犹太移民。由于这个基础，它得到了巴勒斯坦阿拉伯人的支持。这个双民族政党在 1943 年瓦解为一个犹太人政党巴勒斯坦共产党（Palestinian Communist Party）和一个阿拉伯人政党民族解放联盟

---

① Dr. Sarah Ozacky-Lazar, “Relations between Jews and Arabs during Israel's First Decade (in Hebrew),” Zalman Shazar Center for the Study of the History of the Jewish People, 2001, https://lib.cet.ac.il/pages/item.asp?item=13336.

② Baruch Kimmerling & Joel S. Migdal, *The Palestinian People* (Cambridge: Harvard University Press) 2003, p. 183.

③ Joseph Heller, *The Birth of Israel*, 1945 - 1949: *Ben-Gurion and His Critics* (Gainesville: University Press of Florida, 2003), p. 346.

④ 参见 1949 年 1 月 25 日第一届以色列议会选举结果，https://knesset.gov.il/description/eng/eng_mimshal_res1.htm。

（National Liberation League，简称，NLL），两部分于 1948 年再次合并，组成了马基。[①] 犹太人和阿拉伯共产主义者之间的团结是建立在亲苏维埃马克思列宁主义社会秩序基础上的，该社会秩序拒绝了犹太复国主义，但支持联合国的“自决”划分（即两国方案）作为解决民族纷争问题的办法。[②] 在 1949 年的第一次以色列议会选举中，马基成功获得了 4 个席位，其中一位是阿拉伯政治家陶菲克·图比（Tawfik Toubi）。[③] 实际上，马基的许多领导人是犹太人，一半选民是犹太人。该党还是拉卡（Rakah，新共产主义者名单，现在是共同名单的组成部分）的前身，由亲巴勒斯坦派别（主要在 1965 年由阿拉伯人组成）分裂出来。承诺坚持马克思列宁主义思想，这两个政党追求的最终目标都是“在以色列建立社会主义政权”。[④] 在第六届以色列议会选举中，拉卡成为与马基竞争的对手，最终拉卡赢得了 3 个席位，而马基仅获得 1 个席位。[⑤] 由此可以看出，拉卡的建立对以色列阿拉伯政党的发展产生了重大影响，这象征着巴勒斯坦人开始独立经营一个属于自己的政党。1965 年后，拉卡的原则规定是，“以色列与阿拉伯国家之间的公正与持久和平”必须“建立在相互承认两边人民自决权的基础上”，[⑥] 强调双方人民的平等权利。这表明，阿拉伯政党的最初利益诉求是与西岸和加沙地带的巴勒斯坦人的利益紧密联结在一起的。共产主义价值观在很大程度上避免了阿拉伯身份带来的政治障碍。六日战争前一年（1966 年），针对以色列阿拉伯人的军事政府的管控也有所松弛。[⑦] 逐渐松弛的外部环境大大降低了以色列阿拉伯人政治参与的门槛和难度，这也是以色列阿拉伯人开始真

---

① Ilan Kaufman, *Arab National Communism in the Jewish State* （Gainesville：University Press of Florida，1997），p. 23.

② Ilan Kaufman, *Arab National Communism in the Jewish State* （Gainesville：University Press of Florida，1997），p. 23.

③ From the introduction for Maki on Knesset website，“Israel Communist Party（Maki）”，The knesset，https：//www. knesset. gov. il/faction/eng/FactionPage_eng. asp？PG = 72.

④ Ilan Kaufam, *Arab National Communism in the Jewish State* （Gainesville：University Press of Florida，1997），p. 28.

⑤ The results of Elections to the Sixth Knesset（November 1，1965），from official website of Israeli Knesset，https：//www. knesset. gov. il/description/eng/eng_mimshal_res6. htm

⑥ Ilan kaufman, *Arabic National Communism in Jewish State* （Gainesville：University Press of Florida，1997），p. 29.

⑦ Information for the Sixth Knesset on the official website of The Knesset，https：//www. knesset. gov. il/review/ReviewPage2. aspx？kns = 6&lng = 3.

正参与到以色列政治事务中的转折点。

早期以色列境内的阿拉伯共产主义运动深受阿拉伯国家共产主义运动的影响。继 1959 年在阿拉伯世界之间由伊拉克领导人阿卜杜勒·卡里姆·卡西姆领导的亲苏联阵营与民族主义者埃及总统加迈勒·阿卜杜勒·纳赛尔的泛阿拉伯阵营之间发生裂痕之后，马基的内部关系也紧张起来，一群年轻的阿拉伯知识分子从中退出。[①] 从马基中退出的知识分子成立了阿拉伯运动（Arabic Movement），也称为“al-Ard”（意为“土地”）。根据政治历史学家大卫·麦克道尔（David Mcdowall）的表述，该党的目标包括在以色列的巴勒斯坦人享有完全平等的权利，以及重建统一的巴勒斯坦民族身份，其思想受到泛阿拉伯主义的极大影响。最初，土地党组织议会外政治运动，但没有参加 1961 年的以色列议会选举。只有在 1965 年选举前夕，该党才提交了以色列议会候选人名单。它的活动包括报纸的发行和宣言的出版，会员驱动，会议和集会的组织，以及有组织的和有财政基础的发展。[②] 但是，“al-Ard”的活动始终受到以色列当局的限制，并且被民间团体视为威胁。在未能确保该组织注册为以色列非政府组织且未得到出版许可的情况下，该组织于 1964 年被取缔。[③]

二　六日战争后的土地斗争和民族觉醒

在以色列的阿拉伯社会重塑及其在 1967 年战争之后的生存战略中，有两个主要趋势是：农业经济增速下降和新政治的发展。[④] 六日战争后，以色列经济进入快速增长阶段，以色列阿拉伯人的生活条件得到了改善，教育水平显著提高。1963 年，以色列的阿拉伯农业劳动力百分比略高于阿拉伯

① Ron Harris, “Constitutional Law of Israel—A Case Study in the Banning of Political Parties: The Pan-Arab Movement El Ard and the Israeli Supreme Court,” *Bepress Legal Series* (2004): 349.

② Ron Harris, “Constitutional Law of Israel—A Case Study in the Banning of Political Parties: The Pan-Arab Movement El Ard and the Israeli Supreme Court,” *Bepress Legal Series* (2004): 349.

③ Baruch Kimmerling & Joel S. Migdal, *The Palestinian People* (Cambridge: Harvard University Press, 2003), p. 197.

④ Baruch Kimmerling & Joel S. Migdal, *The Palestinian People* (Cambridge: Harvard University Press, 2003), p. 190.

总人口的 1/3，仅仅 10 年之后，阿拉伯农业劳动力仅占 1/5。[①] 尽管阿拉伯人的职业阶层仍然较低，与犹太人相比，阿拉伯人经营的产业规模也很小，主要集中在食品等相对低级的产业上。但是，我们不能否认，经济繁荣极大地促进了以色列阿拉伯人致力于政治斗争的意识以及他们在总人口中的增长。

对于以色列阿拉伯人来说，许多问题围绕着土地展开。在阿拉伯人大流散事件发生后，逃亡的巴勒斯坦人从未停止过在停火期间索要自己在以色列控制下的土地和财产。以色列的《缺席者财产法》将从以色列逃离的阿拉伯人留下的“缺席者”的财产权移交给了政府任命的缺席财产保管人。其中被归类为“缺席者”的属于以色列的阿拉伯公民的土地也被没收。1954 年，以色列 1/3 的犹太人口以及近 1/3 的新移民（25 万人）定居在阿拉伯人遗弃的城市地区。在 1948～1953 年建立的 370 个新的犹太人定居点中，有 350 个处于“缺席者”财产之列。[②]

1976 年后的十年，无论是在以色列，还是在加沙地带和约旦河西岸，土地再次成为所有阿拉伯人凝聚力的关键催化剂。关键事件发生在 1976 年 3 月 30 日，当时一个声称代表以色列境内阿拉伯居民的政治组织全国阿拉伯土地防御委员会宣布大罢工，以回应在加利利地区宣布征用土地供官方使用的计划，示威很快就失控。[③] 在这一关键事件中，加沙地带、约旦河西岸和以色列之间的巴勒斯坦人团结起来，表现出强烈的民族意识。这是过去几十年来积累的愤怒的源头，巴勒斯坦人身份和民族意识的觉醒达到了顶峰。

村庄的儿子（The Sons of the Villages，政治运动，源于学生在 1960 年代末和 1970 年代初期在以色列的巴勒斯坦人中组织起来的运动）支持建立一个独立的阿拉伯议会，以收集群众意见并努力摆脱以色列议会的束缚。与之相伴的是在阿拉伯群体中不断壮大的各种阿拉伯委员会和政治组织。实

---

① Baruch Kimmerling & Joel S. Migdal, *The Palestinian People* (Cambridge: Harvard University Press, 2003), p. 174.

② Don Peretz, *Israel and the Palestine Arabs* (Washington, D. C.: The Middle East Institute, 1958).

③ Baruch Kimmerling & Joel S. Migdal, *The Palestinian People* (Cambridge: Harvard University Press, 2003), p. 195.

际上，在 1980 年初，由以色列共产党和“和平与平等民主阵线”组织的全国性会议遭到了政府的反对，但其目的主要是抗议以色列在领土上的歧视性政策。

从外部情况看，六日战争中阿拉伯国家的失败极大地打击了泛阿拉伯主义，因此对于以色列阿拉伯人来说，他们开始更加关注自己国家的命运并考虑自己的未来。这直接影响了第一次巴勒斯坦大起义（Intifada），鼓舞了巴勒斯坦人在停火线内、约旦河西岸和加沙地带捍卫他们逐渐被限制的权利，并在 1993 年的《奥斯陆协定》中取得初步成功。从那时起，巴勒斯坦民族主义运动表现出高度的团结精神。巴勒斯坦和以色列问题的未来不仅仅是阿拉伯政党的关切，也已成为许多犹太人的关切。在第十二届议会末期，马帕姆党（Mapam），拉茨党（Ratz）和变革党（Shinui）左翼议会集团合并为一个名为“梅雷兹党”（Meretz）的议会集团，拥有 12 个席位，其在议会中的席位数量排在工党和利库德之后。[①] 这三个集团的共同点是，他们主张在领土妥协的基础上与巴勒斯坦人达成协议，建立巴勒斯坦国，保障公民人权，以及政教分离。[②] 当时，在以色列的巴勒斯坦人诉求与以色列以外的巴勒斯坦人的政治诉求相近，他们的利益追求紧密地联系在一起。1977 年，拉卡和一些无党派议会团体将其名称更改为“和平与平等民主阵线”（哈达什党，Hadash）。尽管是一个阿拉伯-犹太政党，和平与平等民主阵线主要吸引阿拉伯选民的选票，呼吁以色列完全撤出其在 1967 年六日战争中所占领的所有领土，要求以色列承认巴解组织，建立巴勒斯坦国，以及所有以色列公民享有充分平等的权利。[③] 与 20 世纪 50 年代和 60 年代相对消极的政治态度形成鲜明对照的是，70 年代和 80 年代是以色列阿拉伯人的政治活跃期。[④]

---

① 参见 1992 年 6 月 23 日第十三届以色列议会选举，https：//www. knesset. gov. il/history/eng/eng_hist13_s. htm。

② 参见以色列议会官网，https：//www. knesset. gov. il/faction/eng/FactionPage _ eng. asp? PG = 4。

③ Ilan Peleg，Dov Waxman，*Israel's Palestinians*：*The Conflict within*（Cambridge：Cambridge University Press，2011），p. 55.

④ Elie Rekhess，“The Evolvement of an Arab-Palestinian National Minority in Israel，” *Israel Studies*，Vol. 12，No. 3（2007）：9.

三　90 年代后的蓬勃发展和本土化进程

随着 1989 年至 1991 年苏维埃帝国的逐渐瓦解，共产主义对阿拉伯人的吸引力大大减弱，共产主义政党的残余人员开始（在“和平与平等民主阵线”的框架内）将目光投向民族主义——巴勒斯坦伙伴，以保持他们在以色列政治舞台上对巴勒斯坦社区的影响力。[①] 事实上，以色列巴勒斯坦人不再依赖以色列共产党作为参与政治的媒介，从另一个角度说，以色列共产党履行了为巴勒斯坦人提供参政庇护的使命。1992 年，以色列议会通过了一系列《基本法》，旨在扩大以色列的民权，但同时规定以色列将成为“犹太民主国家”。[②] 尽管这一国家定义直接将以色列巴勒斯坦人排除在国家基本臣民之外，但毫无疑问，它确保了民主框架内政治参与权和表达政治立场的权利。巴以和谈的进展、新的政治组织的兴起以及整个社会环境对巴勒斯坦命运的关注，创造了阿拉伯政党更加独立的发展平台。

《奥斯陆协议》是巴以和平进程的一个里程碑。但是，对于以色列的阿拉伯居民来说，他们陷入了困境。诚然，这似乎是巴勒斯坦民族运动的中心目标即民族自决的成就。但是，该协议忽略了以色列阿拉伯居民的存在。尽管巴解组织声称代表整个巴勒斯坦，但以色列与巴解组织之间的谈判并未涉及任何关于以色列阿拉伯居民的关切和未来安排。[③] 巴以和平进程忽视了这个群体。以色列的阿拉伯居民开始认为巴以和平和未来的巴勒斯坦国不一定能够解决其问题并实现其民族愿望，以色列的阿拉伯知识分子和政治精英开始重新评估他们的政治重点。[④] 以色列阿拉伯人的政治关注重心转移到了自己所在国的公民身份上，因此出现了一种要求将以色列国转变为“所有公民的国家”的双民族制国家诉求。该口号最初是由以色列著名的巴勒斯坦知

---

① Ilan Kaufman, *Arab National Communism in the Jewish State* (Gainesville: University Press of Florida, 1997), p. 119.

② Kimmerling & Joel S. Migdal, *The Palestinian People* (Cambridge: Harvard University Press, 2003), p. 206.

③ Ilan Peleg, Dov Waxman, *Israel's Palestinians: The Conflict within* (Cambridge: Cambridge University Press, 2011), p. 58.

④ Ilan Peleg, Dov Waxman, *Israel's Palestinians: The Conflict within* (Cambridge: Cambridge University Press, 2011), p. 59.

识分子和政治家阿兹米·比萨拉（Azmi Bishara）提出的，他于1995年成立了阿拉伯民族主义政党民族民主联盟党，简称“巴拉德”（Balad，也称为Tajamu），然后在1999年的以色列大选中竞选总理。虽然比萨拉最终退出竞选，但这是以色列阿拉伯人的第一次大胆尝试。[①] 阿拉伯政党在当时迅速发展，阿拉伯民主党（Arab Democratic Party）成立于1988年，联合阿拉伯名单［United Arabic List，或称作拉阿姆党（Ra'am）］和塔阿勒（Ta'al）成立于1996年。这些政党的核心议题与以色列境内阿拉伯人的反歧视和平权要求有关，对文化自治的诉求首先由巴拉德提出。

尽管如此，解决巴以冲突的光明前景仍给以色列阿拉伯人灌输了信心。政治环境的宽松和国家给予阿拉伯人一定程度的自由，进一步增强了他们参与政治的热情。在1995年进行的一项调查中，有58%的以色列阿拉伯公民表示，他们相信，在以色列和巴勒斯坦之间达成全面和平协议之后，他们将实现更大的平等。[②] 实际上，它的确在一定程度上缓解了犹太人和阿拉伯人之间的矛盾。对于许多以色列阿拉伯人来说，他们的阿拉伯人身份不再像许多犹太人所声称的那样是一种对国家的不忠诚或不认同。[③] 此外，巴解组织已经启动了与以色列的和解进程，这一事实促使一些阿拉伯人弱化了对犹太复国主义的反对，并接受以色列的存在是不争的事实。[④] 在20世纪90年代中期之前，阿拉伯阵营倾向于更多地依靠犹太复国主义左派的活动家。确实，生活水平的提高和人权状况的改善得益于拉宾—佩雷斯（Rabin-Peres）政府采取的一系列对以色列阿拉伯人略微倾斜的措施。在1992~1996年，政府的预算安排使对阿拉伯社区的基础设施和教育的投资比前政府的投资增加了很多；阿拉伯部门也确实得到了政府的重视，甚至获得了优惠的预算拨款。[⑤] 在1996年以色列立法选举中，虽然西蒙·佩雷斯

---

① Ilan Peleg，Dov Waxman，*Israel's Palestinians*：*The Conflict within*（Cambridge：Cambridge University Press，2011），p. 62.

② Elie Rekhess，“The Arabs of Israel after Oslo：Localization of the National Struggle，” *Israel Studies*，Vol. 7，No. 3（2002）：6.

③ Elie Rekhess，“The Arabs of Israel after Oslo：Localization of the National Struggle，” *Israel Studies*，Vol. 7，No. 3（2002）：5.

④ Elie Rekhess，“The Arabs of Israel after Oslo：Localization of the National Struggle，” *Israel Studies*，Vol. 7，No. 3（2002）：5.

⑤ Elie Rekhess，“The Arabs of Israel after Oslo：Localization of the National Struggle，” *Israel Studies*，Vol. 7，No. 3（2002）：8.

（Shimmon Peres）作为工党候选人，但在最后一刻遭到了以色列阿拉伯人的抵制，为此他失去了关键的选票，但仍有 95%的选票来自阿拉伯人。

四 右翼民粹的挑战与整合重组

利库德集团的崛起消除了之前的这种希望。在 1996 年的立法选举中，来自右翼政党利库德集团的本杰明·内塔尼亚胡（Benjamin Netanyahu）以惊人的胜利击败了佩雷斯。尽管我们不能否认佩雷斯对巴勒斯坦的激进军事反应使他在最后一刻失去了关键的选票。但是实际上，在 1977 年的立法选举中，利库德集团的压倒性胜利可以视为右翼政党崛起的标志。利库德集团的主旨是绝对的偏右，在犹太国家属性方面他不愿意做任何的退让。在内塔尼亚胡时代，然后是巴拉克（Barak）政府时期，阿拉伯群体实际上被无视了，这是与前政府相比对阿拉伯人态度的根本转变。从民意测验的角度来看，甚至犹太民族主义也成为选举中赢得选票的政治手段。同时，操纵民粹主义是分散人们对经济下滑和腐败等内部问题的关注的有效途径。

以色列右翼政党的迅速壮大也是阿拉伯人和犹太人之间隔阂不断扩大的一种表现。1995 年 11 月 4 日，总理伊扎克·拉宾（Yitzhak Rabin）被犹太右翼激进分子暗杀。伊戈尔·阿米尔（Yigal Amir）指出谋杀的原因是拉宾在奥斯陆（Oslo）与巴解组织（PLO）签署的关于以色列部分土地的协议，背叛了犹太民族和宗教的利益。[①] 内塔尼亚胡自 1996 年上台后，加强对以色列阿拉伯人的排斥。[②] 以色列在《奥斯陆协议》中的妥协被认为是催化剂。另一个被认为是直接歧视的例子是 1985 年的《基本法》：如果不承认以色列为犹太人的主权国家，议会则禁止该候选人名单中的人参加选举。[③] 阿拉伯人口在总人口中的快速增长使犹太人担心未来犹太国家的民族主体性问题。此外，以色列与相邻阿拉伯国家关系恶化等一系列问题

① Ilana Kaufman, *Arab National Communism in the Jewish State* (Gainesville: University Press of Florida, 1997), p. 123.

② Elie Rekhess, "The Arabs of Israel after Oslo: Localization of the National Struggle," *Israel Studies*, Vol. 7, No. 3 (2002): 8.

③ Elie Rekhess, "The Arabs of Israel after Oslo: Localization of the National Struggle," *Israel Studies*, Vol. 7, No. 3 (2002): 7.

无形中增加了以色列阿拉伯人争取权利的困难。积累的矛盾于2000年9月在阿克萨起义中爆发，2000年10月的流血事件加大了阿拉伯人与犹太人之间关系的裂痕。这一事件也促使了以色列阿拉伯人再次提出建立自己独立的国家机构的要求。① 阿拉伯选民在2001年2月举行的总理选举中回避民意测验，要求建立替代性的非议会代表渠道，包括一个单独的阿拉伯议会。②

"阿拉伯之春"在以色列政治体系中产生了一种新的悲观情绪。除了对地区稳定的威胁外，人们对巴勒斯坦起义可能导致真正的民主化进程产生了怀疑。③ 我们可以从2011年11月内塔尼亚胡的声明中看出这一点："伊斯兰浪潮有可能席卷阿拉伯国家，这是反西方，反自由，反以色列，最终是反民主浪潮。"④ 2018年7月，以色列议会通过了《犹太民族国家法案》，该法案进一步明确了犹太国家和犹太人自决的特征，再次明确排除了阿拉伯人，阿拉伯语的地位也从官方语言降为次要语言。⑤ 这加剧了在财政预算、住房和基础设施建设方面对以色列阿拉伯人的歧视，该法案向政府机构和公众发出了一个信号，即应当接受以色列的阿拉伯少数民族的存在，但不能平等地对待他们。⑥

自进入21世纪以来，国家民主联盟（NDA）作为一种新的政治潮流出现，它推动了少数族裔争取获得官方承认的公共斗争，从而保障阿拉伯人在以色列的集体权利。这与拉卡为解决冲突而提出的建议是相同的，即双

---

① Elie Rekhess, "The Arabs of Israel after Oslo: Localization of the National Struggle," *Israel Studies*, Vol. 7, No. 3 (2002): 15.

② Elie Rekhess, "The Arabs of Israel after Oslo: Localization of the National Struggle," *Israel Studies*, Vol. 7, No. 3 (2002): 16.

③ Benedetta Berti, "Israel and the Arab Spring: Understanding Attitudes and Responses to the 'New Middle East," (Al Mesbar Studies & Research Centre and the Foreign Policy Research Institute, 2013), p. 132.

④ "Excerpts from PM Netanyahu's Statement at the Knesset," Israeli Prime Minister's Office, November 23, 2011, http://www.mfa.gov.il/MFA/Government/Speeches+by+Israeli+leaders/2011/PM_Netanyahu_statement_Knesset_23-Nov-2011/.

⑤ "Basic Law: Israel-The Nation State of The Jewish People," Enacted by Israeli Knesset on 19 July 2018, Translated by Dr. Susan Hattis Rolef, https://knesset.gov.il/laws/special/eng/BasicLawNationState.pdf.

⑥ Daoud Kuttab, "Palestininas Outragd at Jewish Nation-State Law," Al-Monitor, July 20, 2018, https://www.al-monitor.com/pulse/originals/2018/07/israel-jewish-nationality-law-palestinians-arab-rights.html.

民族国家方案。但是此前以色列阿拉伯人的自我决定论从未被官方提及。面对严峻的形势，在 2015 年以色列议会选举之前，以色列的阿拉伯政党：巴拉德党、联合阿拉伯名单-塔阿勒党、哈达什党和伊斯兰运动（Islamic Movement）签署了合作协议，在 3 月的以色列议会选举中以统一方式参与竞选，即共同名单（Joint List）。[①] 共同名单是共产主义、民族主义和伊斯兰政党史无前例的混合联盟，明确代表了以色列的阿拉伯少数民族。[②] 这种合作在很大程度上反映了受到非民主右翼政党崛起的挑战下阿拉伯政党政治策略的新变化。尽管共同名单由于在巴勒斯坦问题上的强硬立场而不太可能加入联盟政府，但它可能有助于左翼盟友阻止本杰明·内塔尼亚胡总理的利库德党连任第三届政府。[③] 在普通百姓的层面上，诉求更加本地化，这意味着他们的斗争焦点重新回到了自己的边缘群体的地位，即不被以色列官方认可的少数民族群体，而不是整个巴勒斯坦的利益。根据左翼报纸《国土报》（*Haaretz*）发表的一项民意测验，在以色列 70%的阿拉伯人中，对社会经济问题的关注远超过对解决巴以冲突的关注。[④]

这不是阿拉伯政党第一次整合，在和平进程陷入停滞之后，1996 年 4 月，也就是选举前两个月，阿拉伯民主党通过与伊斯兰运动签署联合协议，组成阿拉伯联合党（The Arabic United Party），从而使提比（Tibi）领导的塔阿勒党退出了竞选，转而呼吁他的支持者支持阿拉伯政党。[⑤] 大约在同一时间，“和平与平等民主阵线”（哈达什党）成功地与新成立的民族民主联

---

① Lazar Berman, “Arab Parties Finalize Unity Deal,” *The Times of Israel*, January 22, 2015, https://www.timesofisrael.com/arab-parties-and-hadash-finalize-unity-deal/.

② Christa Case Bryant, “Israel Elections 101: On Eve of Vote, Momentum on Arab Street,” *The Christian Science Monitor*, March 11, 2015, https://www.csmonitor.com/World/Middle-East/2015/0311/Israel-elections-101-On-eve-of-vote-momentum-on-Arab-street/.

③ Christa Case Bryant, “Israel Elections 101: On Eve of Vote, Momentum on Arab Street,” *The Christian Science Monitor*, March 11, 2015, https://www.csmonitor.com/World/Middle-East/2015/0311/Israel-elections-101-On-eve-of-vote-momentum-on-Arab-street/.

④ Christa Case Bryant, “Israel Elections 101: On Eve of Vote, Momentum on Arab Street,” *The Christian Science Monitor*, March 11, 2015, https://www.csmonitor.com/World/Middle-East/2015/0311/Israel-elections-101-On-eve-of-vote-momentum-on-Arab-street/.

⑤ Ilana Kaufman, *Arab National Communism in the Jewish State* (Gainesville: University Press of Florida, 1997), p. 124.

盟党（即巴拉德党）建立了联合同盟。[①] 在此后的议会选举中，阿拉伯政党也多次两两合作进行竞选。这一新战略必将为以色列阿拉伯人争取其在以色列议会的权利和社会地位带来巨大积极影响。在 2015 年的以色列议会选举中，共同名单在以色列议会中获得 13 个席位，阿拉伯选民的投票率占 65%，而上次选举中的投票率为 56%。[②]

在 2019 年 4 月的议会选举中，现任总理内塔尼亚胡未能组建执政联盟，而阿拉伯政党在 9 月的大选中再次整合，赢得了 13 个席位。整合后的阿拉伯政党获得的席位数相比在 4 月的议会选举中分别参选多了 3 个。[③]

表 1　以色列第二十一次议会选举结果

政党	有效票数（票）	投票率（%）	议会席位（个）
利库德集团	1140370	26.46	35
蓝与白	1125881	26.13	35
沙斯	258275	5.99	8
联合托拉犹太教	249049	5.78	8
哈达什-塔阿勒	193442	4.49	6
工党	190870	4.43	6
以色列是我们的家园	173004	4.01	5
联合右翼	159468	3.70	5
梅雷兹党	156473	3.63	4
库拉努党	152756	3.54	4
拉阿姆-巴拉德党	143666	3.33	4

资料来源：“第二十一次以色列议会选举结果”，以色列议会官方网站，https://knesset.gov.il/description/eng/eng_mimshal_res21.htm，选举日期为 2019 年 4 月 9 日。

① Ilana Kaufman, *Arab National Communism in the Jewish State* (Gainesville: University Press of Florida, 1997), p. 124.

② “第二十次以色列议会选举结果”，以色列议会官方网站，https://www.knesset.gov.il/description/eng/eng_mimshal_res20.htm，选举日期为 2015 年 3 月 17 日。

③ 2019 年 4 月 9 日以色列议会选举结果。合格选民人数 6339729，有效票 430927，合格门槛（3.25%）140005，每个席位的投票数 32860；其中阿拉伯政党获得 10 个席位，包括哈达什-塔阿勒（Hadash-Ta'al）获得 6 个席位，拉阿姆-巴拉德（Ra'am-Balad）获得 4 个席位。

2019 年 9 月的第二次选举[①]之前，共同名单主席艾曼·奥德赫在反对总理本杰明·内塔尼亚胡（Benjamin Netanyahu）的示威中曾说，如果他赢得选举，他可能“认真考虑加入”蓝白党主席本尼·甘茨（Benny Gantz）的执政联盟。[②] 不过，甘茨的蓝白党虽然赢得了选举，但最新消息是他仍然未能在规定时间内组建政府，从而出人意料地引发了 2020 年 3 月的第三次选举。共同名单和蓝白党的合作似乎也不像预期的顺利。

表 2　以色列第二十二次议会选举结果

政党	有效票数（票）	投票率（%）	议会席位（个）
蓝与白	1151214	25. 95	33
利库德集团	1113617	25. 10	32
共同名单（哈达什、拉阿姆、塔阿勒、巴拉德）	470211	10. 60	13
沙斯	330199	7. 44	9
以色列是我们的家园	310154	6. 99	8
联合托拉犹太教	268775	6. 06	7
联合右翼	260655	5. 87	7
工党-桥党	212782	4. 80	6
民主联盟	192495	4. 34	5

资料来源：“第二十二次以色列议会选举结果”，以色列议会官方网站，https：//knesset. gov. il/description/eng/eng_mimshal_res22. htm，选举日期为 2019 年 9 月 17 日。

五　政治斗争中的党民团结

在 2020 年 3 月 2 日的议会选举中，共同名单党取得了历史性的胜利，获得 15 个议会席位。在这次的选举中，阿拉伯选民表现出空前的团结，无论是投票率还是对于阿拉伯政党的支持率都有所提升：阿拉伯选民在这次

① 根据 2019 年 9 月 17 日以色列议会选举结果，蓝白党领先利库德集团获得组阁权。共同名单（共获得 13 个席位，相比 4 月份的选举结果多 3 个。此次选举合格选民人数为 6394030 人，有效票为 4436806 票，合格门槛（3. 25%）为 144197 票，每个席位的投票数为 35917 票。

② Baoul Wootliff, “Top Arab MK Says Open to ‘Joining’ Gantz,” *Times of Israel*, August 1, 2019, https：//www. timesofisrael. com/top-arab-mk-says-open-to-joining-gantz/.

选举中的投票率高达 64.7%，在 2019 年 9 月的选举中的投票率是 59.2%，而在 2019 年 4 月的选举中仅有 49.2%；其中 87%的选票投给了共同名单，而在上一次选举中据估测有 80%的支持率。[①] 此次选举中不少阿拉伯选民放弃了原先支持的中间派政党蓝白党，转而支持阿拉伯政党。相较于 2019 年 9 月的选举，在这一次选举中阿拉伯选民对于蓝白党的支持率从 20%降到 13%，而这背后的原因是蓝白党试图吸引右翼选票，蓝白党领导人甘茨的一些不当言论有伤阿拉伯选民的感情：在 2 月中旬的一次采访中甘茨曾表示蓝白党会考虑建立一个犹太人为主体的政府，并多次强调不会和共同名单合作组建联盟政府。[②] 右翼政党中，尽管内塔尼亚胡没有在周一投票之前使用他在过去的选举中使用过的大量反阿拉伯言论，但他一再暗示提比和共同名单缺乏参与政府决策的合法性；外部因素中，特朗普的"世纪计划"让阿拉伯选民的危机感加剧。[③] 从共同名单自身来讲，他们也适时地提出了更多针砭时弊的诉求，因而获取了阿拉伯社群的极大支持。其中包括废除《卡米尼兹法》[④] 和《犹太民族国家法案》，改善以色列阿拉伯少数民族经济状况，推动与巴勒斯坦的和平进程，提升以色列境内阿拉伯人口的地位，废除歧视性法律。[⑤] 因而对于阿拉伯选民来说，阿拉伯政党更能反应自身的利益，这也促使阿拉伯社团力量进一步整合。

受历史等因素的影响，德鲁兹人在以色列服兵役，对于以色列的忠诚度和认同感普遍高于信仰伊斯兰教和基督教的阿拉伯人，在政治上也更倾

---

① Adam Rasgon, "Joint List Captured almost Total Arab Vote, Pollster Calculates," *The Time of Israel*, March 4, 2020, https://www.timesofisrael.com/joint-list-captured-almost-total-arab-vote-pollster-calculates/.

② Adam Rasgon, "Joint List Captured almost Total Arab Vote, Pollster Calculates," *The Time of Israel*, March 4, 2020, https://www.timesofisrael.com/joint-list-captured-almost-total-arab-vote-pollster-calculates/.

③ Adam Rasgon, "Joint List Captured almost Total Arab Vote, Pollster Calculates," *The Time of Israel*, March 4, 2020, https://www.timesofisrael.com/joint-list-captured-almost-total-arab-vote-pollster-calculates/.

④ 《卡米尼兹法》是《规划和建筑法》的 2017 年修正案，旨在加强"对规划和违法建筑行为的执行和处罚。"但是，有批评者认为它没有考虑到国家在土地规划和分配中数十年来对阿拉伯人的歧视和不公，从而导致阿拉伯城镇和村庄遭受严重的住房危机。

⑤ Toi Staff, "Head of Arab Nationalist Faction in Joint List Sets Terms for Supporting Gantz," *The Times of Israel*, March 8, 2020, https://www.timesofisrael.com/head-of-arab-nationalist-faction-in-joint-list-sets-terms-for-supporting-gantz/.

向于中间偏左的犹太人政党。在 2019 年 9 月的第二次大选中，德鲁兹人投票率为 55%，合格选票大约有 84000 张（相当于 1.3 个议会席位），其中一半左右投给了蓝白党，剩余选票基本流向独立参选人阿维戈多·利伯曼（Avigdor Lieberman）领导的“以色列是我们的家园”，而对于利库德集团的支持仅有约 3000 张选票。[①] 以色列持续性的右倾政策促使德鲁兹人对于偏右的立场持相对抵触态度，德鲁兹人也一直呼吁更改《犹太民族国家法案》中对于以色列犹太国家的定性。对于“以色列是我们的家园”的支持某种程度上源于对该党中的德鲁兹议员哈马德·阿马尔（Hamed Amar）的支持。

从选举的性质上来讲，这三次选举围绕的背景和主题更多的是宗教和国家定性之间的关系问题。[②] 随着以色列宗教保守色彩日益浓厚，特别是 2018 年通过的《犹太民族国家法案》，犹太教的地位和对国家机构的渗透力空前强化。以色列族群构成的复杂性使得不同个体对于国家认同的矛盾加剧。这种矛盾在反复的选举中使得不同族群和利益集团归队整合，对立冲突升级，最终使得组建联盟政府对于任何利益集团的难度都空前加大。共同名单对纯粹犹太国家的反对、对阿拉伯群体利益的争取，利伯曼鼓吹的修正锡安主义、反正统的倾向都让左右翼大党很难获得组建政府的关键性选票和合作盟友。对于内塔尼亚胡贪腐案的争议，也加大了各政党的离心力。

面对政治僵局以及新冠肺炎疫情的风险升级，各方都期望放下争议尽快达成组阁共识。2020 年 5 月 13 日，内塔尼亚胡和甘茨共同组建了新一届联合政府。但由于两党派内部存在深刻分歧，即使最终组阁成功，未来实现长期稳定联盟的道路也必定是困难的。作为以色列纷繁复杂的政党政治派系斗争中重要的一部分，阿拉伯政党的政治声量在政治斗争中无疑会被扩大。但这也不意味着阿拉伯政党未来的发展大势明朗。在右翼政党长期执政的前提下，阿拉伯政党不可能被纳入联盟合作。但是，对阿拉伯政党

---

① Rotem Starkman, “How Will the Arabs Vote? They Want to Work and Build Houses, and Not Solve the Palestinian Problem,” (in Hebrew) The Marker, January 31, 2020, https://www.themarker.com/news/politics/.premium-1.8471739.

② “It is Time for a New Status Quo,” (in Hebrew) The Israeli Democratic Institute, February 24, 2020, https://www.idi.org.il/events/29796.

自身来说，反映自身族群民众诉求、整合政党力量、团结左翼盟友、尽全力扩大自己的政治影响力，是他们当下和未来生存斗争中的重要法则。

结　论

综上所述，本文勾勒了一幅清晰的以色列阿拉伯政党发展路线图：从早期共产主义阿犹合作政党和左翼犹太复国主义政党的附属名单开始，再到形成自己的独立政党，最后到政治联盟——共同名单。这与以色列政府作为一个民主国家对以色列阿拉伯人越来越宽容的少数群体政策有关，同时，也与这一群体在过去 70 多年中的政治诉求的变化有关。本文通过对这一变化进行深入研究得出结论，以色列阿拉伯人是整个巴勒斯坦或泛阿拉伯主义的被遗忘的一部分，其命运与阿拉伯世界和巴勒斯坦世界的变动和演变联系在一起。阿拉伯国家在六日战争中的失败表现增强了他们作为一个单独的巴勒斯坦部分的凝聚力。自那时以来，停火线内外的巴勒斯坦人团结在一起，为土地和平等权利而斗争了数十年，这最终在和平协议签署时达到了高潮。但是，这也是一个分水岭，此后，以色列巴勒斯坦人的奋斗目标更多地转移到了自己在以色列被边缘化被歧视的身份地位上。多数阿拉伯政党达成共识的提议也与这一举动相对应——从对双民族国家的诉求退减到对于少数族群集体权利的争取。这也与国内政治环境紧密相连，左翼政党的衰落使他们在犹太社区中寻求支持的难度越来越大，尤其是在最近的几十年中，利库德集团的崛起使情况更加恶化。此外，外部因素也不容忽视，特朗普上任后美国政府向以色列右翼政府频频示好，一系列亲以举措使以色列阿拉伯人更多地陷入被动。这一系列因素促使以色列阿拉伯政党进行了自身内部的深层次整合。

从阿拉伯政党的角度来看，它们在一定程度上得益于民主政权，因为民主政权为其提供了发声和战斗的平台。毫无疑问，其当前政治策略的方向是撇开争议整合阿拉伯政党，并与左翼政党合作以阻止右翼政党寻求连任的计划。共同名单在近几次大选中取得的成就都极大地调动了阿拉伯选民的政治参与热情。在最近几次选举中，以色列国内两个大党相继陷入组阁困难，国内政治气氛低沉，以色列的民主面临着实际的信任危机。即便疫情间接促成了蓝白党和利库德集团的合作，但以色列政坛撕裂斗争的本质并没有实质性改变。对于阿拉伯政党来说，这实际上增加了它们在议会中的影响力，因为这并不排除它们将来与左翼政党合作的可能性。

（作者单位：以色列巴伊兰大学人文学院）

On the Political Development of Israeli Arab Parties

Shen Baojun

Abstract: Since the founding of Israel, the political development of Israeli Arabs has undergone a process from passive to active, from affiliated to independent, and its development and changes have considerably reflected the self-cognition and political appeal of this ethnic group in the context of the evolution of Israel and even the entire Middle East. This article begins with the original form of Israeli Arab parties at the beginning of the founding of Israel, as an affiliation of left-wing parties, until the latest form of political alliance, the Joint List. The topics consist of the development of early Israeli communist parties, the Palestinian-Israeli peace process, the rise of right-wing parties, and the 2019 and 2020 Israeli parliamentary elections.

Keywords: Israel; Arab Parties; Knesset Election

以色列对贝都因人身份认同的影响及表现

——以贝尔谢巴露天市场的贝都因人为例

李永俊

内容提要 贝都因人是以色列阿拉伯人中的少数民族，他们在文化、历史、社会结构和政治上均有其独特性。自以色列建国后，贝都因人经历了城市化和现代化进程，他们的生活方式也正从半游牧向定居转变。近几十年的城市化和现代化动摇了贝都因人的经济社会基础，一方面给贝都因人社会带来了前所未有的矛盾，另一方面也促使贝都因人融入以色列主流社会。

关键词 以色列 内盖夫 贝都因人 社会认同 城市化

一 介绍及研究方法

贝尔谢巴为以色列南部区首府，是内盖夫沙漠的最大城市。贝尔谢巴露天市场（Beer Sheva Urban Market）位于贝尔谢巴老城区和中心区之间，该市场的店主中犹太人约占 40%，阿拉伯人约占 60%。露天市场是贝尔谢巴贝都因人密度最大的地方之一，相比较以色列其他城市的贝都因人，这里的贝都因人大多愿意向外界介绍他们的生活。作为以色列居住在城市中的贝都因人，他们已经习惯了城市的现代化生活。他们生活在犹太人占多数的城市中或者城市周边地区，有着固定的工作，因此过着近乎定居的生活。他们主要与犹太人做生意，因此他们的工作时间、经营方式也多是“犹太化”的，他们熟练使用希伯来语，在安息日休息。

尽管贝都因人在以色列南部区密度较大，并且与犹太人保持着紧密的联系，但是贝都因人作为在以色列生活的阿拉伯人中的少数民族，对于他们身份认同的研究并不多。贝都因人从游牧生活到定居生活，从阿拉伯世界的少数民族到融入以色列社会，其中必然经历了身份认同的转变。从历史来看，贝都因人的身份认同与西方世界乃至主要的阿拉伯世界的主流都有所不同——他们更重视土地，更重视血亲关系，更重视部落荣誉，等等。随着他们逐渐融入以色列社会，他们的生活习惯、思想观念均受到了以色列主流社会的冲击，我将这种变化称为“身份认同的现代化”。基于这种“身份认同现代化”的观点，这篇文章将从四个角度研究都市中的贝都因人的身份认同与观念。

本研究的一手资料是基于对贝尔谢巴露天市场的贝都因店主的访谈，访谈均是以阿拉伯语进行的，这样可以使贝都因人在表达自己的观点时更为清晰，在理论分析的过程中也更容易避免误解他们的本意。但是必须承认的是，每一个个体都有其特殊性，对于群体的身份研究永远不可能做到兼顾每一个个体，本研究在某种程度上也是管中窥豹。

选择在露天市场进行调查的原因有：(1) 贝都因店主是与犹太人接触最为密切的贝都因群体之一，因此他们的身份认同更容易受到犹太人的影响，在犹太人与阿拉伯人的交流越来越密切的背景下，这可以预测贝都因人身份认同的总体发展趋势，更有前瞻性 (2) 与其他职业相比，商人在工作时更愿意与外界交流，并且他们的工作状态是无隐私的，更方便观察他们的工作细节。

在本次调查中我选择了 7 个贝都因人作为调查对象。之所以选择这 7 个贝都因人作为调查对象，是因为他们的思想观念在身份认同领域具有代表性。本文通过调查在贝尔谢巴露天市场中工作的有代表性的 7 个贝都因人的思想观念以及他们对以色列主流社会的看法，从 3 个角度分析以色列对现代贝都因人产生的影响。以下的几个问题是本次研究的重点：现代贝都因人的身份认同的根基在哪里？在身份认同重塑过程中，都有哪些体现？不同的身份认同成分之间的联系是什么？现代贝都因人的身份认同在多大程度上是通过犹太人来实现的？除了与犹太人的互动交往外，还有其他因素会影响他们的身份认同，例如他们的部落，他们的住处相对于城市的距离，所属部落的等级，他们的政治立场，等等。我在访谈中考虑了以上的不同因素并且做了记录。

弗兰克·H. 斯图尔特 (Frank H. Stewart) 的研究表明，贝都因人是不擅长经商的民族，真正意义的贝都因人大批经商是从以色列国建立之后开始的。[1] 从贝都因人与犹太人商业活动中可以看出，贝都因人的商业活动和习惯受犹太人影响很大，从游牧生活到以经商为收入来源本身就是贝都因人身份转变的重要体现。在与贝都因店主的谈话中，店主与市场管理部门签订了合同，其中规定了他们的业务范围，每年应支付的费用，摊位的面积，等等。在贝都因人的传统中，约定是以口头为主的，签订合同是一种现代的商业行为，这种现代商业行为的本身也是由犹太人决定的。

本文采用的研究方法是文献综述和访谈。由于关于贝尔谢巴贝都因人的资料很少，我参考了关于整个内盖夫沙漠中的贝都因人身份认同的书籍和文章。与此同时，我采访了一些贝都因店主以获取第一手资料。这两种方法可以互为补充，既可以对整个贝都因社群的现状有所了解，也可以对不同部落、不同村庄的贝都因人的情况进行具体分析。

在采访中，我调查了每个受访的贝都因人对自己的身份定位以及对以色列和犹太人的看法。为了确保受访者不受其他因素的影响，访谈被分为多次进行，每次都是单独受访。访问过程不是以提问形式进行的，而是让受访者主动介绍生活的方方面面。在访问中，为了保证不受我的调查逻辑的影响，除非在极不切题的情况下，我没有打断他们的话。同时作为一个非犹太人，在调查阶段更容易与贝都因人拉近关系，贝都因人不会因为我的身份而刻意隐藏真实的想法。

必须要承认的是，尽管我在采访和分析过程中保持尽可能的客观和理性，但是这次调查的结果只能从某种程度上反映贝尔谢巴贝都因人的身份认同问题，而且因为受访的贝都因人职业、数量、居住地等均有所限制，这次调查并不能代表整个内盖夫沙漠贝都因人的普遍身份认同。

贝都因人社会是以色列阿拉伯社会中一个独特的社会群体，构成内盖夫总人口的1/4、以色列阿拉伯人口的13%[2]。此外，由于贝都因社群的高出生率，多年来，他们在以色列人口构成中的相对比例迅速增长。同时，贝都因群体是以色列最贫穷和最弱势的群体。

多年来，贝都因人一直被忽视，无论在政治上还是在经济政策上，整

---

① Frank H. Stewart, "Customary Law among the Bedouin of the Middle East and North Africa," in Dawn Chatty ed., *Nomadic Societies in the Middle East and North Africa: Entering the 21st Century* (Leiden and Boston: Brill, 2006), p. 235.

② Knesset of Israel, https://www.knesset.gov.il/lexicon/eng/bedouim_eng.htm.

个以色列社会对贝都因群体几乎没有任何重视。然而，由于贝都因群体与以色列主流社会的接触越来越多，随之产生的矛盾时有发生，公众对贝都因人的认识和态度正在改变。

贝都因人是以色列唯一没有准确人口统计学数字的群体。导致这一现象的原因很多——政府官员和政府机构一直忽视贝都因人的存在；许多贝都因人居住在未被认可的村庄中；对贝都因人口的登记是以部落为单位的；作为游牧民族，贝都因人经常迁徙难以统计；许多贝都因男性和没有以色列公民身份的女性结婚；等等。[①]

在调查和分析过程中，以下资料对我的研究有着重要的影响。弗兰克·H. 斯图尔特撰写的《中东和北非地区贝都因人的习惯法》[②] 是本文重要理论依据的来源。本文采纳了斯图尔特的理论作为基础，将其与对某些贝都因店主的采访进行了比较，找出其中的相似点与不同点。穆罕默德·阿瓦德（Mohamed Awad）的《中东地区游牧和半游牧的贝都因部落的定居》，介绍了游牧民族、半游牧民族、定居的部落以及其他部落的生活方式。[③] 阿瓦德在文章中指出，贝都因人是“通过农业而定居的游牧民族”。本文提出了类似的另一种观点：贝都因人是“通过商业而定居的游牧民族”。阿里克·罗德尼茨基（Arik Rodnitzky）撰写的《内盖夫人口》，描述了内盖夫地区贝都因人的社会学、人口统计学和经济学特征，并将其与以色列的犹太人和阿拉伯人进行了比较。这些群体之间的差异在贝都因人就业、教育和卫生等领域都有所体现。本文引述了罗德尼茨基提出的这些差异，并将它们运用在了不同居住地区的贝都因人群中。阿里克通过调查揭示了以色列对贝都因人的持续歧视和忽视，使贝都因人长期无法完全融入犹太社会，给贝都因群体的发展造成了障碍。塔贝特·阿布拉斯（Thabet Abu-Ras）的《以色列的土地争端：以内盖夫贝都因人为例》，概述了在社

① Arik Rudnitzky, *Social*, *Demographic and Economic Factors*, *The Bedouin Population in the Negev* (The Abraham Fund Initiatives, 2012), pp. 23-25.

② Frank H. Stewart, "Customary Law among the Bedouin of the Middle East and North Africa," in Dawn Chatty ed., *Nomadic Societies in the Middle East and North Africa*: *Entering the 21st Century* (Leiden and Boston: Brill, 2006), p. 266.

③ Mohamed Awad, "Settlement of Nomadic and Semi-nomadic Tribal Groups in the Middle East," *International Lab Review*, 79 (1959): 25.

会和政治变革的背景下贝都因人的社会和人口统计学特征[①]。这篇文章描述了内盖夫贝都因社会在快速城市化和现代化时代以及以色列政治版图变化带来的变革。塔贝特·阿布拉斯（Thobet Abu-Ras）讨论了政府针对“贝都因人”的社会、经济、政治、土地和和解政策，并回顾了高等法院关于“贝都因人和贝都因人社会新的政治觉醒”的决定性裁决。这些对于访谈中土地问题的分析有着重要的作用。

社会身份是一个复杂的结构，只有通过多维方法才能得到满意的解释。从哲学上讲，身份认同与两个问题有关：一是我们如何理解人类社群的延续，二是两个或者更多人自觉形成社群的必要因素是什么。[②] 这两个问题不是割裂的，而应该是相互补充的。要回答这两个问题，我们一方面应该界定不同社会层次中的“我方”与“他方”，也应该认识社会中存在着更广泛的社会学类别，例如阶级，国籍，种族和性别，以及它们的建立过程。

社会认同感是一个人基于他们的团体成员身份的情感。[③] 因此，群体给人以社会认同感，个体对于本社群的认同是身份认同的关键。因为社群本身是流动的、不断变化的，身份认同也始终是一个进行中的过程，我们只能在一定的界定条件下进行讨论。对集体识别唤起了在某些彼此相似的群体中的人的强大想象力。群体具有边界，它定义了“我方”和“他方”，就像贝尔谢巴的贝都因人一样，他们通过“他方”来增强对“我方”的归属感和凝聚力。这里的“他方”是贝尔谢巴的犹太人，他们是影响贝都因人身份认同的重要外部力量。根据理查德·詹金斯（Richard Jenkins）的观点，集体是由多个个体组成，这些个体将自己视为相似或具有相似的行为的共同体。[④] 因此，族群身份可以看作集体内部定义的产物，它不仅包括本族群的定义，还包括本族群对其他族群的看法。对于贝都因群体来说，与其密切接触的其他族群是以色列犹太人。身份认同的表现也是多种多样的，由于本文旨在寻找露天市场贝都因人身份认同与他们融入以色列社会之间

---

① Thabet Abu-Ras, “Land Disputes in Israel: The Case of the Bedouin of the Naqab,” *Adalah's Newsletter*, 24（2006）: 1-9.

② Dorothy Holland, William Lachicotte Jr, Debra Skinner, and Carole Cain, *Identity and Agency in Cultural Worlds*（Cambridge, MA: Harvard University Press, 1998）, pp. 92-105.

③ Tajfel Henri, John C. Turner, William G. Austin, and Stephen Worchel, “An Integrative Theory of Intergroup conflict,” *Organizational Identity: A reader*, 56（1979）: 65.

④ Richard Jenkins, *Social Identity*（London: Routledge, 2008）, p. 25.

的联系，因此，研究的重点在贝都因人与犹太人的互动上。

二 受访者信息评估与初步分析

受访者 A

A 住在贝尔谢巴西南部的贝都因人村庄萨勒姆村（Shaqib Al-Salam），家中有 3 个男孩和 1 个女孩。他的家距离露天市场只有 10 分钟的路程。他在这里住了十多年。他是纯正贝都因人[①]，隶属于阿扎马部落（Al-Azama，该部落是以色列最大的贝都因人部落）。他已经放弃了游牧生活，在这里专职做生意。他认为犹太人对他的生活有很深的影响，尽管他是纯正的贝都因人，但他称自己为半贝都因人，因为他已经不游牧了。

他选择住在贝尔谢巴是为了孩子们的学习和生活。孩子们已经习惯了城市的生活，对沙漠中的生活已经很陌生了。但是对于在沙漠中长大的他来说，在沙漠中生活更加自由和舒适。他说："贝都因人是一个追求自由的民族，城市生活限制了我们的自由，但是为了孩子们，我不得不在这里继续做生意。在这座城市住了这么多年之后，我的家人无法适应沙漠中的生活。"特别是在城市中长大的贝都因孩子，无论是生活上还是思想意识上都很难重回沙漠了。在沙漠中生活的贝都因人需要定期到取水点取水，供电也要靠太阳能电池板发电，在城市中生活的贝都因人已经习惯了集中供水供电的生活。

A 一直保持着贝都因人的生活特点，非常注重家庭关系。在伊斯兰教斋月，他按照贝都因传统与父母和他的兄弟等家庭成员一起庆祝。庆祝的仪式非常盛大，父系的家庭成员聚集在一起共同庆祝。对于伊斯兰教的传统，A 坦言自己完全遵循，虽然已经脱离了游牧生活，但是对于伊斯兰教仍然保持着高度忠诚，每天五次礼拜，斋月把斋等功课都一一做到。几年来，虽然得益于以色列政府，他的生活条件发生了很大的改变，但是从内心中，他认为自己是"居住在以色列的阿拉伯穆斯林"。

---

① 内盖夫贝都因人可以分为三个阶级：纯正贝都因人（genuine Bedouins）、农民（Falahim）、奴隶（Slaves）。参见 Avinoam Meir, "Nomads and the State: The Spatial Dynamics of Centrifugal and Centripetal Forces among the Israeli Negev Bedouin," *Political Geography Quarterly* 7, No. 3 (1988): 251-270。

以色列的教育可以分为世俗教育、犹太教育和阿拉伯教育，家长可以自由选择让孩子接受何种教育。因为自己的坚定信仰，他与多数贝都因人一样，让孩子们接受了阿拉伯教育。阿拉伯教育主要使用阿拉伯语，也有希伯来语和英语作为外语课。在阿拉伯学校，教师以阿拉伯人为主，多为来自以色列北部的非贝都因阿拉伯人。据 A 所说，阿拉伯学校的教育质量不及犹太学校，因此他对教育的种族不平衡感到不满，“犹太人被称作世界上最聪明的人，而我们的教育却没有向犹太教育学习，我们的老师不够专业，他们通常不检查学生的作业，因此很多学生成绩不好。”贝都因人的辍学率比以色列的其他族群高很多，即使以色列的义务教育要求每一个适龄儿童必须接受义务教育，但是仍然有一部分贝都因孩子，尤其是女孩没有按时入学。尽管如此，贝都因的传统教育理念也正在受到现代理念的冲击，A 认为贝都因人想要融入以色列主流社会，就必须接受男女平等的观念，他非常鼓励自己的女儿读书。但在他看来，除了基础的教育质量外，以色列的教育还有别的问题：“所有的以色列大学都是犹太人建立的，我们阿拉伯人也应该有自己的大学，以色列有 1/5 的阿拉伯人，但是大学里的阿拉伯学生肯定不到 1/5。”

受访人 B

B 是 A 的弟弟，在露天市场帮助 A 看店，很多贝都因人的商铺是以家庭为单位共同经营的，店铺通常由长兄拥有，长兄会定时给弟弟一部分钱作为工资。B 和 A 居住在同一个村庄，同样隶属于阿扎马部落。

传统的贝都因人有这样一种说法：“我对抗我的兄弟，我和我的兄弟联合对抗我的堂兄弟，我和我的兄弟及堂兄弟联合对抗外人。”① 对于这种传统的观念，B 的解释是，包括他之内的贝都因人仍然有这种思想。这种传统家庭观念没有改变的原因是，对于个体来说，很难脱离家庭关系，而且这种家庭关系强调了血缘关系的重要性，有利于部落的延续。贝都因人的单身汉，如果一直找不到妻子，他会一直和兄弟住在一起，他的部落和家庭必须要为他的余生负责，这也在一定程度上反映了原始的以血缘为主题的互助关系。贝都因传统家庭观念在主体上没有受到犹太家庭观念的冲击，

---

① 原文为“ I, against my brothers. I and my brothers against my cousins. I and my brothers and my cousins against the world”。参见 Jonathan Haid and Iyer Ravi, “How to Get Beyond Our Tribal Politics,” *The Wall Street Journal*, November 5, 2016。

家庭结构不受现代家庭的影响，贝都因人拥有核心家庭，但由于血缘关系，各个核心家庭又以血缘为纽带紧密相连。如果一个家庭成员获得荣誉，这份荣誉是属于整个家庭的。

B 对以色列的看法是："犹太人的生活方式确实影响了我们的生活，因为我们各个方面都有他们的参与。市场的开放时间、假日等都是按照犹太历进行的，这是强制性的。虽然在穆斯林的传统节日我们会关店，但是这是我们自愿的，不带强制性。同时，以色列政府也为我们提供了许多便利，例如搬迁补贴、医疗补助等，而且大多数犹太人对我们很友好，让我们感受到我们确实是这个社会的一部分。如果有两种选择——定居或游牧生活，我会继续定居，定居的贝都因人不再风餐露宿，赚钱更多也更加长寿。在以色列已经找不到完全游牧生活的贝都因人了，大家都选择定居或者半定居的生活。"

在露天市场上，与顾客的相处方式也都是按照犹太礼节。由于犹太文化的影响力很大，他担心贝都因人的文化可能在几代后在该国消失殆尽。与巴勒斯坦的阿拉伯人不同的是，以色列的贝都因人更愿意尊重犹太宗教。他们承认其合法性，并希望与犹太人和谐相处。"我对犹太教没有任何意见，他们是犹太人，我们是穆斯林，首先我们都是人。我希望所有阿拉伯人和犹太人都可以和平共处，战争牺牲的都是平民，阿拉伯人没有必要为一个虚无的幻想付出生命。贝都因人应该从犹太人的生活方式里学习很多东西，但是我们不应该因为犹太人的影响而改变自己的宗教习惯。尽管多年来我与犹太人有很多交往，但我认为自己的信仰并没有改变。在交流中最重要的是互相尊重，我尊重他们的宗教信仰和生活习惯，但我也希望他们能够尊重我的宗教信仰和生活习惯。"

B 也对现代教育持开放态度，他以辩证法来看待现代教育。与许多贝都因人一样，他认为世俗教育和宗教教育应该同时进行。他承认现代教育有一些优势，但是现代教育限制了贝都因人的文化和自由，让贝都因人离祖先的轨迹越来越远，即使在阿拉伯学校也很少教孩子们关于宗教和贝都因传统生活的内容。人们的教育程度越来越高，而教育程度高的人更容易世俗化。相对于现代的世俗教育，B 认为宗教教育也是一种选择，但不幸的是，贝都因人没有专门的宗教学校。"犹太人可以去学校学习宗教，但贝都因人却不能，这是不公平的。"

受访人 C

C 的观点在所访谈的贝都因人中也许是最激进的，但是这也代表了一部分保守派的主流观点。仅从他的言行举止来看，他就是非常虔诚的穆斯林。他担任店主近十年，是真正的贝都因人。他住在拉哈特（Rahat，位于以色列南部）。这是一个贝都因人城市，距离贝尔谢巴大约 5 公里。他有 7 个孩子，其中 2 个孩子因为文化程度不高，正在帮助他看店。对于男孩来说，之所以不去接受高等教育，是因为他们必须早点工作以养家糊口。他不愿意将女儿送入高等学府，他认为女孩成年之后就应该抓紧结婚，“在适当的年龄做最合适的事情”。因为担心女儿会在城市中结交不适合的人，这很可能损害女孩的名声和传统贝都因人的家庭荣誉。根据贝都因人的习惯法，他所有的女儿都与近亲结婚，这是贝都因人保存家庭血统的一种方式。我们再次从 C 看到，这种保持血统的意识形态仍然是贝都因文化中的重要部分。尽管他们受到犹太人的深远影响，但很多人无法摆脱传统观念的压力。

C 坚持贝都因人的生活方式，他拒绝学习犹太人的生活方式。他说：“我认为贝都因人不应该借鉴犹太人的生活方式，在我们贝都因人为主体的城市，我们都保留着传统的生活方式。这也是我选择居住在拉哈特而不是贝尔谢巴的原因。尽管拉哈特距离贝尔谢巴很近，但在贝尔谢巴的生活却容易受到非贝都因人的影响。”他非常重视家族血统的延续，他以部落荣誉为荣，珍视“Asl”（祖先之血）和“Garaba”（关系之血）[①]。C 在不同种族通婚问题上也很保守：“这里的犹太人不是真正的犹太人，他们来自不同的国家，相貌肤色也完全不一样，它们都是混血。他们与祖先之间鲜有血缘之交，贝都因人与他们完全不同。他们之所以来到这里并不是因为他们是犹太人，而是因为他们在欧洲受到迫害。他们夺走了我们的土地，将我们驱逐出家园。我的部落在埃及还有一些亲戚，但我与他们很多年都没有见面了，在以色列占领西奈半岛时期，我们可以随便去埃及探亲，但是现在想要过去很麻烦。”

C 声称以色列的警察在处理犹太人和贝都因人的治安事件时更偏袒犹太

① 具体概念详见 Lila Abu-Lughod, *Veiled Sentiments: Honor and Poetry in a Bedouin Society* (Berkeley: University of California Press, 2016)。

人。“如果贝都因人的车和犹太人的车相撞了，有很大可能贝都因人要承担更多的责任。我前几年和一个犹太店主有矛盾，他先出手打了我，但是警察最后还是惩罚了我。如果有盗窃或者暴力事件发生，贝都因人通常处于不利地位。”

以色列的法律规定，贝都因人在内盖夫沙漠主张的土地所有权需要出示历史文件（通常是奥斯曼帝国时期的政府文件）证明土地的所有权，否则土地为国家所有。[①] 据 C 所说，他们的家族在内盖夫沙漠有很多土地，但是他们无法出示历史文件，这些土地都被收归国有了。C 目前依然坚持这些土地应该是贝都因人的，他的唯一证据是，在贝都因人中，包括谢赫在内的所有人都承认土地应该归贝都因人所有。“我们贝都因人崇尚自由，因此历史上我们没有按照奥斯曼帝国的规定办理证明文件。但是我们贝都因人有我们自己的法律，我们历代都是这样过来的。犹太人来了之后，他们颁布了有利于他们的法律，我们的法律不被承认了。”从 C 对土地问题的叙述来看，尽管他与犹太人有生意往来，但是他的观点偏保守。他与犹太人共同生活，但是他依然尽可能地保持贝都因人的传统。C 否认贝都因人在 1948 年的战争中帮助了犹太人的说法[②]，称贝都因人也同样是阿拉伯人[③]，同样是穆斯林，贝都因人是忠诚的民族，不可能背叛他们的同胞。在政治问题上，C 保持了泛阿拉伯主义的意识形态，这种意识形态在贝都因人中盛行。[④]

他还提到了生活中对贝都因人的歧视问题。在搬到贝都因城市拉哈特之前，他在贝尔谢巴住了一段时间。与犹太人混住时，犹太人邻居不信任他，犹太人总是认为他与巴勒斯坦阿拉伯人有某种联系，犹太人甚至开玩笑称他为“间谍”。他觉得贝尔谢巴并不是他真正的住所，因为很多犹太人对贝都因人怀有敌意，不尊重贝都因人的习惯和传统。与犹太人相比，他

---

① Havatzelet Yahel and Ruth Kark.，“Land and Settlement of Israel's Negev Bedouin：Official Steering Committees，1948-1980，” *British Journal of Middle Eastern Studies*，Vol.，45，Issue 5（2018）：716-741.

② Havatzelet Yahel and Ruth Kark，“Israel Negev Bedouin during the 1948 War：Departure and Return，” *Israel Affairs*，Vol. 21（2015）.

③ 学界普遍认为，贝都因人是阿拉伯人的分支。

④ Lawrence Rubin，“Islamic Political Activism among Israel's Negev Bedouin Population，” *British Journal of Middle Eastern Studies*，Vol. 44，Issue 3（2017）：429-446.

更愿意与阿拉伯人交流。在露天市场上，有一些犹太人取笑贝都因人，把他们称为“ערבוש”，“这是一个非常歧视阿拉伯人的词语，但几乎每个犹太人都会私下使用它”。尽管对这样的称呼十分愤怒，但是为了自己的生意，C 并不会与顾客或者犹太店主争吵。C 的描述揭示了犹太人与贝都因人在露天市场上的关系的阴暗面，这反而更加强化了他自己基于贝都因人的身份认同。

受访人 D

D 在部落中是农民（Falah），他帮另一位贝都因店主看店，同时也帮助其他犹太店主照顾摊位。他和家人一起居住在特拉谢巴（Tel Shava，距离贝尔谢巴不远的一处贝都因人聚居区）。在历史上，他的家族从埃及迁移到以色列，因此在部落中无法享受纯正贝都因人的待遇，靠为贝都因人种田为生。在传统的贝都因人思想中，农民不是贝都因阶级金字塔的顶端，直到现在，这种隶属关系在部落中依然有所体现。尽管农民仍然忠于谢赫与部落，但由于受到现代以色列的影响，现在的情况已经有所改变。

与 C 不同，D 高度评价以色列对贝都因人的影响：“我们可以自由选择职业；我们不必局限于生活在某个地方。但是，在现代的贝都因社会，仍然有历史遗留的传统，比如我们不能自由结婚，阶层对于婚姻依然存在。对于我来说，在部落中的生活反而受限，在城市中生活更加自由。贝都因人在公共场所和私人场所的行为差异很大：在公共领域，尤其是当我们与犹太顾客交流时，我们会采用现代的方式；但是当在家时，我们仍会采用传统的交流方式，那是一种不平等的交流方式。非纯正贝都因人在部落中地位较低。另外，在生活中，贝都因人和犹太人之间最大的不同是对待女性的态度。在贝都因人的家庭中，妇女负责家中的琐事，洗衣和所有事务，但是在一个现代的家庭中，男人也应参与家务劳动，我希望贝都因人可以学习犹太人，改变这种不平等”。

D 有两个孩子，一个上小学的男孩和一个上幼儿园的女孩，他们去的都是贝都因学校。贝都因学校的教学质量不好，很多贝都因人学习不是为了学术研究。对 D 来说，他的孩子在学校只需要学习生活的基本常识和基础知识，因为贝都因人学习一般不太努力认真，他们不想成为社会的精英，即使青年贝都因人，他们的生活圈也仅限于贝都因人。

D 说，他与犹太人的关系很好。在露天市场上，他们互相帮助，像邻居一样在市场上工作。他承认有时会有争吵，但这也很正常，他不会把这种争吵上升到种族矛盾。他尊敬犹太人的勤奋和智慧，他坦言与埃及等其他阿拉伯国家的贝都因人相比，以色列贝都因人的生活要好得多。至于耶路撒冷的地位和巴勒斯坦问题，他认为阿拉伯人和犹太人应共同管理这片土地。D 的政治态度较为温和，他的大多数意见是支持以色列的，但他也对巴勒斯坦人持同情态度。在某种程度上，他是以色列社会塑造的多数“以色列阿拉伯人”（Israeli Arabs）。

受访人 E

E 住在贝尔谢巴，来自塔拉宾（Tarabin）部落，他的部落在位于贝尔谢巴北部的一个贝都因村庄（Tirabin al-Sana）。像大多数贝都因人一样，他经常回到部落中，因为部落中依然有他的传统住宅。他认为贝都因人的生活受到现代方式的很大影响，但受影响的是生活在城市而不是沙漠中的贝都因人。他仍然对沙漠生活充满期待，居住在贝尔谢巴是受现实情况所迫。他说：“我不喜欢在市场工作，因为工作时间从清晨一直到傍晚，我没有自己的闲暇时间。”尽管如此，还是有很多贝都因人从沙漠移居到了城市或者村庄中，过上了定居的生活。以色列政府鼓励我们这样做，如果我们坚持生活在沙漠中，生活质量会很差。沙漠中没有基础设施，沙漠中没有市政服务，政府也不为沙漠中的贝都因人供水供电。尽管我们很多贝都因人反对定居生活，但是没有人在乎我们的反对声音，因此定居生活是无法逆转的趋势。我的孩子在贝尔谢巴出生，在这里长大，他们已经习惯了这里的生活，如果我们搬回沙漠，对他们来说是不可能的。他们在贝都因人的学校读书，因此他们用阿拉伯语多于希伯来语。而在犹太学校或者混合的学校，老师和同学们都讲希伯来语，这会使孩子感到被孤立。

除了他的生活方式外，E 还提到，贝都因人不同的部落也存在差异，“如果仔细研究贝都因的部落，直到现在依然可以发现部落之间存在差异，比如我们的口音有所不同，对于外人来说可能没有区别，但是我们可以听出细微的差别并且大致可以判断这个人来自哪里。另一个例子是，在我的部落中，开斋节我们习惯吃肉，而且整个开斋节我们只吃肉，但是在 A 的部落中，在开斋节期间他们并不以肉为主要食物，而是将肉与许多其他食物一起食用。因此很难说贝都因人是一个统一的概念，因为在部落之间也有很大的不同。当我们遇到一些贝都因人时，我们通常会问他属于哪个部落。这是我们身份的一部分。我们贝都因人的共同点是，当我们发生争执时，我们不会去法院，我们有自己的谢赫，由他负责裁决。”

尽管贝都因人的妇女外出打工并不常见，但 E 的妻子在贝尔谢巴的一家超市里担任清洁工。E 说，这是他妻子的选择，他尊重女性的劳动，虽然在外工作比较累，也不符合传统贝都因人的观念，但外出工作可以实现独立赚钱，也可以在外面结识新朋友。有越来越多的贝都因妇女选择工作，尽管大部分是从事保洁、收银等体力劳动。E 在性别平等方面持开放态度，他的大女儿毕业于位于贝尔谢巴的本-古里安大学，毕业后成为一名小学老师。E 说，如果他的二女儿想攻读更高的学位，家庭也会十分支持。

通常来说，贝都因人接受高等教育的比例很低，贝都因女性接受高等教育的比例更低。但是受犹太人的影响，一些露天市场的贝都因人思想更加开明。E 说：“如果贝都因女性接受了高等教育，她们可以实现经济独立，享有更高的社会地位。他们有更多的选择和机会。”

受访人 F

F 出身于农民家庭。F 说，尽管现在过着定居的生活，但他仍然保留了传统的生活方式。贝都因人珍视家庭的起源，因此他可以清楚地记得祖辈的名字，他的祖辈自埃及迁来。他结婚多年只有一个孩子，在贝都因人的文化中，如果一个家庭没有孩子，对整个家庭来说是一件可耻的事情。他为自己的孩子取名为优素福（Yosef），这是阿拉伯人和犹太人共用的名字。一个有趣的现象是，从阿拉伯人给孩子取的名字看，近来的趋势是阿拉伯人和犹太人共用的名字所占的比例越来越高。取这种共用的名字既可以让年轻人更容易融入以色列社会，也可以保留阿拉伯人的特点。

F 的儿子现在上贝都因幼儿园，但是由于条件所限，贝都因幼儿园的教师比犹太幼儿园少，也缺少教学和娱乐设施。他的妻子不工作，专职照顾家庭，因为贝都因妇女在贝尔谢巴找到合适的工作不容易，她们普遍受教育程度不高，而且多年没有工作经验，做体力工作的效率也比犹太人低，因此很多企业不愿意雇用贝都因女性。在露天市场上也没有贝都因女性工作，F 的解释是，因为在露天市场工作需要搬运，女性无法胜任，而且在露天市场会接触许多男性，许多家庭不愿让女性在露天市场工作。

尽管 F 一再表示，在他看来穆斯林和犹太人都是平等的。但是他经历的一些事情，让他感受到贝都因人很难真正融入以色列社会。“我去商场或者超市，店员很容易认出我是贝都因人，他们的态度就会有变化，在他们看来，为贝都因人提供服务是不可能的。我经常会感受到这种态度的变化，但是我无能为力。我们尝试着融入这个社会，但是社会的主流并不接受我们。”

受访人 G

G 居住在拉哈特，过着完全定居的生活。他认为贝都因人的下一代受犹太人的影响更大，因为下一代很多居住在城市中，他们从未经历过游牧生活，他们缺乏在沙漠中生活的基本能力。“政府鼓励我们搬到定居区集中生活，我知道作为贝都因人，我们应该熟悉沙漠，但遗憾的是，现在完全反过来了。”在教育方面，G 同意贝都因人应该向犹太人学习，例如重视教育、提高教育质量等。在性别平等问题上，G 也持较为开放的态度，他认为男孩和女孩应该在教育中享有平等的机会。他的两个孩子都上了上大学，其中一个是女孩。他的女儿毕业后有可能成为一名护士，对于贝都因人的女孩来说，这是一个体面的工作，因为贝都因人的女孩没有太多选择。

因为生活习俗不同，G 说，有时候犹太人会误解他。在露天市场工作之前，他是一家建筑工地的门卫。“当建筑工地丢失东西时，犹太人首先想到的是肯定是贝都因人拿的。当他们找到之后，他们并不会因为误解了我而道歉，下一次同样的事情发生时，他们又会首先怀疑我。”他对犹太人的误解十分不满，因此他希望自己的孩子在社会中有更高的地位——“对贝都因人来说，只有地位高，其他人才会尊重他。事实是，现在犹太人和贝都因人的差距还很大，犹太人掌握着国家的资源，贝都因人什么都没有，没有人关注我们。”

G 对政治非常热心，这在贝都因人中是十分少见的，他谈到了 2019 年以色列的两次选举：“在选举中，我投票支持阿拉伯联合名单党。只有阿拉伯人才能代表我们，所有的犹太政党都是右派。我不希望利库德集团继续当政，他们当选只会让形势更混乱，巴勒斯坦人更加受苦。”

三　分析与结论

这 7 个贝都因人是露天市场上贝都因人的代表。尽管在露天市场上有数十个贝都因人，每个人在不同的问题上有不同的认识，但是作为对一个群体的研究，这 7 个贝都因人有其代表性。因为他们在同一场所工作，有着相同的文化背景，并且都是从半游牧生活变为定居生活的贝都因人，因此本文把这些贝都因人作为群体看待，我从与他们的交流中梳理出了以下问题：

（1）贝都因人在多大程度上改变了传统思维和生活方式；

（2）这些改变是否出于自愿；

（3）犹太人在他们的身份认同改变中发挥了什么作用；

（4）与受巴勒斯坦法塔赫控制的约旦河西岸的阿拉伯人相比，贝都因人的身份认同有何特殊之处；

（5）贝都因人如何看待与犹太人的关系，如何看待巴以冲突以及以色列式的民主运作方式。

根据上述问题，本文在分析中将从以下 4 个方面分析贝都因人身份的“现代化”：

（1）生活方式（定居生活、习俗与传统、价值观等）；

（2）教育（现代教育的必要性、性别平等等）；

（3）家庭（家庭结构、家庭关系、与部落的关系等）；

（4）对犹太人及以色列的看法。

（一）生活方式

尽管大部分的贝都因人已经搬进了贝都因村庄或者城市，过上了定居生活，但是其中的大部分并不认为现代化的生活方式适合贝都因人。对于贝都因人的孩子来说，其中的大部分已经适应了定居的生活，因此重返沙漠生活已经不可能，这种对现代化生活更加适应的趋势已经不可逆转。多数贝都因人对现代生活持积极态度，因为现代生活为他们提供了水、电、交通等便利条件，而他们在沙漠生活中是无法得到的。与住在沙漠中的贝都因人相比，住在城市为他们提供了更多的工作机会和选择，也可以增加他们的经济收入。对于依然向往游牧生活的贝都因人来说，定居的生活是不得已的选择，既有考虑到子女的发展因素，也有以色列政府的鼓励定居生活的因素。总体来说，在生活方式上，贝都因人受犹太人的影响较大，这在年轻人中更加普遍。

一部分贝都因人仍然深受传统思维方式的影响。他们忠于部落，他们依然认为男权至上。然而，由于受以色列的影响，贝都因人的传统观念也在动摇，通过之前的谈话可以看出，有的贝都因人想要摆脱传统家庭观念和部落观念的束缚。受以色列文化的强大影响，不少贝都因人对其文化持负面看法，他们已经认识到传统生活方式正在改变，意识到贝都因人处于文化劣势，但他们无法抗拒。

在宗教方面，大多数贝都因人认为他们的信仰从未改变。尽管他们的顾客是犹太人，邻近的店主也是犹太人，在同一家商店中甚至有犹太老板和贝都因工人，但他们在宗教方面是独立于犹太人的。进行采访时临近斋月，这是宗教穆斯林的圣月，当我问他们是否准备庆祝斋月的到来，所有贝都因人的回答是肯定的。他们称所有人都遵守斋月的宗教规定。而且在露天市场区分犹太人商店和贝都因人商店也很容易。在贝都因人的商店中，总是有《古兰经》的牌匾或装饰品，也可以表示贝都因人对宗教的忠诚。

在有关生活方式的采访中，我们可以得出结论：犹太人在改变贝都因人生活方式方面起着重要作用。贝都因人的日常生活大多受到犹太人影响：他们过着定居生活，成为城市发展的重要推动力。选择在市场上经商也意味着他们更加倾向于稳定的生活，稳定的生活也意味着远离游牧环境，与主流社会的接触加强。尽管贝都因人有着自己的社群，但是社群中的许多方面都受犹太人的影响。在两种文化的冲击下，犹太文化处于绝对的强势，因此贝都因人在以色列主流社会的发展也会遇到一些阻碍。

（二）教育

在贝尔谢巴露天市场的绝大多数贝都因人认为，贝都因人的教育经历了现代化的过程，贝都因孩子都接受了世俗的义务教育。与“现代教育是在培养现代奴隶”的传统贝都因观念相反，在露天市场上的贝都因人更乐于接受现代教育。[①] 在游牧生活中，现代化教育是可有可无的，但是在城市生活中，贝都因人的观念正在改变。这种思维方式在很大程度上受到社会

---

① Anat Pessate-Schubert, “Changing from the Margins: Bedouin Women and Higher Education in Israel,” in *Women's Studies International Forum*, Vol. 26, No. 4 (2003): 285-298.

竞争的影响，这表明相比沙漠中的贝都因人，贝尔谢巴的贝都因人更愿意接受现代教育。贝都因人大多数去贝尔谢巴的阿拉伯学校上课，主要使用阿拉伯语和希伯来语，英语作为外语学习。有一部分贝都因学生去阿拉伯人与犹太人的混合学校，但是许多贝都因人意识到了阿拉伯文化正在受到蚕食，因此选择阿拉伯学校：在阿拉伯学校，教学用语为阿拉伯语，也有包含阿拉伯文化在内的民族教育课程。在犹太学校中，贝都因孩子处于劣势，生活习惯、种族问题等在学校都是不可避免的。大多数贝都因店主对贝都因教育有一些抱怨，因为贝都因学校的教学质量普遍较差，与犹太学生相比，贝都因人的学生很难获得高学位。贝都因学校师资缺乏，教育预算通常也不及犹太学校。不仅如此，贝都因学校的学生通常还面临着语言切换的问题：在贝都因学校，课程都是用阿拉伯语授课，但是进入大学后，课程语言是希伯来语。

绝大多数贝都因人声称，在他们看来男女是平等的，他们同意女性在教育中应享有与男性相等的权利，家庭中的贝都因女孩也接受现代教育，并且绝大多数贝都因人支持子女接受高等教育以摆脱不稳定的生活。在城市贝都因人中，有一个积极的趋势，他们已经改变其传统思维，让下一代积极接受现代教育。

另一个有关性别平等的积极变化是，越来越多的贝都因女性开始接受高等教育，也有贝都因女性接受学历外的职业培训和成人教育。高等教育俨然成了很多贝都因女性的一部分，不仅很多家庭支持贝都因女性接受高等教育，这种传统观念在部落中也被越来越多的人接受，她们通过教育在社会上和部落中获得越来越多的话语权。大多数贝都因店主支持女儿接受更高的学位，因为这有助于整个家庭在部落和社会中地位的提升。但是，就女性，尤其是自己的妻子外出工作的态度而言，即使是较为开明的城市贝都因人，也有着不同的观点。他们中有些人支持妻子外出工作，也有一些人妻子不在外面工作，只照顾家庭。在以色列社会，低学历的贝都因妇女有着严重的就业问题，她们的工作选择范围狭窄，只能做些体力劳动，她们的收入比男性低得多。

贝尔谢巴的贝都因人对现代教育持积极态度，越来越多的女性有机会接受高等教育。由于教育是重塑身份认同的重要方式，因此贝都因人在学校接受的现代教育可以帮助他们接受以色列主流社会价值观，更好地融入以色列社会。因此，传统的游牧思想和教育方式经历了非常大的改变。以色列的教育为贝都因人带来了更先进的生产力和更高的社会地位，因此会进一步重塑贝都因人的身份认同。值得注意的是，在教育中贝都因人倾向于接受更多的阿拉伯化教育，这也体现了贝都因人教育的多重性——既接受基本的现代化教育，又倾向于保持自己身份的独特性。

（三）家庭

绝大多数贝都因人的家庭观念并没有改变，他们重视家庭血统，在家庭中有着严格的性别划分和等级制度。这种家庭结构不同于犹太家庭，犹太家庭更多的是以夫妻、子女为核心的小型家庭，而贝都因人依然保持着以血缘关系延伸的大家庭的传统。

贝都因人重视家庭血统和家庭等级关系的观念也没有太大改变，即使是住在城市中的贝都因人，依然通过血缘关系的纽带将自己和部落联系在一起。在某些家庭，为了保持所谓的“纯正血统”，婚姻不自由，即使在相对开放的家庭，非自由恋爱依然很常见，这种传统思想在贝都因人的文化中仍然占重要地位。

尽管大多数受访者表示尊重犹太人的家庭结构，但他们大多数人愿意保持传统的家庭结构，部落思维方式仍然根深蒂固。大多数人认为家庭的问题应该由家庭或者部落内部解决，他们不想让非贝都因人干涉自己的问题，这也是以色列警察很少在贝都因人的家庭矛盾中发挥作用的原因。贝都因家庭多子化现象依然严重，在受访的贝都因人中，多数有 3 个以上的子女。

从家庭的角度来看，露天市场上的大多数贝都因人观念依然是保守的，原因主要是贝都因社会内部的环境——部落和血缘观念根深蒂固，女性在家庭中的地位低下。尽管在犹太现代家庭观念的大背景下，他们在某些方面受到犹太现代家庭观的影响，但他们仍然保留着传统家庭观。

（四）对犹太人和以色列的态度

身份认同不仅由族群内部定义，也受到外界的影响，其中重要的一点是一个族群如何看待外界。城市中的贝都因人与犹太人接触最多，因此如何看待犹太人对于他们的身份认同有着重要意义。

对犹太人的形象，大部分贝都因人的评价褒贬不一。在露天市场的贝都因店主都不排斥与犹太人交流，对于犹太人的积极评价多是社会建设、国家制度、学习能力等方面，负面评价多与巴以冲突和内盖夫地区的土地问题有关。

很多贝都因人提到了以色列社会对阿拉伯人的歧视，这种歧视往往是隐性的，在社会下层这种歧视明显。作为阿拉伯人中的少数民族，贝都因人被犹太人排除在外，即使在考虑以色列国内犹太人与阿拉伯人的问题上，贝都因人也往往被忽视。贝都因人抱怨很多犹太人不信任他们、对他们使用侮辱戏谑性词语、容易被警察怀疑等。尽管贝都因人的店主在露天市场上工作了多年，成了城市经济体的一部分，但很多人在心理上还没有融入以色列社会。

关于巴以冲突，贝都因人的意见也有很多分歧。他们中的大多数人支持犹太国家的合法性，同时他们也同情巴勒斯坦人。他们赞赏以色列式的民主，但也有人称自己是民主的受害者，没有人愿意倾听少数人的声音。在耶路撒冷核心问题上，他们几乎一致认为“耶路撒冷应该由阿拉伯人所有”。

现代化的思想意识已经在贝尔谢巴露天市场的贝都因人中普及。大多数贝都因人认识到脱离游牧生活是未来贝都因社群发展的必然趋势，而且在贝都因人与犹太人接触越来越多的背景下，教育的作用也日渐凸显。另外，贝都因人在脱离传统游牧生活，像犹太人一样开始经商后之后，在某些方面他们对犹太人的负面印象并未改变。

本文得出关于贝尔谢巴露天市场上的贝都因人身份认同的结论：在大部分身份认同领域中，他们受到犹太人的影响，尤其是他们依赖犹太人的领域，例如经济、教育、定居生活等；在独立于犹太人的领域，例如宗教、家庭生活等，他们依旧比较保守。

由于受犹太人的影响，他们的观念已经非常现代化，但是在贝都因族群内部，依旧保持着传统的部落结构和传统思想。城市中的贝都因人在行动上已经融入了以色列社会，但是在观念和传统上，很难融入以色列社会。

（作者单位：以色列本-古里安大学以色列锡安主义研究所）

Israeli Influence on Bedouin Identity and its Manifestations—Bedouins in the Central Market as a Case

Li Yongjun

Abstract: Bedouins are a subgroup within the Arab minority in Israel, with cultural, historical, social and political uniqueness. After the establishment of Israel, the Bedouins in the Negev have been undergoing a process of urbanization, transmitting their life from seminomadic to sedentary. Urbanization and modernization in recent decades have shaken the socioeconomic foundations of the Bedouin society. On the one hand, urbanization brings more fictions that were not common in Bedouin society before; on the other hand, it helps the Bedouins integrate into the mainstream Israeli society.

Keywords: Israel; Negev; Bedouins; Social Identity; Urbanization

• 犹太研究 •

二战后美国犹太族裔政治崛起的内因分析

——基于“族性”的视角

葛静静

内容提要 作为美国“模范少数族裔”之一，犹太族裔在美国社会的方方面面都取得了较为突出的成就，尤其在政治领域。但实际上，犹太族裔真正大规模地参与美国政治仅始于二战后。本文尝试以“族性”为视角，在对二战前后犹太族裔参政进程进行梳理的基础上，结合“政治社会化”和“政治参与”的互动模型，来探究影响犹太族裔参政热情和参政方式的内在因素，以期为了解美国犹太族裔的参政现状及其社会文化动因提供一定的参考。

关键词 美国犹太族裔 族性 政治参与 二战后

一 引言

自1654年首批犹太人定居美国开始，[①] 美国已逐渐成为世界上仅次于以色列而拥有最多犹太人的国家。据统计，截至2018年初，美国犹太人口约为569万，占全世界犹太总人口数的近39%。[②] 在美国所有外来族裔中，犹太人是政治参与度最高的族裔之一。当然，这种显著的政治成就并非一日之功。三百多年来，美国犹太人在北美大陆上走过了一条充满荆棘的奋斗之路，而

① 潘光：《美国犹太人的成功与犹太文化特征》，《美国研究》1999年第3期，第93页。

② Sergio DellaPergola, “World Jewish Population, 2018,” *Ameirca Jewish Year Book*, Vol. 118 (2018): 361-449, https://link.springer.com/chapter/10.1007%2F978-3-030-03907-3_8.

直到二战后，犹太人才开始大规模地参与美国政治，并逐渐发展成为美国政界一个极具实力和影响力的“模范少数族裔”①。然而，是哪些因素影响了犹太族裔的参政进程？又是哪些因素激发了犹太族裔在二战后的参政热情？

有些学者认为，美国政治主流在二战后“亲犹”“亲以”的民意转向是犹太族裔提升其政治影响力的重要原因；② 也有学者认为，二战后美国社会流行的“多元文化主义”趋势赋予了犹太族裔政治参与的空间和政治崛起的机遇；③ 还有学者提出，犹太族裔在美国政治地位的提升离不开犹太民族自身对世俗教育的重视和对吃苦精神的传承。④ 这些观点为我们理解犹太族裔从社会边缘向政治主流转变提供了重要参考，但仍无法涵盖影响犹太族裔政治行为和组织策略的所有因素。

犹太族裔内部族群认同和政治行为态度的转变显然也是影响其参政效果的不可忽略的原因。为了更好地探究影响美国犹太族裔在二战后提升政治影响力的内在原因，本文参考了美国学者丹尼尔·莫伊尼汉和内森·格拉泽提出的“族性”的概念，试图从“政治社会化”和“政治参与”互动的视角，梳理和探究“族性”对犹太族裔逐渐融入美国政治主流的进程所产生的直接或间接的影响。

二　美国犹太人的族性特征

“族性”是个外来词，译自英语中的“ethnicity”，其表现的是族群成员对于族群归属的身份认同和情感依附，属于一种主观的心理状态。⑤ 有些学者认为“族性”从属于族群自身，是将其与其他民族共同体进行区分的关键属性。⑥ 也有些学者进一步提出，“族性”的构建根植于家族情结、乡土

---

① “模范少数族裔”与美国文化高度关联，是一个有争议性的概念，常用来指一个基于种族或宗教信仰的人口群体被认为有较高的社会经济地位。

② 汪舒明：《犹太人在美国政治影响力提升的原因和经验》，《世界历史》2010 年第 6 期，第 25~34 页。

③ 刘军：《美国犹太人：从边缘到主流的少数族群》，云南大学出版社，2009 年版，第 1 节。

④ 马广东，刘仕军：《富兰克林·罗斯福与犹太人在美国政界的崛起》，《乐山师范学院学报》2010 年第 10 期，第 81~85 页。

⑤ 吴思思：《浅析音乐对“离散”群体族性认同的建构》，《黄河之声》2012 年第 7 期，第 40 页。

⑥ 严庆：《族群动员：一个化族裔认同为工具的族际政治理论》，《广西民族研究》2010 年第 3 期，第 36 页。

意识、文化归属等族群性主观因素，且常常外显为血统、宗教、语言、习俗、饮食、服饰、心理等象征性基本特质。

犹太民族虽经历千百年的苦难流散，但在文化、宗教、习俗等各方面都保持着“流而不散”的独立的民族特性。1999 年美国中央拉比会议在匹斯堡召开，会议通过的《原则声明》① 指出：“纵观我们的历史，我们犹太人一直深深植根于我们自己的传统，即使我们学习了许多与我们相碰撞的文化。”对于散居在美国的犹太人而言，其自身具有的：重视集体利益和集体荣誉，强调宗教神秘主义和忧患苦难意识，主张遵守宗教和道德义务等文化特性，实际上与美国盎格鲁-撒克逊式的主流文化也显得有些格格不入。② 正如《纽约太阳报》一篇社论所称：“其他移民群体和主流群体通婚后，独特性就会消融掉，但是犹太人的面孔和特征会保持得像埃及法老时代的一样。”③ 这种难以消融的差异性一方面会导致部分犹太人为融入当地而削弱甚至遗弃犹太性；另一方面会被扭合成一种积于他们内心深处的族属意识，即“族性”。

“族性”的概念相对抽象，但可以从以下几个具体层面来进一步分析美国犹太人的族属特征。

（一）宗教

“犹太教既处于西方文化主流之中，又独立于其外。”④ 犹太教的这种独特性一直是犹太民族区别于其他民族的重要特征。尽管犹太教的不同宗派对其宗教信仰的虔敬程度有所不同，但犹太教作为犹太人精神的支柱和思想的核心仍像“一道保护性篱笆”，维系着犹太人作为一个民族或宗教共同体的存在。

---

① 傅有德：《民族性与普世性之间：改革派犹太人的文化认同及其启示》，普世社会科学网，2017 年 6 月 29 日，http：//www. pacilution. com/ShowArticle. asp？ ArticleID = 7853。

② 美国主流文化的特点是推崇自由包容与开拓进取的实用主义，其崇尚个人主义，集体意识相对淡薄，社会伦理道德常常被忽视。更多的信息可参见杨春莲、梅晓娟《银冠下的美国主流文化和犹太文化冲突》，《镇江高专学报》2019 年第 4 期，第 110 页。

③ Nancy Foner，*Form Ellis Island to JFK*：*New York's Great Waves of Immigration*，Yale University，2000. 易慧敏：《美国纽约东欧犹太移民研究（1881—1921）》，硕士学位论文，西北大学，2014，第 34 页。

④ 傅有德：《传统与现代之间：犹太教改革及其对中国文化建设的借鉴意义》，《孔子研究》2005 年第 5 期，http：//www. cjss. org. cn/a/zhongwen/xiangguanzhuzuo/2013/0715/74. html。

在美国犹太人生活的方方面面，也都可以看到明显的“民族性”和“宗教性”的痕迹。这种以信奉犹太教理想为特征的“族性”在美国犹太人的生活中则或“隐性”或“显性”地体现在日常“每一天”生活、犹太教会堂庆典、学前族裔课程和其他一切可以丰富犹太教生活、促进犹太教福祉的犹太社区活动等。[①] 根据联合犹太教区 2003 年 9 月公布的数据，当时全美 520 万犹太人中有约 46%的犹太人以个人或家庭的名义在犹太会堂注册，有近 1/3 到 1/2 的犹太人常规性地参与不同形式的犹太活动。[②] 此外，虽因世俗文化的渗透和社会同化的冲击，部分美国犹太人已经成为不严守教规的“世俗犹太人”，[③] 但多数人仍在不同程度地尊重宗教诫命和庆祝传统节日，如安息日、逾越节、赎罪日等。可见，犹太教作为犹太人世代信仰的“集宗教观和民族观于一体”、诠释“生活哲学和精神规范”的“一神教”，在美国犹太人中仍是其世俗生活的重要组成，是维系其族群认同的情感纽带。[④]

（二）家庭

“家庭构成身份的源头，而不仅仅关乎个人品格。”[⑤] 在犹太传统中，家庭被认为是保持犹太民族性的重要保障。毫不夸张地说，正是犹太家庭的稳定性给予了犹太人对于自身身份和宗教认同的稳定性和延续性。[⑥]

犹太家庭通过对日常生活习惯和宗教文化仪式的坚守来塑造子女对于

---

① 傅有德：《民族性与普世性之间：改革派犹太人的文化认同及其启示》，普世社会科学网，2017 年 6 月 29 日，http：//www. pacilution. com/ShowArticle. asp？ArticleID = 7853。

② “National Jewish Population Survey 2000 - 01：Strength，Challenge and Diversity in the American Jewish Population，” A United Jewish Communities Report in Cooperation with the Mandell L. Berman Institute - North American Jewish Data Bank，September 2003，Jewish Connections，p. 7.

③ 匡馨：《马拉默德笔下美国犹太人的现实与想象》，《沈阳工程学院学报》（社会科学版）2019 年第 4 期，第 490 ~ 492 页。

④ 胡浩：《论犹太教育世俗文化的兼容》，《西亚北非》2012 年第 5 期，第 106 ~ 108 页。

⑤ John V. Knapp，“Family Systems Therapy and Literary Study：An Introduction，” in Knapp，John V. and Kenneth Womack，eds.，*Reading the Family Dance*：*Family Systems Therapy and Literary Study*（Newark：University of Delaware Press，2003），pp. 14 - 15. 转引自陈红梅《身份、自我与禁忌：传统犹太母育研究》，《湖北民族学院学报》（哲学社会科学版）2017 年第 5 期，第 98 页。

⑥ 易慧敏：《美国纽约东欧犹太移民研究（1881—1921）》，硕士学位论文，西北大学，2014，第 20 ~ 28 页。

犹太族群文化的认同。从教育实践的角度来看，犹太民族素来重视“母育”[①]。圣经时代，犹太母亲就因其对家庭、群体和宗教的贡献被称颂为“女勇士”[②]，而一直以来，犹太母亲在文化倾向相对稳定的家庭中往往承担着文化传承和家庭教育的责任。正如卡津在自传《城市漫步者》（*A Walker in the City*）中回忆的，几乎整天坐在缝纫机边的亲切的妈妈“不断缝拼在一起的是我们自己”，犹太母亲恰恰是在生活的点滴细节中培养子女分辨本民族和其他族群的身份意识。[③]

此外，值得一提的是，婚姻也是犹太人生活秩序不可分割的一部分，其中正统犹太教派对婚姻问题更是有着十分严格的规定：为保证血统的纯正和犹太性的延续，只有拥有同样犹太身份和犹太教信仰的异性才能婚配。[④] 从犹太民族千年流散的历史来看，这种不与外族通婚的“内婚制”恰恰是整个散居族群“流而不散”的一个重要原因。而在美国犹太人异族通婚比率逐渐升高的大趋势下，“内婚制”在某种程度上也可以抵抗异族通婚对“犹太性”的削弱，有利于维系整个族群的持续生存与良性发展。据统计，在犹太人和其他种族通婚的混合家庭中，仅有20%的家庭会将子女培养成传统意义上的“宗教犹太人”，而在父母双方均为犹太人的家庭中，这一比例则高达96%。[⑤]

（三）教育

如果说犹太宗教是犹太人族群认同的文化根基，那么犹太教育就是这

---

① 张淑清：《犹太妇女的历史地位及其变迁》，中国社会科学报，2018年10月23日，http://www.npopss-cn.gov.cn/n1/2018/1023/c373410-30357734.html。

② 陈红梅：《身份、自我与禁忌：传统犹太母育研究》，《湖北民族学院学报》（哲学社会科学版）2017年第5期，第95页。

③ Alfred Kazin, *A Walker in the City* (New York: Harcourt Brace, 1951), p. 172. 转引自陈红梅《身份、自我与禁忌：传统犹太母育研究》，《湖北民族学院学报》（哲学社会科学版）2017年第5期，第95页。

④ “American Jewish Family,” Jewish Visual Library: A Project of AICE, https://www.jewishvirtuallibrary.org/family-american-jewish.

⑤ 根据犹太律法《哈拉卡》（*Halakha*）的规定：一切皈依犹太教的人及由犹太母亲所生的人都属犹太人，因此严格来说，子女可以从父母那里继承犹太血统，但其可以自由选择是否成为文化意义上的“犹太人”。更多信息详见楚琳《美国犹太学前族裔文化课程研究——以康州大哈特福德地区为个案》，博士学位论文，中央民族大学，2016，第65页。

种根基的主要载体，是连接犹太民族过去、现在和未来的智慧纽带。[①] 正如犹太经典《便西拉智训》所呼吁的："要像农民耕种田地那样努力寻求智慧……追随智慧，全心全意跟她走。"[②] 犹太民族历来重视教育，崇尚智慧，也正因为此，犹太民族才能在近两千年的流散中，依靠教育将"一种传统"、"一本书"和"一种宗教"传授给散居在世界各地的犹太人，从而在最大程度上维系了犹太民族的"流而不散"。[③]

被誉为"书的民族""知识的民族"[④] 的犹太人在移居到美国时也依然保持着对知识的渴求和对教育的重视。而在非常重视发展高等教育的美国，犹太人也意识到教育是撬动社会资本的有利杠杆，如此，刻苦学习成为帮助犹太人向主流社会晋升的重要路径。[⑤] 从整体来看，犹太人在教育上的投入使其在不同的专业领域都取得了不俗的成就。据统计，自 1901 年至 2017 年间，全世界有 23%的诺贝尔奖获得者是犹太人或有一半以上的犹太血统，[⑥] 而仅美国就有约 40%的诺贝尔经济学奖和科学奖获得者属于犹太裔[⑦]。特别是进入 21 世纪以来，犹太人的专注求知和勤奋苦学使其进一步"精英化"。皮尤中心 2013 年的报告显示，60%的美国犹太人接受过大学教育，其中包括 28%的研究生教育获得者。[⑧] 此外，现任犹太裔院士占美国国家科学院经济科学部的 40%，计算机与信息科学部的 45%，以及数据与应用数学

① 季明：《第一章 古代犹太民族宗教思想中的核心价值观》，中国共产党新闻网，2014 年 2 月 13 日，http：//theory. people. com. cn/n/2014/0213/c40531-24348616. html。

② 参见张倩红、张少华《犹太人千年史》，北京大学出版社，2016，"第二章 世界性大流散"，http：//reader. epubee. com/books/mobile/99/99132abcded4aa5729b1fff8ccce687c/text00004. html。

③ 张倩红：《从犹太教到儒教：开封犹太人同化的内在因素之研究》，《世界宗教研究》2007 年第 1 期，第 109~112 页。

④ 王宇、张艳伟：《全民阅读从创新发展中走来》，中国社会科学出版社，2016，"第一章 三 实现中国梦需要全民阅读"。

⑤ David Grubin，"Doing Well and Doing Good：Education and Philanthropy，" The Jewish Americans，https：//www. pbs. org/jewishamericans/jewish _ life/education _ and _ philanthropy. html。

⑥ 张梅：《试析以色列侨务公共外交》，《现代国际关系》2018 年第 6 期，第 59 页。

⑦ 黄杰茵：《中外幼儿家庭氛围比较与分析——中国与犹太国家的家庭氛围对比研究》，《广州广播电视大学学报》2017 年第 6 期，第 88 页。

⑧ 汪舒明：《美国政党政治中的犹太因素》，中国社会科学网，2016 年 5 月 12 日，http：//www. cssn. cn/zzx/gjzzx_zzx/201605/t20160512_3005935. shtml。

科学部的 50%。[1]

犹太人对教育的重视也体现在他们以不同的形式不断加强和延续传统文化的边界。据说，传统犹太母亲会将蜂蜜抹在做成字母形状的糕点上给子女吃，从而帮助他们记住更多的字母。[2] 再例如，犹太父母会通过向子女讲述极具生活化特征的民间故事，甚至带有“迷信”色彩的历史传说来培养和约束其学习习惯。其中“合上没有合上的书”（Closing Books that are Left Open）是被经常实践的一句，其强调的就是为了避免恶魔将书籍中圣洁的知识用于邪恶的目的，在每一次阅读后，都应该将书籍整齐地合上。[3]

三　族性政治化与政治参与的互动模式

日本百科全书《广辞苑》对“族性”这样界定：在国家体制下，一部分人群，以共同的文化指标，对内弘扬归属的民族意识，对外维持自豪的主体意识，而且根据形势的变化产生政治运动的相关特性。[4] 可见，“族性”作为一种软实力是可以转化为政治力量的。但“族性”并不能直接成为政治力量，而是要通过认同的环节促进群体力量的内聚和群体行动的一致。下文将具体探讨美国犹太人的“族性”以怎样的方式影响着他们的政治参与。

（一）族性政治化

如前所述，“族性认同”是族群采取一致性行动的基础，也是族群实现政治社会化的前提。但由于不同的族属成员对“族性”的感知程度不同，

---

① 更多数据见“Jews in Computer & Information Science”，“Jews in Economics”，and“Jews in Mathematics”，respectively in“The Jewish Contribution to World Civilization，” http：//www.jinfo.org/。

② 陈吉：《美国的犹太人》，《中国报道周刊》2004 年 3 月 25 日，https：//www.china-week.com/html/2062.htm。

③ 楚琳：《美国犹太学前族裔文化课程研究——以康州大哈特福德地区为个案》，博士学位论文，中央民族大学，2016，第 86 页。

④ 转引自阿斯根《西方族性与多元文化主义原理初探》，《内蒙古民族大学学报》（社会科学版）2005 年第 2 期，第 1~7 页。

族群代表或政治精英们往往需要通过强化“族性认同”的一致性，才能将个体的、分散的力量凝聚成团体的、集中的力量，进而将这种力量铺展和升华为族裔群体政治参与的重要资本。[①]

以美国犹太人为例，20 世纪初，犹太政治精英内部曾因“文化复国主义”和“政治复国主义”的选择分歧而陷入激烈的权力斗争；20 世纪 30 年代，美国反犹主义势力的抬头和欧洲纳粹屠犹事件的发酵，使得美国犹太人空前团结。[②] 民族和同胞的危难导致曾经一度潜伏的犹太“族性”被激活，许多曾经的反犹太复国主义者也改变立场转而支持犹太复国主义的事业。[③] 出于对犹太民族命运的担忧以及对于美国政治当局的不信任感，美国犹太人开始通过强化族性认同和族群归属来塑造“集体安全感”。[④]

另一具有代表性的事件是 1967 年爆发于以色列和阿拉伯国家间的“六日战争”。正如迈克尔·沃霍斯所说，“在某种程度上，战争是神圣的仪式，战争造就了一个民族的身份认同”[⑤]，“六日战争”无疑也极大地渲染和强化了美国犹太人对于犹太族群和以色列的情感认同。战前，美国犹太群体一度受主流社会的影响而对犹太族群意识淡薄且对以色列认识模糊，而以色列在战争中的胜利强烈激发了美国犹太人民族意识的回归和族群认同的高涨。[⑥] 可见，当抽象的民族精神因受外在刺激而得到释放时，作为本能反应，族类成员的“族性”归属感会得到强化和提升，同时，经过政治动员，族裔群体的政治意识和权力感知也会更加强烈和凸显。[⑦] 这一过程即所谓的“族性社会化”。

---

① 严庆：《族性与族性政治动员——族类政治行为发生的内在机理管窥》，《黑龙江民族丛刊（双月刊）》2013 年第 6 期，第 44~49 页。

② 唐立新：《犹太复国主义的美国命运》，《哈尔滨学院学报》2018 年第 6 期，第 90~91 页。

③ 唐立新：《犹太复国主义的美国命运》，《哈尔滨学院学报》2018 年第 6 期，第 91~92 页。

④ 李晓岗：《战后美国犹太人民族凝聚力的盛衰》，《历史研究》1997 年第 2 期，第 92 页。

⑤ 张礼刚、宋瑞娟：《“六日战争”对美国犹太人族群认同的影响》，《史学月刊》2020 年第 3 期，第 78 页。

⑥ 张礼刚、宋瑞娟：《“六日战争”对美国犹太人族群认同的影响》，《史学月刊》2020 年第 3 期，第 76~77 页。

⑦ 严庆：《族性与族性政治动员——族类政治行为发生的内在机理管窥》，《黑龙江民族丛刊（双月刊）》2013 年第 6 期，第 44~49 页。

（二）族性政治化与族裔政治参与的互动

根据政治社会化和政治参与的理论，政治社会化与政治参与是相互作用的，且是一个循环的过程。图 1 能够粗略地反映二者互动过程的大致路径。具体来说：A. 国家政治体制（政治民主制度、社会文化制度等）的构建有利于维护统治阶级的意识形态和社会制度，同时为公民的政治参与提供良好的外在政治环境；B. 通过政治社会化的过程，这种主流政治意识被传递给公民；C. 公民接受和学习政治知识后会形成符合政治系统的政治认识进而成为政治人；D. 公民成为政治人之后，为了表达政治诉求并维护自身利益，他们会寻求更多的途径参与到政治生活当中；A’. 一旦公民的政治诉求被听取，政治系统必然会在其具体制度的制定等方面做出相应的调整，从而继续影响下一轮政治社会化的方向和强度。这就是一个政治社会化与政治参与的完整的循环互动系统。

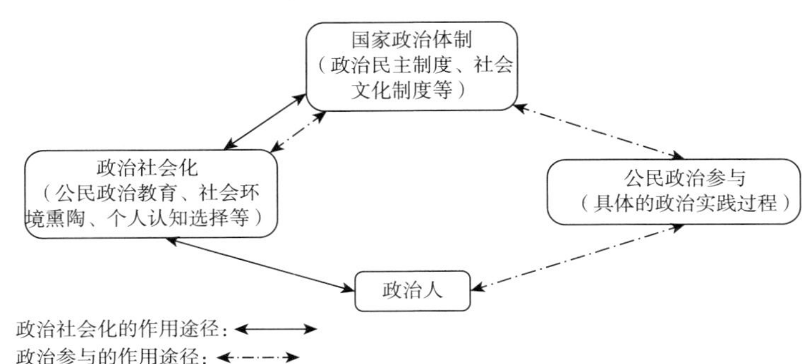

图 1 政治社会化与政治参与互动关系模型

资料来源：参考王佳瑜《美国华人政治社会化与政治参与的互动性研究》，硕士学位论文，上海师范大学，2012，第 15~20 页。

少数族裔也是民主社会中的一分子，其政治社会化和政治参与的互动过程也可用上述模型来解释。“但是一种理论的产生必然附带其问题与局限，没有一种理论是面面俱到的，完全的理论也会失去其犀利的一面。”①

---

① 杨博：《吉洛伊族裔散居文化理论初探》，《长春理工大学学报》2013 年第 3 期，第 35~36 页。

作为主流社会中的少数群体，散居族裔政治参与的过程必然具有一定的特殊性。为此，本文引入“族性”和“族性政治化”的概念来进一步分析少数族裔政治参与的内在机制（如图 2）。

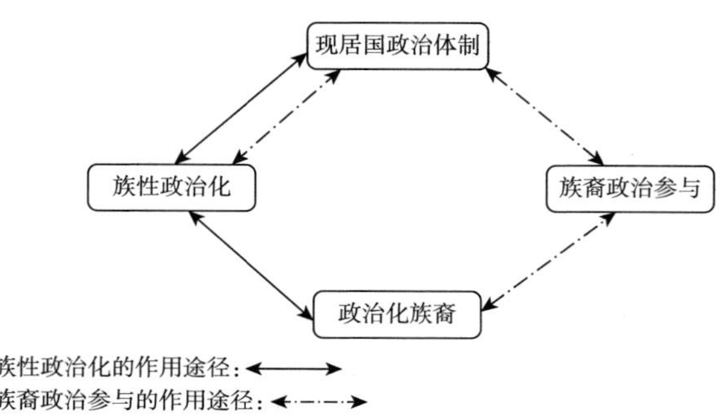

图 2　族性政治化与族裔政治参与的互动关系模型

资料来源：笔者根据图 1 的模型自制。

少数族裔参与现居国政治过程与其族性政治化的具体互动关系作用如图 2 所示：a. 现居国政治体制构建民主的政治制度，并推行多元主义的文化政策，从而为族类群体提供政治参与的相对宽松的政治环境；b. 族类群体通过接受和学习现居国政治文化和参政知识后会形成符合政治系统的政治认识，从而完成族性政治化的过程；c. 为了表达政治诉求并维护自身利益，他们会凝聚为一个政治团体，例如美国的犹太院外游说集团；d. 鉴于族裔群体在现居国中的特殊身份地位，他们会通过寻求多方力量和途径参与到政治生活当中，如采取不同的政治参与手段来影响现居国的政治决策，使其做出有利于维护族裔自身利益的政策；a’. 而一旦这种影响起到了效果，族裔群体的自豪感和荣誉感会提升，自然其对自身独特的地位和身份认同也会加强，那么这就会继续影响下一轮族性政治化的方向和强度。

对于处于社会边缘的族裔群体而言，“由于他的社会与他的传统，他的地位与他的愿望相冲突”①，他们常常处于原居国和现居国双重文化的影响下而倍感身份认同的冲突。这时，“政治动员”尤其会对其族性认同的强化产生重

① 〔美〕丹尼尔·霍夫曼主编《美国当代文学》（上册），《世界文学》编辑部译，中国文艺联合出版公司，1984，第 272 页。

要作用。通过耳濡目染的学习或体验，族属成员逐渐完善了其“族性”政治化的过程，这对于族属成员团结一致凝成一股力量参与政治来说无疑是很重要的一步。更为重要的是，族属成员在政治体制的约束下争取利益，通过政治参与使族裔的政治价值观和政治诉求外显为政治行为，并且在这样的政治行为中不断地提高自己的知政、参政和议政的能力，即族性政治化程度。

四　美国犹太族裔的族性政治化和族裔政治参与互动

美国犹太人的参政历史可以追溯至美国独立战争时期（1775~1783年），当时在地方安全委员会和临时会议中就已经有了犹太人的身影。① 不过早期这种“零星”的犹太人“入仕”并不构成真正意义上的“政治参与”，因为从政的人数较少、担任的职位不够高，其在政府中的影响力是相当弱的。② 直到西奥多·罗斯福总统当政时期（1933~1945年），犹太人才开启了以集体规模跻身美国政界的新篇章，③ 从而为美国犹太人在二战结束后进一步跻身政界奠定了坚实的基础。

如前所述，美国犹太人在二战后的政治参与转变也符合族性政治化与政治参与间的互动模型（如图3），下文将结合该互动关系来进一步梳理美国犹太人的参政进程。

（一）宽松的政治体制

在二战结束后的初期（1945~1948年），杜鲁门总统意识到美国犹太复国主义者如果得不到美国的支持则会转向苏联（战后美国最大的威胁）寻求帮助，因此在其任期内，美国不仅放宽了对犹太移民的限制，而且在以色列建国后立即承认了以色列。此外，更多亲犹太复国主义的美国犹太人

---

① 《从无足轻重到社会中坚：美国犹太人的成功之路》，中国新闻网，2000年9月6日，http://www.chinanews.com/2000-09-06/26/44962.html。

② 唐立新：《美国犹太人“从政”现象探讨》，《新远见》2008年第3期，第75页。

③ 当时犹太人人口不足美国人口总数的3%，但罗斯福“任用的高级官员中，犹太人所占比例超出15%”，其中较为出名的包括：财政部部长亨利·摩根索、国会对外关系委员会主席布鲁姆·梭尔、驻法国大使施特劳斯、最高法院大法官菲立克斯·法兰克福等。具体信息可参见马广东、刘仕军《富兰克林·罗斯福与犹太人在美国政界的崛起》，《乐山师范学院学报》2010年第10期，第81~82页；杨友孙《罗斯福时期美国犹太族裔的政治崛起分析》，《历史教学问题》2013年第5期，第75~76页。

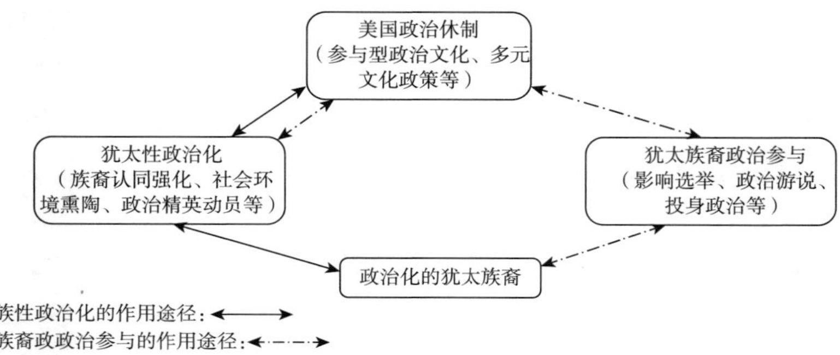

图 3 美国犹太族裔族性政治化和族裔政治参与的互动关系图解

资料来源：笔者根据图 2 的模型自制。

被吸纳进政府高级官员队列。[①] 之后，国会中犹太人的代表数量更是稳定增加。“1949~1965 年国会中犹太议员为 12~16 人，接下来十年中有 14~20 人，之后继续增长，1975~1983 年增长至 25~33 人，在 1983~2001 年增长到 33~41 人。”[②]

20 世纪 60 年代，随着美国政府陆续出台《民权法》《选举权法》《移民法》，美国少数种族、族裔的社会、经济和政治地位都得到了提高，其社会政治文化空间更加广阔。当时，在美国国民性这一大的认同之下出现了建立在共同的种族、族裔、性别、社会身份、信仰等基础之上的“亚文化认同”，这也成为美国政府推行多元主义文化政策的社会基础。[③] 对于犹太人而言，共同的宗教信仰、有异于居住国的文化习俗以及悲惨流散的历史都使得他们比其他少数族裔更难融入当地，也就更容易产生族群认同感。而这种被渲染和凸显的以民族精神、民族气质和民族特点为基础的“亚文

① 袁征：《艰难的抉择——论杜鲁门政府的巴勒斯坦政策（1945—1948）》，《美国研究》2009 年第 4 期，第 91~93 页。

② Rafael Medoff, *Jewish Americans and Political Participation: A Reference Handbook*, Santa Barbara: Library of Congress Catlogin Publication Data, 2002, p. 299. 转引自宋丰戎《试析二战后美国犹太人的政治参与情况》，硕士学位论文，西北大学，2010，第 14 页。

③ Samuel P. Huntington, *Who Are We? The Challenges to America's National Identity*, Simon and Schuster, 2005, pp. 173-175. 转引自白玉广《美国族裔政治的发展与华侨华人在中美关系中的作用》，《国际论坛》2014 年第 5 期，第 58~63 页。

化认同”也会使得“族性”的内聚功能变得更加强烈和普遍，① 从而使得犹太族裔成为富有内部凝聚力和强大号召力的少数族裔群体。

（二）包容的政治文化

进入20世纪，争取移民及其后裔的选票，成为美国政治生活中的一个突出现象。美国政府调整选举制度为少数族裔实现政治抱负、维护其族群的政治利益提供了重要制度保障和广阔的施展空间；在选举制度发挥作用的过程中，参与选举所产生的影响以及族群政党精英们的政治动员，使得少数族裔美国人的族性政治化程度逐步加深，为少数族裔利用选举制度维护本族利益奠定了重要的思想基础；而一旦少数族裔懂得了参与选举的重要性，就会积极通过团体参选、奔走游说，以及提供竞选资金等方式来参与到大选当中。

另外，美国政治体制营造出参与型政治文化并确立多元的民主政治制度来规范少数族裔的政治参与。少数族裔通过接受来自学校、媒体、政府政策等渠道的公民教育自然对美国的政治体制和参政方式有了较清晰的认知，进而内化为自己的政治知识和参政意识。尽管程度不同，在二战后大多数美国移民群体及其后裔认识到自身的政治能量和能力，坚定其争取和捍卫自身权益的信念，如犹太裔、亚美尼亚裔、希腊裔、印度裔、墨西哥裔等美国人，其中犹太裔的参政意识最为强烈，参政热情也最为高涨，特别是在美国总统大选初选中，犹太人成群结队而出，参加所在社区的投票，这种政治参与度为任何其他民族集团所不及。②

（三）积极的政治组织

二战前，美国犹太人内部因为宗教派别、政治意识等方面的分歧而处于一种散乱的状态，当时的犹太社团如“美国犹太人委员会”“美国犹太教公会”“犹太联合会理事会”等也未能成为具有族群动员力和政治领导力的

① 严庆：《族性与族性政治动员——族类政治行为发生的内在机理管窥》，《黑龙江民族丛刊》2013年第6期，第44~49页。

② 〔美〕西奥多·怀特：《美国的自我探索》，中国对外翻译出版公司，1985，第423页。转引自王耀东《美国犹太人的地位及美国对以色列的政策》，《兰州学刊》1995年第2期，第52~55页。

压力集团。[①] 二战中欧洲犹太社团所遭受的劫难以及“六日战争”所带来的的有关“以色列安全”问题的思考，使得“政治行动主义”在美国犹太社团内部快速蔓延。[②] 美国因受国际局势影响转而注重改善非主流群体的民权问题，特别是《1964 年民权法案》的颁布为少数族裔参政议政扫除了障碍，美国犹太社团因此获得了快速发展的有利环境。自此，美国犹太人开始积极组建各类社团组织并踊跃投身美国政治，其中，具有全国影响力的社团包括“犹太联合会委员会”“犹太社团关系咨商理事会”“反诽谤联盟”等。[③] 这些犹太社团通过组织集会、游行、院外游说等方式推动着美国政府和主流社会对犹太和以色列问题的关注，从而为整体上改善犹太裔的生存条件和发展空间做出了重要贡献。

而犹太社团组织在攻治事务中所获得的参政能力和价值自信也进一步强化了美国犹太人整体的民族归属感，使得政治态度成为维护族群情感认同的重要维度之一。同时，犹太人拥有雄厚的财力资源。据美国权威《福布斯》杂志统计，自 20 世纪 80 年代以来，美国最顶级的富豪中约 20%～25%属于犹太裔。[④] 难怪会有一句经典传颂：“世界上的财富在美国人的口袋里，美国的财富在犹太人的口袋里。”[⑤]

（四）有效的政治参与

美国犹太人一向积极参加政治活动，他们不错过每一次追求实现民主的机会。一般而言，美国犹太人政治参与途径主要有下几种：积极参加选举、组建犹太利益集团、提供政治资助和捐款、控制或影响舆论工具等。他们通过这些途径参与到美国政治活动中去，进而影响公共决策。参与美国政治无疑能够将犹太裔群体的诉求有效传递至美国政府决策高层，进而

---

① 参见唐立新《犹太复国主义的美国命运》，《哈尔滨学院学报》2018 年第 6 期，第 91～92 页；汪淑明《战后美国犹太组织的“群集关系运动”及其影响》，《史林》2017 年第 5 期，第 195 页。

② 汪淑明：《战后美国犹太组织的“群集关系运动”及其影响》，《史林》2017 年第 5 期，第 195～196 页。

③ 汪淑明：《战后美国犹太组织的“群集关系运动”及其影响》，《史林》2017 年第 5 期，第 196～197 页。

④ 宿春礼、袁祥编《塔木德：犹太人经商与处世圣经》，万卷出版公司，2006，第 10 页。

⑤ 《“犹”趣的思维：解开犹太人思维和教育的密码》，新华网，2018 年 4 月 23 日，http：//www.xinhuanet.com/book/2018-04/23/c_129857239.htm。

促使美国政治系统制定有利于美国犹太裔的公共政策，从而进一步提高犹太人整体的政治地位和社会福利。

以参与政治选举为例。美国犹太人大多生活在具有关键选举人票的州，如纽约州、加利福尼亚州、佛罗里达州、伊利诺伊州、宾夕法尼亚州等。[①]这些地区是历次美国大选总统候选人竞相争夺的选区，这也使得聚居于此的犹太族裔成为美国最具影响力的选民群体之一。[②] 而美国总统选举所采取的“赢者通吃”的原则[③]使得犹太族裔的选票也备受重视。例如，2008 年大选过后的民调数据显示，78%的犹太选民曾投票支持选举奥巴马为新一届总统。[④] 虽然奥巴马总统的获选并不能归结于犹太利益集团的支持，但因为犹太选民的政治立场基本是保持一致的，所以在很大程度上谁能够在大选中赢得犹太人的选票，谁就有更多胜算的机会。

此外，值得一提的是，在牵涉犹太人和以色列利益的选举中，犹太人的投票率通常较高，且往往能够起到决定选举走向的关键性作用。因此在每次大选中，民主党和共和党候选人都会格外注意拉拢犹太选民。例如，在 2004 年大选投票前，乔治 · W. 布什选择在犹太人高度聚居的佛罗里达州签署《全球反犹主义监督法案》，就是为了获得当地犹太选民的支持并最终赢得该关键“战场州”。[⑤] 总的来说，美国的选举制度为犹太人的积极参政创造了条件，而犹太人也巧妙地利用其选票优势以支持亲犹、亲以的总统候选人当选。

一旦犹太人所支持的候选人获得了最终的胜利，其必将在之后的政策制定中对犹太群体有所倾斜，同时在其总统任期内必然会更加重视犹太裔美国人，而这显然将会提升犹太人的社会地位和政治影响力。一方面，这种成功会使犹太族裔美国人获得族群自豪感，增强族群凝聚力，这实际上

---

① 参见刘军《美国犹太人：从边缘到主流的少数族群》，云南大学出版社，2009，“美国犹太人崛起的内外动因-内部因素”，第 1 节 人口规模、分布与族群文化。

② 张梅：《试析以色列侨务公共外交》，《现代国际关系》2018 年第 6 期，第 59 页。

③ 选举人团制度规定，除缅因和内布拉斯加两个州是按普选票得票比例分配选举人票外，其余 48 个州和华盛顿特区均实行“赢者通吃”制度，即把本州的选举人票全部给予在该州获得相对多数普选票的总统候选人。

④ 《遭遇“胜负手”州 奥巴马和麦凯恩各自表现如何》，路透社，2008 年 10 月 7 日，https：//www.reuters.com/article/idCNChina-2490120081008。

⑤ 林宏宇；《驴象之争：影响美国总统选举的政党因素》，中美印象，2016 年 6 月 21 日。http：//www.uscnpm.com/model_item.html? action=view&table=article&id=10674。

是族性政治化的过程；另一方面，通过参与政治而获得了安全感后，犹太族裔参与政治的热情将会提升。这样，又一批犹太人走上政坛，并在同族的帮助下最大限度地获得成功。一遍接一遍，周而复始，犹太族裔的政治参与和族性政治化就是在这样的循环中相互作用，而逐渐形成现代美国历史上蔚为壮观的“犹太从政”现象。①

总　结

在对族群的族性政治化和政治参与的普适性规律进行总结的基础上，对二战后美国犹太族裔的政治参与和族性政治化的互动进程进行梳理，不难发现，对于美国犹太族裔而言，犹太人千年“流而不散”的“族性”是将其凝聚成紧密群体的重要原因，同时也是激发美国犹太人二战后政治参与热情的主要因素。当然，“族性”本身并不能直接转化为政治力量。美国犹太族裔仍需要通过政治动员和政治参与的手段，来维护和巩固族群的集体利益。而一旦作为群体的政治影响被凸显，犹太族裔的族属归属和参政意识也将得到提升。自此，犹太人的政治参与便进入了一种“族性政治化—族裔政治参与”的良性循环。

当然，更客观来看，犹太族裔政治影响力的提升是多种因素共同作用的结果，其中美国相对宽松的社会环境和多元民主的政治体制便是不容忽视的因素。作为一个由多个族裔群体组成的“熔炉”国家，美国政治中的“种族化”现象以及“族裔政治”的发展都是同样值得关注的话题。因此，通过管窥美国犹太族裔在二战后的参政行为，一方面可为探究美国的“族裔政治”提供一定的参考；另一方面，美国犹太族裔坚持“提升自身实力—强化群体认同”以维护自身权益的模式也可为其他期望融入主流社会、走向政治中心的族裔群体提供些许的启发，特别是还处于参政起步阶段的亚裔、拉丁裔等。

（作者单位：哥斯达黎加联合国和平大学国际法学院）

① 唐立新：《美国犹太人“从政现象”探讨》，《新远见》2008 年第 3 期，第 74 页。

Internal Factors Analysis on Jewish Americans' Growing Political Presence after the World War II
—Based on the Perspective of "Ethnicity"

Ge Jingjing

Abstract: As one "model minority" in the United States, the Jewish Americans have made outstanding achievements in all aspects of the American society, especially in the political field. But in practice, Jewish Americans' real large-scale political participation only started after the World War II. So what factors are driving this shift? From the ethnicity-based perspective, this article aims to comb and analyze the Jewish Americans' political process after the World War II, by using the interactive model of "political socialization" and "political participation". The attempt to explore the internal factors which arouses Jewish Americans' political enthusiasm will also help to better understand the status quo of Jewish Americans and provide beneficial references for other minority groups.

Keywords: Jewish Americans; Ethnicity; Political Participation; Post-World War II

奥斯曼帝国的犹太政策研究*

刘云泽

内容提要 本文以近年来国内外特别是土耳其学术界对奥斯曼帝国治下犹太社群生活状况的研究为基础，考察奥斯曼帝国建立初期、鼎盛时期及衰落时期对待犹太社群的态度及制定相应民族政策的变化情况，探析内政外交等因素在奥斯曼帝国民族政策制定过程中所起的作用及其影响。

关键词 犹太人 奥斯曼帝国 米勒特制度

以1453年奥斯曼帝国征服拜占庭帝国的首都君士坦丁堡并将其改名为伊斯坦布尔（İstanbul）为开端，到1683年围攻维也纳失败的230年间，奥斯曼帝国处于历史上的鼎盛时期。对生活在奥斯曼帝国鼎盛时期的犹太人及奥斯曼帝国的犹太政策而言，1453年奥斯曼帝国对“君士坦丁堡的征服”和1492年“西班牙驱逐犹太人”是关键性的两个事件。另外，鼎盛时期的奥斯曼帝国在对犹太人政策的开放性方面超过了此前和之后的任何一个时期，这一开放性也反映了在奥斯曼帝国治下的犹太人的政治及文化方面。

奥斯曼帝国的衰落肇始于1683年奥斯曼大军围攻维也纳失败，到1922年帝国彻底分裂解体。衰落表现为帝国对外征服的长期不利处境、内政的混乱、经济的衰退，以及地方的分权。犹太人在奥斯曼帝国衰落时期，与被称作“黄金时期”的帝国鼎盛时期相比，处境不断恶化。衰落时期的奥斯曼帝国在实行一系列改革之前仍然以“米勒特制度”对治下的众多民族

* 本文修改过程中承蒙西安外国语大学土耳其语系刘新越老师提出中肯的意见，在此表示感谢。

实行统治，但这一时期犹太人的处境与鼎盛时期在米勒特中处于基督徒之上的境况不同，犹太人不仅在帝国之内饱受基督徒自上而下的欺凌，在帝国境外贸易中也难以得到奥斯曼帝国有效的保护。

一 帝国初期的犹太政策（1299~1453 年）

奥斯曼帝国初期对外扩张的主要方向是小亚细亚半岛以西的拜占庭帝国，奥斯曼帝国初期征服过程结束的标志为 1453 年奥斯曼帝国的苏丹穆罕默德二世（Fatih Sultan Mehmet）率领大军攻占拜占庭帝国的首都君士坦丁堡（Konstantinopolis）。另外，从奥斯曼帝国初期的犹太政策的角度看，“1453 年穆罕默德二世征服君士坦丁堡之后不久，便确立了管理治下非穆斯林群体的米勒特制度（Millet Sistemi）”[①]。因此，从奥斯曼帝国扩张过程中的多民族国家建构以及为帝国治下的民族制定相应政策的角度看，不妨以 1453 年奥斯曼帝国“征服君士坦丁堡”作为划分奥斯曼帝国初期犹太政策的参照。

奥斯曼帝国建立之初到“征服君士坦丁堡”即 1299~1453 年的 150 多年，奥斯曼帝国奉行以军事扩张为主的对外政策。其间，奥斯曼帝国对生活在整个安纳托利亚西部地区（Batı Anadolu）以及欧洲东南部除君士坦丁堡以外的，包括今天的希腊、保加利亚、罗马尼亚和南斯拉夫在内的欧洲东南部地区的犹太人群体采取了相对宽容的政策。早在 12 世纪末，统治该地区的拜占庭帝国，就对当地犹太人采取了以拉比作为犹太社团领袖的犹太民族自治政策。1453 年以前，奥斯曼帝国至少在当时的首都布尔萨（Bursa）采取了相同的犹太政策。布尔萨存有犹太人的自治街区。在奥斯曼帝国逐步征服拜占庭帝国期间，生活在奥斯曼帝国的犹太人在日常生活上享有较大的自治权，同时这一时期的犹太人经常作为医生为帝国境内的穆斯林群体提供医疗服务。另外，“埃迪尔内犹太社区的拉比，不仅是该社区的宗教领袖同时也是正式官员，他代表着自己的犹太社区”[②]。奥斯曼帝国建立之初享有高度自治的犹太社区需要通过该社区的拉比向奥斯曼帝国政

① 刘珍：《奥斯曼帝国的米勒特制度及其历史影响》，硕士学位论文，辽宁大学，2014，第 8 页。

② Muharrem Gürkaynak, “Osmanlı devleti’ inde millet sistemi ve Yahudi milleti,” *Süleyman Demirel Üniversitesi İktisadi ve İdari Bilimler Fakültesi*, 9 (2003): 281.

府支付一定的人头税，而拉比除了收税以外，也对该犹太社区的稳定以及司法负有责任。

从帝国建立之初到“征服君士坦丁堡”时期，奥斯曼帝国对治下的犹太社区采取相对宽容的政策主要有两个原因。第一，帝国扩张的需要；第二，伊斯兰教法的要求。从帝国扩张的角度看，犹太人在奥斯曼帝国早期的扩张过程中在军事、技术、医疗等领域都到了积极的作用，符合奥斯曼帝国统治者的利益需求。例如：“生活在拜占庭帝国对安纳托利亚西北部地区维系统治的中心城市——布尔萨的犹太人，积极帮助了奥斯曼（Osman，1258-1326）的儿子奥尔汗（Orhan，1285-1359）于 1324 年征服了这座城市。[①]”另外，上文也提到，犹太社团在奥斯曼帝国境内行医，同时作为相对宽容政策的回报，犹太人需要上交人头税。无论是犹太人在拜占庭帝国境内为奥斯曼帝国的征服做内应，还是在奥斯曼帝国境内以行医及缴纳人头税等方式对帝国的对外征服提供医疗及资金供给，犹太社团在奥斯曼帝国初期都是符合帝国统治阶级利益的。从伊斯兰教法的要求来看，尽管征服君士坦丁堡以前的奥斯曼帝国还没有专门针对“非穆斯林群体”特别是犹太人的民族政策，但“奥斯曼帝国自诩为传统伊斯兰国家的继承者，因此一些制度性建构在 1453 年之前就已存在”[②]。“奥斯曼人遵循了一项传统的伊斯兰宽容政策，即对吉玛人（Zimmî，苏丹的非穆斯林臣民）、读书人、基督徒、犹太人和其他愿意接受同一个神的人表示宽容，所以他们有权保护他们的生命、财产和宗教，只要他们接受穆斯林的统治，并愿意付特殊的人头税以代替服兵役。”[③] 从这一伊斯兰教宽容制度的根源上看，“先知穆罕默德去世后，哈里发国家征服阿拉伯半岛以外的广大区域，非穆斯林臣民数量剧增，犹太人和基督徒作为‘有经典的人’无疑处于哈里发国家的保护之下”[④]，而传统的伊斯兰教法中对于“有经典的非穆斯林”采取了相对宽容的政策，这类“有经典的非穆斯林”被称作吉玛人。传统伊斯兰国家的吉玛人政策依据《古兰经》对“有经典的非穆斯林”除了赋予相应的

---

① Stanford Shaw, *The Jews of the Ottoman Empire and the Turkish Republic* (London: Macmillan Press, 1991), p. 26.

② Haim Gerber, *Crossing Borders: Jews and Muslims in Ottoman Law, Economy and Society* (Istanbul: The ISIS Press, 2008), p. 36.

③ 〔美〕斯坦福·肖：《奥斯曼帝国》，徐序雅、张忠祥译，青海人民出版社，2006，第 29 页。

④ 哈全安：《阿拉伯伊斯兰国家的起源》，天津人民出版社，2016，第 161 页。

在宗教和日常生活方面的有限的自治以外，对吉玛人从政和婚姻等方面也有相应的限制，法律方面尽管没有对穆斯林绝对的偏袒，但在处理穆斯林与吉玛人的法律问题上则要参考伊斯兰教法。

因此，在奥斯曼帝国初期，特别是在与拜占庭帝国对抗时期，奥斯曼帝国对犹太人采取相对温和的政策（吉玛人政策），以保证在帝国扩张的过程中对包括犹太人在内的“非穆斯林群体”的吸引力。这一方面为帝国的扩张吸引了人才、技术和资金（人头税）；另一方面，在观念上给予拜占庭帝国相应的打击，即以“伊斯兰教对非穆斯林的宽容”（特别表现在对犹太人的宽容）“诱使”拜占庭帝国境内的“非穆斯林群体”有“脱离拜占庭帝国，转而投靠奥斯曼人的观念”。这对奥斯曼帝国进一步征服整个拜占庭帝国起到了重要作用。奥斯曼帝国初期的犹太政策符合伊斯兰教法，因此在帝国境内有缓和民族矛盾的作用，不至于引发被征服地区不同民族间的冲突，有利于帝国内政的稳定，也在帝国的扩张和此后的崛起过程中发挥了积极作用。

二　帝国鼎盛时期的犹太政策（1453~1683年）

“1453年穆罕默德二世征服君士坦丁堡之后不久，确立了管理非穆斯林的米勒特制度。”① 与之前直接借鉴传统伊斯兰国家的吉玛人政策相比，尽管米勒特制度也来源于伊斯兰传统教法，但它作为制度化的处理帝国治下众多非穆斯林群体的体制，无疑在奥斯曼帝国日益扩张的领土和数量众多的非穆斯林群体间产生了更为深远的影响。“帝国政府把这些非伊斯兰教的宗教团体或宗教社区，统称为‘米勒特’，意思是‘奥斯曼帝国内有特殊信仰的集团或民族’。”② 这一制度“将臣民划分为穆斯林米勒特、希腊人米勒特、亚美尼亚人米勒特和犹太人米勒特四大群体”③，并分别使之通过缴纳人头税的方式，享有一定程度的宗教和习俗等方面的自治。尽管在这四大

① 刘珍：《奥斯曼帝国的米勒特制度及其历史影响》，硕士学位论文，辽宁大学，2014，第8页。

② 黄维民：《中东国家通史：土耳其卷》，商务印书馆，2002，第90页。

③ 哈全安：《土耳其史》，天津人民出版社，2016，第32页。

米勒特群体中“犹太人米勒特是最后被确立的”[①]，但犹太人米勒特却享有一定程度的“优先权”。例如：“苏丹穆罕默德二世甚至将犹太人置于了一个能够从经济上控制帝国境内基督教群体的地位，为了防止后者通过经济手段颠覆帝国政权。”[②]

除了确立米勒特制度以外，苏丹穆罕默德二世在征服君士坦丁堡后的两年内通过颁布一系列法令，将伊斯坦布尔建设成了奥斯曼帝国新的首都，此后苏丹穆罕默德二世有一项针对犹太人的迁移政策。这一政策通过强迫和减少税收的方式将帝国境内大量的犹太人迁到了帝国的新首都伊斯坦布尔。1453 年在奥斯曼帝国征服君士坦丁堡以后，帝国以强迫的方式向新首都伊斯坦布尔迁移了大量犹太人。从奥斯曼帝国占领的巴尔干地区到安纳托利亚，包括埃迪尔内在内的近 40 座城市的犹太人都被迁到了伊斯坦布尔。“1477 年奥斯曼帝国的首都伊斯坦布尔，在征服君士坦丁堡后的 1/4 世纪里，共有 1647 户犹太家庭（11529 人），占伊斯坦布尔总家庭数量 16326 户（103621 人）的 10%，其中穆斯林家庭有 9486 户，基督徒家庭有 4891 户。到 1489 年，因为穆罕默德二世推行迁移政策，犹太家庭的数量达到了 2491 户（17437 人），而非穆斯林家庭的总数为 10685 户。”[③]

“1492 年 3 月 31 日，伊莎贝拉和费迪南在埃尔罕布拉宫的会议大厅共同签署了驱逐法令，下令全体犹太人必须 3 个星期内接受天主教信仰，要不改宗就‘命令犹太人在 4 个月的期限内全部离开西班牙’，即同年 7 月的最后一天一定要离开西班牙。但是在后一种情况下，要没收他们的财产归西班牙王国所有。”[④] 此时，奥斯曼帝国正处于苏丹巴耶济德二世（Bayezid Ⅱ，1447–1512）统治时期，距离穆罕默德二世征服君士坦丁堡已将近 40 年，犹太人在伊斯坦布尔贸易和城市发展中都扮演了重要的角色。“犹太人成为各式店铺的店主，为城市的主要市场注入了活力。另外，犹太人迁移到了城市的港口和交通要道，也成为振兴城市商品贸易的重要原因。他们

① Stanford Shaw, *The Jews of the Ottoman Empire and the Turkish Republic* (London: Macmillan Press), 1991, p. 28.

② Stanford Shaw, *The Jews of the Ottoman Empire and the Turkish Republic* (London: Macmillan Press), 1991, p. 29.

③ Stanford Shaw, *The Jews of the Ottoman Empire and the Turkish Republic* (London: Macmillan Press), 1991, p. 37.

④ 徐颖：《1492 年西班牙驱逐犹太人述析》，硕士学位论文，东北师范大学，2011，第 12 页。

与境外商旅及船队的船长都建立了关系。"[①] 考虑到犹太人在帝国境内振兴经济、同时也为帝国提供医疗和技术方面的支持，苏丹巴耶济德二世"宣布：来自西班牙的犹太人将在奥斯曼帝国受到欢迎。他向奥斯曼帝国各行省总督们下令'不要拒绝这些犹太人入境，或给他们带来困难，而要亲切地接待他们'，他的命令使这些遭驱逐的犹太人燃起新的希望。这些犹太人被允许在奥斯曼帝国各地定居"[②]。"西班牙流放的最大的一群犹太人，总共有90000人，去了奥斯曼帝国繁华的城镇。"[③] "西班牙最后一次驱逐（据推测仅仅伊斯坦布尔就有大约36000犹太人定居）。"[④] 奥斯曼帝国的统治阶级在帝国鼎盛时期对犹太人的宽容政策也突出地表现在帝国苏丹对犹太移民的态度上，苏丹巴耶济德二世甚至针对西班牙君主对犹太人的驱逐发表如下评论："当他使自己的土地荒芜而使我们的土地肥沃的时候，你怎么能认为（他）是一个英明的统治者？"[⑤]

西班牙驱逐犹太人时期是犹太人向奥斯曼帝国移民的高峰期，这一时期的奥斯曼帝国无疑对犹太移民采取了包容和欢迎的态度。事实上，在西班牙君主大规模驱除犹太人以前，处于鼎盛时期的奥斯曼帝国也对来自欧洲的犹太人表示欢迎，鼓励犹太人移民到帝国境内，甚至对境外的犹太人提供一定程度的政治庇护。例如："仅仅在征服君士坦丁堡三天后，苏丹穆罕默德二世曾写信邀请居住在欧洲的犹太人迁居到伊斯坦布尔。"[⑥] 1492年以前，包括匈牙利、神圣罗马帝国、威尼斯[⑦]等欧洲国家驱逐的犹太人，都迁移到了奥斯曼帝国境内。值得注意的是，"1556年3月，奥斯曼帝国苏丹苏莱曼大帝致函罗马教皇保罗四世，要求他立即释放马兰内，宣布他们为

---

① Muharrem Gürkaynak, "Osmanlı devleti ' inde millet sistemi ve Yahudi milleti," Süleyman Demirel Üniversitesi İktisadi ve İdari Bilimler Fakültesi, 9（2003）：281.

② 黄陵渝：《土耳其犹太人与犹太教》，《西亚非洲》2004年第4期，第73页。

③ 〔英〕马丁·吉尔伯特：《五千年犹太文明史》，蔡永良、袁冰洁译，上海三联书店，2010，第114页。

④ Stanford Shaw, *The Jews of the Ottoman Empire and the Turkish Republic*（London：Macmillan Press），1991，p. 37.

⑤ 〔美〕罗伯特·M. 塞尔茨：《犹太的思想》，赵立行、冯玮译，上海三联书店，1994，第459~460页。

⑥ Stanford Shaw, *The Jews of the Ottoman Empire and the Turkish Republic*（London：Macmillan Press），1991，p. 29.

⑦ 威尼斯共和国，意大利北部城市共和国，位于亚得里亚海北岸；始建于公元687年，1797年被拿破仑·波拿巴所灭；统治中心在威尼斯。

奥斯曼帝国公民；教皇别无选择地释放了他们，因为奥斯曼帝国在当时是‘超级大国’”。[①]

奥斯曼帝国在鼎盛时期对犹太人的宽容和开放政策除了反映在对犹太移民的欢迎和对境外犹太人一定程度上的政治庇护外，也表现在国内政治和文化上。1512 年奥斯曼帝国征服了巴勒斯坦，耶路撒冷作为圣城在奥斯曼帝国的鼎盛时期对犹太人依然采取了宽容和较为开放的政策。从奥斯曼帝国统治耶路撒冷前后犹太人的生活状况对比可清楚地看到这一宽容与开放的犹太政策对帝国治下的犹太人的影响。“1491 年，西班牙驱逐犹太人的前一年，一位来自波西米亚的基督教朝圣者马丁·卡布塔尼克（Martin Kabtanik）在他《耶路撒冷之行》一书中写道：‘那里没有多少基督徒，但犹太人很多，他们遭受着各式各样的迫害。’1512 年奥斯曼土耳其征服巴勒斯坦后，恢复了宽容的统治，犹太人的生活又有了新的生机。”[②] 由此可见，奥斯曼帝国在鼎盛时期的犹太政策以其相对的宽容与开放性促进了帝国治下的犹太社区和犹太教的发展传播，同时也在相对自由的经济环境下促进了犹太人经济和贸易的发展繁荣。

尽管在米勒特制度下非穆斯林群体只有在放弃了原有的宗教，皈依伊斯兰教才有参军和从政的权利，“但奥斯曼帝国并没有严格执行对犹太人的限制和歧视性的法令。”[③] 奥斯曼鼎盛时期治下的犹太人除了经商以外，也有在宫廷当医生和在政府部门特别是在帝国外交部门从事外交活动的情况。在西班牙犹太人迁移到奥斯曼帝国以前，在奥斯曼宫廷服务的犹太人多是医生，穆拉德二世（Murad Ⅱ，1403－1451）时期，一位皈依伊斯兰教不久的犹太人医生在担任伊沙克帕夏（Ishak Paşa）的首席医生后，全家人都获得了免税的特权；而在苏丹穆罕默德二世时期，苏丹的首席医生犹太人雅库布（Yakub）是在去世前不久才皈依伊斯兰教的。他曾经多次随同苏丹穆罕默德二世狩猎，并在帝国的财政部门工作过一段时间。另外，雅库布医生曾在帝国的外交部门工作过，而他的收入全部免税。“在这个时期，犹太

① 黄陵渝：《土耳其犹太人与犹太教》，《西亚非洲》2004 年第 4 期，第 73 页。

② 〔英〕马丁·吉尔伯特：《五千年犹太文明史》，蔡永良、袁冰洁译，上海三联书店，2010，第 115 页。

③ 章波：《15 世纪后期—16 世纪奥斯曼帝国犹太人状况研究》，博士学位论文，南京大学，2011，第 33 页。

人（在帝国的）外交领域担任了顾问、翻译甚至是作为大使派往国外的情况都是可以得到证实的。”① 自 1492 年大量西班牙犹太人迁移到奥斯曼帝国以后，在外交等政府部门工作的犹太人数量增加，主要原因是奥斯曼帝国在扩张过程中增加了与欧洲国家的交往和外事活动，而从西班牙等欧洲国家迁移到奥斯曼帝国境内的犹太人，在语言和习俗方面正好满足了奥斯曼帝国对外事人才的需求。“一些犹太人，如著名的约瑟夫·纳西（Joseph Nasi，1520？-1579）在苏莱曼大帝和塞利姆二世（Selim II）统治时期升为在奥斯曼帝国宫廷服务的高官。”②

另外，奥斯曼帝国鼎盛时期相对宽容和开放的犹太政策也促进了犹太文化教育和传播。“根据奥斯曼帝国的传统，每个非穆斯林社团应对自己包括（学校）在内的宗教建制负责。”③ 1492 年大量犹太移民迁移到伊斯坦布尔之前，帝国境内开办的犹太人学校并不多见，来自西班牙的犹太移民不仅带来了欧洲的先进技术，也为帝国境内犹太文化和语言的学习创造了条件，而奥斯曼帝国这一时期宽松的文化政策也为犹太文化的传播创造了合适的环境。

三　帝国衰落时期的犹太政策（1683~1922 年）

自 16 世纪起，尽管奥斯曼帝国的领土和边界仍然广阔，但随着新航路的开辟，欧洲基督教文明的再次崛起，帝国的陆路和海路都受到欧洲人前所未有的封锁。贸易和对外征服的不利处境使得奥斯曼帝国无法像鼎盛时期那样通过对外扩张和贸易获得维持帝国运转的财富，因此帝国为了保证财政收入，加重了对犹太人的税收。“帝国财政部门的代理人不仅要从犹太人那里收取官方的税收，也要收取特殊的战争税，甚至向生意人和财富的拥有者收取额外费用。”④ 但帝国境内的犹太人面临着与帝国相似的状况，

---

① Musa Kılıç, “Osmanlı Diplomasisi Hizmetinde Yahudiler,” in İbrahim Erdal and Yunus Özger ed., *Türk Sosyal ve Siyasi Hayatında Yahudiler* (İstanbul: IQ Kültür Sanat Yayıncılık, 2011), s. 94.

② 黄陵渝：《土耳其犹太人与犹太教》，《西亚非洲》2004 年第 4 期，第 74 页。

③ 黄陵渝：《土耳其犹太人与犹太教》，《西亚非洲》2004 年第 4 期，第 74 页。

④ Stanford Shaw, *The Jews of the Ottoman Empire and the Turkish Republic* (London: Macmillan Press), 1991, p. 120.

犹太商人在对外贸易时受到欧洲基督教世界的排挤，贸易状况已大不如前。值得注意的是，与这一时期的犹太人相比，奥斯曼帝国治下的希腊人和亚美尼亚人（隶属于基督教米勒特）却在帝国的商业领域取得了前所未有的成功。因为他们的信仰同基督教欧洲的共性，帝国境内的基督教米勒特在与欧洲的基督教国家贸易时相比犹太人更具优势，同时也使得欧洲国家更为排挤犹太人。犹太商人在这一时期往往被禁止进出口商品，欧洲国家与奥斯曼帝国签订协议，对帝国境内的基督徒实行包括法律、经济、贸易等方面的优惠政策，同时给予免税的特权；但这一协议对犹太人无效。随着与欧洲贸易的优惠政策的实行，奥斯曼帝国境内的基督教米勒特与欧洲商人甚至政界结成了更为紧密的联系，“奥斯曼帝国的希腊富人和亚美尼亚富人，经常将他们的子女送去欧洲读大学”①。政策的扶持以及与欧洲联系的紧密使得奥斯曼帝国的基督教米勒特逐步取代了犹太人在奥斯曼帝国经济上的地位。另外，随着禁卫军②在帝国内权力的逐步上升，“他们通过直接的暴政、重税和对犹太家庭、店铺的抢劫掠夺，将仇恨施加于犹太人”③。

1683 年第二次维也纳战役（İkinci Viyana Kuşatması）以失败告终，奥斯曼帝国的大维齐尔卡拉·穆斯塔法（Kara Mustafa）遭受处决，奥斯曼帝国在欧洲的扩张终止，被迫处于对欧洲的防守状态，帝国对治下犹太人的保护能力开始减弱。1683 年，一部分奥斯曼帝国欧洲的领土被欧洲士兵占领，这些士兵在占领后的第一个行动，就是加入当地基督徒屠杀犹太人、驱逐犹太人和抢夺犹太人财富的行列。与鼎盛时期苏莱曼大帝致函教皇保罗四世要求释放犹太人，对境外的犹太人提供政治庇护相比，帝国衰落时期的奥斯曼帝国甚至难以保护在帝国的欧洲省份从事贸易活动的犹太人商旅。“对犹太人的袭击同时反映了奥斯曼帝国中央集权的衰落以及行省和地

---

① Doğa Subaşı, “Osmanlı İmparatorluğu'nda Sefardiler,”, İbrahim Erdal and Yunus Özger, ed., *Türk Sosyal ve Siyasi Hayatında Yahudiler* (İstanbul: IQ Kültür Sanat Yayıncılık, 2011), s. 142.

② 注释：Kapıkulu ocakları，14 世纪起，奥斯曼帝国在被征服的基督教家庭中，挑选最强健的男童并使之改信伊斯兰教、学习奥斯曼土耳其语（Osmanlıca）、接受军事训练，组成禁卫军；禁卫军步兵的现代土耳其语为 Yeniçeri；而 Devşirme 是指挑选非穆斯林少年对其进行教育、改宗，使其成为禁卫军的制度，或译为血贡制度。

③ Stanford Shaw, *The Jews of the Ottoman Empire and the Turkish Republic* (London: Macmillan Press), 1991, p. 121.

方权力的扩大对苏丹的权利的抗衡。"①

尽管在帝国衰落时期，奥斯曼帝国的犹太政策在经济上以苛捐杂税和对外贸易的限制对犹太米勒特产生了不利影响，在政治上禁卫军的暴政以及帝国对犹太人保护能力的下降使得帝国治下的犹太人的生活处境与帝国的鼎盛时期相比每况愈下，但米勒特制度延续的宗教和文化层面的自治，还是比较宽容的。17 世纪，奥斯曼帝国犹太人生活中发生了一件重要的事，即出现了犹太史上影响最大的"假弥赛亚运动"②。就"假弥赛亚运动"而言，一开始奥斯曼帝国的统治者对这一情况并不敏感，受到反对这一事件的犹太人的影响后，才强令沙巴泰·泽维（Sabbatai Zevi）在改宗伊斯兰教与死刑之间选择。选择改宗的沙巴泰·泽维在犹太人的世界引起了巨大反响，但他的追随者的数量仍然在上升，甚至有许多追随者也改宗伊斯兰教。由此可见，在奥斯曼帝国衰落时期的犹太政策，仍然延续了帝国鼎盛时期米勒特制度中对犹太人宗教信仰相对宽容的态度。犹太米勒特内部宗教的传播与发展没有受到帝国对犹太人经济与政治态度的波及，只是在犹太米勒特内部的宗教运动演化为动摇帝国宗教和政治基础时，帝国统治阶级才会采取直接干预的措施，但帝国统治阶级对犹太宗教事务的干涉并非像经济与政治那样带有压迫的性质，而是采取了较为宽松的模式，即在事件开端没有过多干预，在事件演进到社会和政治层面时也没有立即处死沙巴泰·泽维而是让他在改宗与死刑之间做出选择。

奥斯曼帝国衰落时期的米勒特制度一直延续到 1856 年的坦齐马特改革（Tanzimat）时期。坦齐马特改革使得这一时期包括犹太人在内的非穆斯林群体在帝国法律下处于相对平等的地位。奥斯曼帝国在受到西方文明冲击的过程中，不断进行西化改革，犹太人在帝国西化改革中逐渐重新处于相对优势的地位，但随着欧洲的基督教文明向奥斯曼帝国的进一步扩张，帝国的解体使得犹太人失去了奥斯曼帝国的庇护，特别是在希腊地区从事贸易的犹太人自希腊被基督徒征服且脱离奥斯曼帝国的控制后，面临着来自基督教世界的新的压力。

尽管坦齐马特改革结束了在奥斯曼帝国实行了超过 400 年的米勒特制

---

① Stanford Shaw, *The Jews of the Ottoman Empire and the Turkish Republic* (London: Macmillan Press), 1991, p. 121.

② 黄陵渝：《土耳其犹太人与犹太教》，《西亚非洲》2004 年第 4 期，第 74 页。

度，但法律和制度上的改变，并未立即作用到帝国实际对非穆斯林群体的管理上，由于税收问题犹太人与其他非穆斯林群体仍受到帝国统治阶级的不公正对待。例如：在奥斯曼帝国西化改革过程中，“犹太税收官恰拉比·卡尔莫纳（Çelebi Carmona，1773-1826），于1826年被苏丹下令处决，原因是他干涉了禁卫军的财政”①。虽然在坦齐马特时期奥斯曼帝国在官员任命和等级制度上仍然有米勒特制度的残留，但与此前犹太团体的大拉比相比西化改革时期帝国治下的犹太税收官是帝国官方任命的正式官员。阿卜杜勒·哈米德二世（Abdülhamid II，1876～1909在位）统治时期的1879年，奥斯曼帝国成立了专门的统计部门（Sicill-Ahval Komisyon），该部门发布了一份官员统计名单（Sicil-i Ahval Defteri）。“官员统计名单共登记了92000名官员，其中犹太官员共有85人”②，犹太官员的数量不到帝国官员总数的1‰。“1883年奥斯曼帝国的总人口为17375225人，犹太人的总人口为184139人”③，犹太人口占帝国总人口的1%。因此，尽管犹太官员的任命和犹太人在帝国境内的政治地位得到了官方的认可，但从坦齐马特时期犹太官员的人数上不难看出，经历了西化改革的奥斯曼帝国对待犹太民族的政策仍然是不完全公正的。

在实行西化改革的半个世纪里，犹太人在奥斯曼帝国治下的政治处境得到了一定改善，对外贸易限制也较19世纪初有所减轻。在文化层面上，随着西化改革的推进，法语在犹太人社区流行。1860年法国巴黎成立了“世界犹太人联盟（法文：Alliance Israélite Universelle）”，这一旨在通过教育领域的合作帮助世界犹太人的组织迅速在奥斯曼帝国境内扩展。“1913年，西至摩洛哥东到伊朗，有43700名犹太学生接受教育，有183座学校建立。”④“到20世纪初世界犹太人联盟的学校以难以置信的速度普及。伊斯

① Stanford Shaw, *The Jews of the Ottoman Empire and the Turkish Republic* (London: Macmillan Press), 1991, p. 151.

② Yunus Özger, “II. Abdülhamit Devrinde Bürokrasinde Görev Alan Yahudi Memurlar,” İbrahim Erdal and Yunus Özger, eds *Türk Sosyal ve Siyasi Hayatında Yahudiler* (İstanbul: IQ Kültür Sanat Yayıncılık, 2011), ss. 195-196.

③ Stanford Shaw, *The Jews of the Ottoman Empire and the Turkish Republic* (London: Macmillan Press, 1991), p. 273.

④ Doğa Subaşı, “Osmanlı İmparatorluğu'nda Sefardiler,” İbrahim Erdal and Yunus Özger, eds., *Türk Sosyal ve Siyasi Hayatında Yahudiler* (İstanbul: IQ Kültür Sanat Yayıncılık, 2011), s. 150.

坦布尔、伊兹密尔（İzmir）、萨洛尼卡（Selanik）等大城市都有至少一所这样的学校免费授课。”① 随着衰落时期奥斯曼帝国西化改革的推进，欧洲特别是法国对帝国政治和文化上的影响日益突出。在与欧洲贸易的过程中，犹太人在与欧洲人特别是法国人交往时，受到奥斯曼帝国西化政策的鼓励也自然地接受了来自法国的犹太思想的影响。

1912 年巴尔干战争使得衰落时期的奥斯曼帝国丧失了几乎全部的欧洲领土，同年希腊士兵占领了奥斯曼帝国犹太人的“宗教和文化中心的萨洛尼卡”②。此时的奥斯曼帝国已无力对当地的犹太人实施保护。当时在萨洛尼卡担任世界犹太人联盟学校校长的约瑟夫·奈哈玛（Yosef Nehama）在信中如此表述：“此后，我们将面临怎样的状况？我们的运气会怎样？很担心情况会变得更糟。许多人说（城市）被毁，犹太人的敌人和战争造成的经济困难会让他们集体离开萨洛尼卡。就像在任何时候都镇定自若的，我们的管理者都在说的那样，看吧，上帝保佑。”③

结 语

奥斯曼帝国初期（1299~1453 年），欧洲的基督教国家特别是拜占庭帝国在与奥斯曼帝国的战争交往中处于相对劣势的地位，奥斯曼帝国通过对拜占庭帝国武力的征服以取得土地和人口。生活在拜占庭帝国的犹太人，在奥斯曼帝国不断征服的过程中逐渐成为奥斯曼帝国的臣民；帝国境内的犹太人作为“有经典的非穆斯林”在奥斯曼帝国对吉玛人的政策下相比生活在拜占庭帝国和其他基督教欧洲国家的犹太人而言，无论是宗教，还是经济领域，都更为自由；奥斯曼帝国的统治者对内实行宽容的民族政策本身在彰显帝国的权力的同时确保了国内的稳定，对外也展示了帝国的威望。

---

① Doğa Subaşı, “Osmanlı İmparatorluğu’nda Sefardiler,” İbrahim Erdal and Yunus Özger, eds., *Türk Sosyal ve Siyasi Hayatında Yahudiler* (İstanbul: IQ Kültür Sanat Yayıncılık, 2011), s. 150.

② Muharrem Gürkaynak, “Osmanlı devlet’inde millet sistemi ve Yahudi milleti,” *Süleyman Demirel Üniversitesi İktisadi ve İdari Bilimler Fakültesi*, 9 (2003): 281.

③ 见 1912 年 10 月 12 日希腊犹太人联盟档案，转引论文为土耳其文（Alyans Örgütü Arşivi, Yunanistan, 1.C.51, 12 Kasım 1912 转引自 Doğa Subaşı, “Osmanlı İmparatorluğu’nda Sefardiler,” İbrahim Erdal and Yunus Özger, eds., *Türk Sosyal ve Siyasi Hayatında Yahudiler* (İstanbul: IQ Kültür Sanat Yayıncılık, 2011), s. 150。

君士坦丁堡的犹太人甚至协助奥斯曼帝国实现对拜占庭帝国的征服，这一事件恰好反映了帝国初期实行相对宽容犹太政策主要是服务于帝国的对外扩张的目的。

奥斯曼帝国鼎盛时期（1453～1683 年）实行适度的增强权力的政策。自苏丹穆罕默德二世于 1453 年征服君士坦丁堡定都伊斯坦布尔以来，尽管帝国对外征服并没有停止，但直到 1683 年第二次维也纳战役以失败告终，帝国对外征服结束，奥斯曼帝国并未真正动摇基督教欧洲，也没有直接从这些欧洲国家获得土地和人口。但穆罕默德二世创立的延续了 400 年的米勒特制度，从帝国制度和法令的层面肯定了非穆斯林，特别是犹太人自治的权利，相比其他非穆斯林族群犹太人在帝国的米勒特体制中甚至处于较高的地位。另外，穆罕默德二世通过强制和利诱（减少税收）的方式，将帝国境内的众多犹太人迁徙到伊斯坦布尔，以显示帝国首都的繁华和包容。苏丹巴耶济德二世对来自西班牙的犹太难民表示接纳和欢迎，苏莱曼大帝修书教皇对境外的犹太人提供政治庇护等，都是帝国鼎盛时期对内显示权力、对外展示威望政策的表现，同时也起到了吸引犹太移民、增强帝国威慑力的作用。除此之外，帝国对外征服在帝国鼎盛时期仍在持续，比如巴勒斯坦等地区的犹太人在这一时期成为奥斯曼帝国的臣民，耶路撒冷成为帝国的领土等，同样显示出帝国在这一时期的犹太政策存在适度的增强帝国权力的内涵。

奥斯曼帝国衰落时期（1683～1922 年），随着欧洲基督教文明的冲击，奥斯曼帝国已经失去了对外扩张和征服的能力，甚至难以在帝国的欧洲行省内对犹太人进行有效的保护，同时贸易的不利处境也导致帝国加强了对犹太人的管控和税收（特别是 19 世纪初禁卫军统治时期）。但这一时期奥斯曼帝国的犹太政策已经无法控制或者间接控制境外的犹太人，对犹太人的管控也仅仅局限在帝国境内，甚至管控的范围随着帝国领土逐渐丧失而日渐缩小，帝国已无力改变对犹太人权力的分配，因此衰落时期的奥斯曼帝国相比帝国初期和鼎盛时期更倾向于对内保持对犹太人的权力，对外奉行保护现状政策。另外，西化改革的推进、米勒特制度的废除使得犹太人和其他非穆斯林群体在帝国的法律上获得了同穆斯林一样的“帝国公民地位”。尽管这样的平等地位存在局限性，但从此时内政改革的角度看，帝国境内的非穆斯林群体享有和穆斯林一样的地位，无疑彰显了帝国的平等和权威。因此，衰落时期奥斯曼帝国的统治阶级试图通过显示权力，实现维护帝国对犹太人以及众多非穆斯林群体的统治，达到维持多民族国家稳定的目的。

（作者单位：四川外国语大学国际关系学院）

A Research on the Jewish Policy of the Ottoman Empire

Liu Yunze

Abstract: Based on historical research on the historical facts of the Jewish community and Jews dominated by the Ottoman Empire, this paper discusses the Jewish policies and their influence on Jews in the periods of the early Ottoman Empire, in its heyday and in the time of its decline. In view of the changes in the national policy of the Ottoman Empire on Jews at different times, this paper summarizes three basic modes of the Ottoman Empire's national policy for Jews and other non-Muslim groups in the empire during different periods of domestic politics and foreign affairs.

Keywords: Jews; The Ottoman Empire; The Millet System

浅析巴比伦流放归来后的犹太民族意识

——以《以斯拉记》《尼希米记》《以斯帖记》为解读文本

张　玉

内容提要　在经历了巴比伦流放之后，犹太民族呈现散居的生活状态，他们没有自己的国家政权，不得不接受异族的统治，其社群的发展也日趋多元化。随着生存状态的变化，犹太人的民族意识也发生了改变。《以斯拉记》《尼希米记》《以斯帖记》在一定程度上反映了巴比伦流放归来后犹太民族的生活。在这三个文本中，犹太人的民族意识有着不同的表现方式，如民族身份的认同方法、民族意识的种类以及民族意识中“上帝的选民”的指向都各不相同。本文通过研究这些文本，探讨巴比伦流放归来后的犹太民族意识。

关键词　流放归来　波斯帝国　犹太散居社群　犹太民族意识

公元前722年，亚述人灭北方以色列国；公元前586年，南方的犹大国为巴比伦人所灭，第一圣殿被毁，几乎所有的犹太王族和贵族被掳掠到巴比伦。一个完整的以色列国家成为分散于西亚各地的众多犹太社群。以色列人分散居住在不同的政治、文化环境之中，社群的发展日趋多元化。公元前538年，一部分犹太人在波斯王居鲁士的准许下回归巴勒斯坦。[①] 巴比伦流放归来后，犹太社群呈现更加丰富的多元化状况。

在统一王朝时期，犹太人有自己的国家政权和领土。但巴比伦流放归来后，在失去国家政权、接受异族统治的情况下，“上帝的选民”的民族意

① Jonathan Stökl, Caroline Waerzegger eds., *Exile and Return: The Babylonian Context* (Berlin/Boston: De Gruyter, 2015), pp. 7-11, 30, 226.

识是如何在《圣经》文本中得到反映的呢？散居波斯帝国的犹太人又是如何保存自己独特的民族身份的呢？

《以斯拉记》《尼希米记》《以斯帖记》是在一定程度上反映这一时期情况的《圣经》文本，我们暂且不深入讨论《圣经》文本是否可以被视为确凿的史实依据，而不妨将这些文本理解为作者与这一时期的犹太社群之间的对话，在此基础上探讨这些文本所反映的包括确定犹太民族身份等的犹太民族意识问题，以及犹太民族应对这个问题的不同方式。

一 散居状态下犹太人的民族意识

《以斯拉记》《尼希米记》《以斯帖记》的写作背景都属于巴比伦流放归来后的这一时期。在这一时期，散居的犹太社群最迫切需要在新的时代实现民族身份的认同，抑或确定自己的身份。

（一）犹太民族身份的确定

通过对《以斯拉记》《尼希米记》《以斯帖记》三个文本的阅读和研究，笔者发现，巴比伦流放归来后，犹太社群处于散居状态，其确定犹太民族身份的过程可大致划分为三个阶段：

1. 在对比中界定犹太社群与异族的区别

首先，分析《以斯拉记》与《尼希米记》中对犹太民族身份的认同。在《以斯拉记》中有这样的叙述："犹大和便雅悯的敌人，听说被掳归回的人为耶和华以色列的神建造殿宇，就去见所罗巴伯和以色列的族长。"[①] "亚达薛西年间，比施兰、米特利达、他别和他们的同党，上本奏告波斯王亚达薛西，本章是用亚兰文字、亚兰方言。省长利宏、书记伸帅要控告耶路撒冷人，也上本奏告亚达薛西王。省长利宏、书记伸帅和同党的底拿人、亚法萨提迦人、他毗拉人、亚法撒人、亚基卫人、巴比伦人、书珊迦人、底亥人、以拦人，和尊大的亚斯那巴所迁移、安置在撒马利亚城，并大河

① 本文所引的圣经文字均来自《圣经》（中英对照），中国基督教三字爱国运动委员会，中国基督教协会，2007，下文不再注版本信息。《以斯拉记》4：1。

西一带地方的人等，上奏亚达薛西王说，河西的臣民云云。”[①] 表面上，这里只是叙述了犹大和便雅悯的敌人，列举了耶路撒冷人与其他各族人，但我们由此得到的，绝不仅仅局限于对不同民族的介绍或者是对各民族的简单区分，而是《以斯拉记》不断地以异族作为“他者”，从而衬托出“自我”的民族身份的良苦用心。这种在对比中寻找民族身份的叙述手法在《尼希米记》中也不难找到。[②]

犹太民族是“上帝的选民”这一观念可谓由来已久，而且这也是犹太教的重要特征之一。但是，由于上古西亚是一个大国更迭、文化和宗教交融不断的地区，因此，犹太民族的种族纯净势必会受到影响和挑战。当以斯拉得知有犹太人为自己和儿子娶了外邦女子为妻，“以致圣洁的种类和这些国的民混杂”，“就撕裂衣服和外袍，拔了头发和胡须，惊惧忧闷而坐”[③]。于是，他令犹大和便雅悯众人于九月二十日聚集在耶路撒冷神殿前的宽阔处，宣告说，“你们有罪了，因你们娶了外邦的女子为妻，增添以色列人的罪恶。现在当向耶和华你们列祖的神认罪，遵行他的旨意，离绝这些国的民和外邦的女子”[④]，并于十月初一开始查办实施这事。后来，当尼希米得知犹太人又有同异族通婚的现象时，特别是当他得知祭司以利亚实与多比雅结亲，并为其在神殿的院内预备屋子时，他更是怒不可遏，毅然向王告假返回耶路撒冷。“我甚恼怒，就把多比雅的一切家具从屋子里都抛出去，吩咐人洁净这屋子，遂将神殿的器皿和素祭乳香又搬进去。”[⑤] “这样，我洁净他们，使他们离绝一切外邦人，派定祭司和利未人的班次，使他们各尽其职。”[⑥] 显然，以斯拉和尼希米的目的都是一致的：禁止与非犹太人通婚，保持民族成分的纯洁，从而最终确保犹太社群与异族的区别并以此实现犹太民族身份的认同。

其次，分析《以斯帖记》中对犹太民族身份的认同。末底改与哈曼是《以斯帖记》中的两位主角，二者在故事中登场之时其民族身份就已被暗示

---

① 《以斯拉记》4：7—11。
② 《尼希米记》4：1—8。
③ 《以斯拉记》9：2—3。
④ 《以斯拉记》10：10。
⑤ 《尼希米记》13：8—9。
⑥ 《尼希米记》13：30。

了。民族身份可谓他们与生俱来的存在属性。“书珊城有一个犹大人，名叫末底改，是便雅悯人基士的曾孙、示每的孙子、睚珥的儿子。”[①] “这事以后，亚哈随鲁王抬举亚甲族哈米大他的儿子哈曼，使他高升，叫他的爵位超过与他同事的一切臣宰。”[②] 作者以这样的方式来叙事，显然是为了突出谱系的重要性。根据《撒母耳记上》的记录，便雅悯人基士是以色列历史上第一个王扫罗的父亲。[③] 这样一来，末底改便与以色列民族的代表人物之一——扫罗有着密切的血缘关系。对于哈曼，作者则将其叙述为亚甲人。亚甲是亚玛力人的王，而亚玛力人则可谓以色列人的世仇，同样根据《撒母耳记上》：“扫罗击打亚玛力人，从哈腓拉直到埃及前的书珥，生擒了亚玛力王亚甲，用刀杀尽亚玛力的众民。”[④] 可以说，作者如此精心地勾画了两主角末底改和哈曼的血统谱系，其目的即是确定散居犹太人的民族身份。

《以斯帖记》的叙事方法时刻彰显着这样一种理念：每一个犹太人，都是犹太社群的代表，都承袭着犹太民族的血统和历史。“犹太民族”已不仅仅是一个群体所属的指称性词语，更重要的是，这一词语强烈地表达了“民族”之作为每一个犹太人生存身份的基本观念。末底改和哈曼之间的争斗无疑是《以斯帖记》故事的主线之一，然而这一争斗后来竟演变成为两族之间的仇杀。哈曼的异族身份永远是末底改的民族身份的一面反射镜，而面对这一反射镜，末底改所代表的犹大人找到了自己的身份——犹太民族。《以斯帖记》正是通过叙述末底改与哈曼之间的对立，来表现两个民族之间的对立，从而让犹太人得以在对立之中寻找民族身份，在他者中寻找自我。这种在对比中寻找民族身份的叙述，与《以斯拉记》《尼希米记》的手法可谓异曲同工。

2. 将“神圣”的原则转化为犹太生活方式

根据塞西尔·罗斯的观点，早在灾难降临之前就已有像阿摩司、耶利米和以赛亚那样的先知预见了他们命运的变迁，因此，犹太人的流亡就只能被看作一种惩罚而不是一场灾难。于是，犹太民族对祖先们所发现的那位唯一的上帝的忠诚变得更加坚定，并没有由于一个外来“神祇”表面上

---

① 《以斯帖记》2：5。

② 《以斯帖记》3：1。

③ 《撒母耳记上》9：1。

④ 《撒母耳记上》15：7—8。

的胜利而消失。“这些被迫远徙他乡的移居者因而能够保留他们自己的种族、自己的语言和自己的宗教。他们随身带进这块囚禁地的有（不管是口传的，还是文字的）《律法书》，同他们最敬爱的国王大卫的名字密切相关的宗教诗歌，各个古代王朝的编年史，‘先知’呼吁正义并谴责个人和民族罪行的各种材料，等等。为了安抚自己失去祖国的伤痛，他们开始以日益高涨的热情研究这些丰富的文献，不断进行精选、编排、眷抄，当他们凑在一起的时候还会高声朗读。以前曾是他们宗教生活中心的耶路撒冷的圣殿已经化为一片废墟，他们不可能在被囚禁的土地上制造出一个同样的替代物。因此，礼拜取代了献祭，阅读和讨论古老文献的祈祷会在当时几乎成了一种固定的制度。”[①] 公开阅读和阐释《圣经》逐渐形成惯例并最终成为一种制度，“祈祷所”也在远离圣殿的地区建立起来，这就是后来的“犹太会堂”（Synagogue）[②]，它作为一个失去家园的民族汇聚的中心，让这些聚会上的人们得以诵读并宣讲《圣经》，随着时间的推移，人们又增添了祷告，犹太会堂便演化成了一个礼拜的场所。于是，当圣殿不复存在、古老的诸如“献祭”等敬畏“神圣”的方法不再能够实行之时，对“神圣”本身的敬畏部分地转变成了将“神圣”的原则付诸日常生活之中的行动，其中相当一部分则直接成为犹太民族以及犹太教的习俗。这种转变在尼希米和以斯拉的改革措施中表现得更加具体。

波斯帝国是犹太民族自公元前 586 年“巴比伦之囚”以来所遇到的最为宽容的帝国权力。[③] 由于统治者对境内各民族各宗教都比较尊重，因此，各民族及宗教在这一时期的相互影响和相互渗透就在所难免。针对这种情况，尼希米和以斯拉先后回到巴勒斯坦展开了影响深远的道德复兴工作，并实行了一系列改革措施。其中的规定包括：禁止与异族通婚；土地每耕种六年，第七年必须休耕；[④] 债务每逢七年一个周期，七年当中的末年是豁

① 〔英〕塞西尔·罗斯：《简明犹太民族史》，黄福武、王丽丽等译，山东大学出版社，2004，第60 页。

② Lawrence H. Schiffman, *From Text to Tradition: A History of Second Temple and Rabbinic Judaism* (Hoboken, NJ: KTAV), 1991, p. 164.

③ Shalem Yisrael, *Second Temple Period (538 B. C. E. to 70 C. E.) Persian Rule* (Internet Educational Activities), 1997.

④ 《出埃及记》23：10—11。

免年，债主不可向邻舍和弟兄追讨债务，若借给外邦人，则可向其追讨；[①]圣殿修护以及利未人祭司所需的费用必须定期缴纳；安息日必不可以任何方式进行商业活动；等等。这一系列改革措施正是犹太人坚守自己的宗教信仰和习俗的表现。如今的礼拜取代了古老的献祭，涵盖广泛的律例彰显了“神圣”原则的普及，而坚守习俗更是对“神圣”敬畏的表现。这样一来，“神圣”不但没有远离犹太人，反而更加贴近了他们的生活。犹太教不尚信条和教义，其核心是“行”，可谓尚行之教。也就是说，相较于其他宗教信徒对“信仰”的重视，犹太人更加注重他们每日实践的“行为”。教义或信条在犹太教中是无关宏旨的，甚至是可有可无的。高高在上的神圣原则在犹太人那里，被时时刻刻内化为“德行”并外化为“善行”。

“如果说《以斯帖记》与《以斯拉记》《尼希米记》之间有什么共同性的话，那么，在这些文本中都体现着这样的潮流。他们对于‘神圣’的理解，不再是完全超自然的，而是具有世俗倾向。”[②] 也就是说，在流放归来后的犹太散居社群那里，“神圣”的降临已不是被设定在未来，是一个“末世论”事件，而是要将其实行于日常生活之中，并将“神圣”的原则现实地转化为日日践行的生活方式。

3. 通过遵守律法维护犹太民族身份

《以斯帖记》中对犹太人有这样的叙述：“哈曼对亚哈随鲁王说，有一种民，散居在王国各省的民中，他们的律例与万民的律例不同，也不守王的律例，所以容留他们与王无益。王若以为美，请下旨意灭绝他们。”[③] 可见，遵行自己的律法使犹太人得以能够区别于异族，但正因为如此，他们才招致外邦人的憎恨和迫害。然而，即使在上述这种危险和紧急的状况下，犹太人仍然坚决遵行自己的律法，坚守信仰，毫不动摇，直至作为波斯王后的犹太人以斯帖与外邦人斗智斗勇终使犹太人得胜，“亚达月十三日，行了这事。十四日安息，以这日为设筵欢乐的日子”[④]，“如今都以亚达月十四

---

① 《申命记》15：1—6。

② 李炽昌、游斌：《生命言说与社群认同：希伯来圣经五小卷研究》，中国社会科学出版社，2003，第 78 页。

③ 《以斯帖记》3：8—9。

④ 《以斯帖记》9：17。

日为设筵欢乐的吉日，彼此馈赠礼物”[①]。由此可见，犹太人通过遵守律法维护着自己的民族身份，践行着《托拉》。“他们严格遵守着某些宗教习俗（例如守安息日），从此便成为他们最典型最完美的特征。”[②]

摩迪凯·开普兰在其著作《犹太教：一种文明》中曾指出：“作为一个契约，《托拉》是一种象征，代表了一种真理，说明一个民族之所以如此，并不是因为共同的祖先或血统上的近亲关系这种偶然因素，而是由于那些构成这个民族的人一致同意生活在一起，并且把自己共同的过去作为一个共同未来的激励力量。在这种一致性中所表现出来的整体意志是一种精神黏合剂，从而把一个民族的成员团结在一起。”[③] 毫无疑问，《托拉》也就是说律法是赋予犹太人以民族性的主要工具，而《托拉》再次被犹太人作为自己集体生活的权威性工具正式地予以接受的时代正是以斯拉和尼希米的时代。正如亚伯拉罕·科恩所言：“当《托拉》被以色列人遗忘时，是以斯拉从巴比伦赶来并重新确立了它的地位。”[④]

《以斯拉记》记载：“这以斯拉从巴比伦上来，他是敏捷的文士，通达耶和华以色列神所赐摩西的律法书”[⑤]，“以斯拉定志考究遵行耶和华的律法，又将律例典章教训以色列人”[⑥]。而根据《尼希米记》：“以斯拉站在为这事特备的木台上”[⑦]，在会众面前读律法书，利未人等则协助他“讲明意思，使百姓明白所念的”[⑧]。后来，犹太人还“立确实的约，写在册上。我们（犹太人）的首领、利未人和祭司都签了名”[⑨]。这次集会对犹太民族产生了相当深远的影响，毫无疑问这是源于以斯拉对《托拉》亦即《律法书》的强调：“这是一次值得纪念的集会，标志着《律法书》对犹太民族实施无

① 《以斯帖记》9：19。
② 〔美〕塞西尔·罗斯：《简明犹太民族史》，黄福武、王丽丽等译，山东大学出版社，2004，第72页。
③ 〔美〕摩迪凯·开普兰：《犹太教：一种文明》，黄福武、张立改译，山东大学出版社，2002，第296~297页。
④ 〔美〕亚伯拉罕·科恩：《大众塔木德》，盖逊译，傅有德校译，山东大学出版社，1998，第3页。
⑤ 《以斯拉记》7：6。
⑥ 《以斯拉记》7：10。
⑦ 《尼希米记》8：4。
⑧ 《尼希米记》8：8。
⑨ 《尼希米记》9：38。

形统治的开始，并且作为一种‘大议会’的形式似乎一直保留在人民的记忆之中。”[①] 可以毫不夸张地说，是律法给了犹太民族生存的精神力量，也是律法使犹太人在犹太教的祭典终止、以色列国家破丧之后继续存在下去，遵守律法成了流放归来后这一时期散居的犹太社群解决其民族身份认同危机的最有效手段。

应该说，确定自己民族的独特身份是流放归来后的犹太散居社群最强烈的意愿，然而同时，他们又不得不面临着如何处理与统治他们的帝国权力之间的关系。在《以斯拉记》和《尼希米记》中，代表帝国权力的三个波斯王——居鲁士（Cyrus）、大流士（Darius）和亚达薛西（Artaxerxes），支配着以色列人回归和重建家园的整个过程。而《以斯帖记》也设计出了一个亚哈随鲁王来贯穿故事发展的始终，主宰所有人物的命运。

（二）用“双重忠诚”处理犹太民族与波斯帝国的关系

不难理解，流放归来后的犹太人在散居状态下总是会面临这样的困境：一方面，在异族统治的环境之下，他们要保持自己的民族身份，维护犹太社群的利益；另一方面，他们生活在异族的土地上，必然需要遵守异族王室的统治，服从异族帝国的权威。于是，犹太人不得不要求自己实现既忠诚于本族又忠诚于异族的“双重忠诚”。

波斯帝国的建立者居鲁士征服巴比伦之后，立即颁布诏书[②]，允许被流放的犹太人回归耶路撒冷并重建他们的圣殿。“于是，犹大和便雅悯的族长、祭司、利未人，就是一切被神激动他心的人，都起来，要上耶路撒冷去建造耶和华的殿。他们四围的人就拿银器、金子、财物、牲畜、珍宝帮助他们，另外还有甘心献的礼物。”[③] 犹太人对诏书的积极响应，不仅是因为多年来盼望回归耶路撒冷的梦想终于变成了现实，更重要的是，他们明白这一诏书对自己民族的发展有着转折性的意义。“有许多祭司、利未人、族长，就是见过旧殿的老年人，现在亲眼看见立这殿的根基，便大声哭号，也有许多人大声欢呼，甚至百姓不能分辨欢呼的声音和哭号的声音，因为

---

① 〔美〕塞西尔·罗斯：《简明犹太民族史》，黄福武、王丽丽等译，山东大学出版社，2004，第69页。

② 《以斯拉记》1：1—4；6：1—5。

③ 《以斯拉记》1：5—6。

众人大声呼喊，声音听到远处。”[①] 感慨落泪也好，喜极而泣也罢，诏书令下，犹太人为了重建圣殿，可谓赴汤蹈火在所不惜。即使出现了“大家同谋要来攻击耶路撒冷，使城内扰乱”[②] 这种阻止和破坏圣殿重建工作的情况，犹太人也通过“一手做工，一手拿兵器”[③]，“夜间保守，白昼做工”[④]的方法克服困难。对圣殿重建工作如此兢兢业业，是对自己宗教信仰的坚持，也是对自己民族精神的恪守，更是对自己民族身份的忠诚。

犹太人不仅对自己民族忠诚，对波斯帝国也可谓赤胆忠心。比如做了犹大地省长的尼希米在政治上就对亚达薛西王忠心耿耿；而为了波斯帝国的重大事情，以斯拉在回苏萨的路上去世。[⑤] 不仅身居高位的犹太人忠诚于帝国权力，就连普通犹太民众也对帝国忠贞不渝，“在公元前 480 年的那场灾难性的萨拉米斯（Salamis）大海战中一直伴随着薛西斯（Xerxes）的那支‘从巴勒斯坦来的叙利亚人’的特遣舰队里，很可能就有犹大省派出的一部分士兵”[⑥]。犹太人对波斯帝国的忠诚还体现在他们对帝国权力的赞颂和褒扬。居鲁士下诏书允许犹太人重建圣殿，犹太人因此赞颂居鲁士为“弥赛亚”，把他描绘成“耶和华的牧羊人”“上帝的受膏者”“救赎者”等。这种颂扬固然是犹太人对波斯帝国统治政策的一种感谢与回报，但同时也反映出他们对波斯帝国的竭诚尽节。既要认同犹太民族身份，追求本民族的利益；又要遵从异族王室的统治，服从帝国权力。这样一来，“双重忠诚”便成了这一时期犹太人的一种生存方式。

在《以斯帖记》中，犹太人的“双重忠诚”亦可谓贯穿始终。首先是犹太女子以斯帖顺服王命而得宠，成为亚哈随鲁王的王后，这是对波斯帝国的忠诚；而后在犹太人遭到灭族之灾的情况下，以斯帖又冒着丧失王后身份和个人生命的危险来拯救整个犹太社群，这又是对犹太民族的忠诚。在另一个故事中，以斯帖的养父末底改识破了辟探和提列想要杀害亚哈随

---

① 《以斯拉记》3：12—13。

② 《尼希米记》4：8。

③ 《尼希米记》4：17。

④ 《尼希米记》4：22。

⑤ 〔美〕塞西尔·罗斯：《简明犹太民族史》，黄福武、王丽丽等译，山东大学出版社，2004，第71 页。

⑥ 〔美〕塞西尔·罗斯：《简明犹太民族史》，黄福武、王丽丽等译，山东大学出版社，2004，第67 页。

鲁王的阴谋，救了国王的命，[①] 这是对波斯帝国的忠诚；然而后来，“亚哈随鲁王抬举亚甲族哈米大他的儿子哈曼，使他高升，叫他的爵位超过与他同事的一切臣宰。在朝门的一切臣仆，都跪拜哈曼，因为王如此吩咐；惟独末底改不跪不拜。在朝门的臣仆问末底改说：‘你为何违背王的命令呢？’他们天天劝他，他还是不听。他们就告诉哈曼，要看末底改的事站得住站不住，因他已经告诉他们自己是犹大人。哈曼见末底改不跪不拜，他就怒气填胸。他们已将末底改的本族告诉哈曼。他以为下手害末底改一人是小事，就要灭绝亚哈随鲁王通国所有的犹大人，就是末底改的本族”[②]。表面上，犹太民族遭到灭族之灾是末底改不遵守帝国的法律造成的，但实际上，这一危机是由末底改作为犹大人，亦即其犹太民族身份引起的。后来，末底改说服以斯帖解救犹太民族，“并嘱咐她进去见王，为本族的人在王面前恳切祈求”[③]，这一行为，恰恰是对犹太民族忠诚的体现。由此观之，忠于帝国与民族身份的认同是可以协调一致的，对帝国与犹太民族的“双重忠诚”亦是能够实现的。

二　犹太民族意识在三个文本中的不同表现方式

（一）民族身份的认同方法不同

在《以斯拉记》和《尼希米记》的文本中，犹太民族身份的认同是通过对历史的重新解说来实现的。《尼希米记》中的民族史解说直接追溯到上帝的创造，一路下来回顾了耶和华拣选亚伯拉罕、引领列祖出埃及过红海，于西奈山降律法给摩西、因列祖铸牛犊而动怒气、在旷野中用云柱和火柱引导他们行路、分赐列国之地给他们、救他们脱离敌人的手、在他们不听诫命干犯典章时也不丢弃他们[④]等历史。在以斯拉的祈祷词中，也可以看到对民族历史的回顾：“从我们列祖直到今日，我们的罪恶甚重。因我们的罪孽，我们和君王、祭司都交在外邦列王的手中……现在耶和华我们的神暂

---

① 《以斯帖记》2：21—23。

② 《以斯帖记》3：1—6。

③ 《以斯帖记》4：8。

④ 参见《尼希米记》9：6—37。

且施恩与我们……叫我们复兴，能重建我们神的殿，修其毁坏之处，使我们在犹大和耶路撒冷有墙垣。”① 这样的叙述方式就使犹太人的民族身份找到了历史的根基，如今发生的一切就被看成对过去的延续，历史也被接续到现在发生的事件之中。对历史的重述显然不是简单地讲述过往，而是使犹太人得以在历史的维度中寻找并确定自己民族的特定身份。

在《以斯帖记》的文本中，犹太民族身份的认同则是通过故事言说的方式来实现的。首先，尽管《以斯帖记》设定波斯王朝作为它的历史背景，但在波斯的历史上并没有一个叫作亚哈随鲁的王，按照《以斯帖记》叙述的大致事件，一般将其视为薛西斯（Xerxes）一世。那么，书中所加上的亚哈随鲁王的名号，只能视为作者刻意去除故事的历史性，而将人物虚化，使其适合于普遍的听众群体的意图。这样一来，以虚化的薛西斯一世——亚哈随鲁王作为主角之一的《以斯帖记》与其说是一部历史书，毋宁说是一篇历史故事。其次，通观《以斯帖记》，我们看不到任何对于以色列历史的提及。从故事的开始作为犹太子民的以斯帖成为波斯王后，到以斯帖的养父末底改识破杀害国王的阴谋并拯救国王的性命，再到作为犹大人的末底改对爵位比他高的哈曼不跪不拜从而使犹太人遭灭族之灾，直到以斯帖冒着丧失王后身份和个人生命的危险来拯救整个犹太社群，《以斯帖记》只有当下，没有历史。民族身份的认同不是来自过去的事件，而是来自现实生活中的政治斗争，不是通过回顾一番历史，而是通过讲述一段故事。

（二）民族意识的种类不同

有学者认为，“大体而言，民族意识不过有两种，一种是意识形态性的民族意识，另一种则是身份性的民族意识”②。笔者认为，《以斯拉记》和《尼希米记》所叙述的正是“意识形态性的民族意识”，而《以斯帖记》所叙述的则是“身份性的民族意识”。

根据上述学者的观点，“意识形态性的民族意识是‘主义式’的，具有一个形而上学的本体支撑，它的形成需借助于民族文化中的神话素材，或者具有宇宙论的神学图式，因为只有在终极坐标内的优先性才能将民族

① 《以斯拉记》9：7—9。

② 李炽昌、游斌：《生命言说与社群认同：希伯来圣经五小卷研究》，中国社会科学出版社，2003，第 82 页。

意识‘主义化’，使民族性成为每一个民族个体‘安身立命’的归属”[①]。这种意识形态性的民族意识的言说，可以在《尼希米记》中找到：“你们要站起来称颂耶和华你们的神，永世无尽……你，惟独你是耶和华！你造了天和天上的天，并天上的万象，地和地上的万物，海和海中所有的，这一切都是你所保存的；天军也都敬拜你。你是耶和华神，曾拣选亚伯兰，领他出迦勒底的吾珥，给他改名叫亚伯拉罕。你见他在你面前心里诚实，就与他立约……你又在我们列祖面前把海分开，使他们在海中行走干地，将追赶他们的人抛在深海，如石头抛在大水中。并且白昼用云柱引导他们，黑夜用火柱照亮他们当行的路。”[②] 另外，《以斯拉记》和《尼希米记》的叙述对象是得以回归并且重建圣殿的犹太社群，于是在处理有关犹太民族意识的问题时，这两个文本试图发展出一整套包括祭典、律法、宗教职位等的完善系统，并将这个系统运用到整个社会之中，施行于日常生活的各个方面，如婚姻律法、节庆圣日、宗教纳税等，从而使犹太人的身份更具整体性、系统性和具体性，进而塑造出犹太人“意识形态性的民族意识”。

然而，《以斯帖记》面对的则是未能回归、散居在波斯帝国境内的犹太社群，他们没有自己的国家也没有自己的土地，没有自己的圣殿也没有自己的教职，有的只是流放者的烙印、区别于万民的生活习俗及其默默坚守的宗教信仰。因此，对他们而言，“犹太民族”这一概念只是一个群体身份，是一个种属的划分，是保障其群体利益而生成的一个政治责任，显而易见，它也就无法成为“主义式”的生命交托，更谈不上是“意识形态性的民族意识”。在《以斯帖记》的叙述中，有且只有一种方法能够实现犹太民族意识的觉醒——犹太民族身份的认同，无论是需要在与异族的和平区别中来确定自己的民族身份，还是需要在与异族的冲突争斗中来维护自己的民族身份。总而言之，《以斯帖记》的故事塑造的是“身份性的民族意识”。

---

① 李炽昌、游斌：《生命言说与社群认同：希伯来圣经五小卷研究》，中国社会科学出版社，2003，第 82 页。

② 《尼希米记》9：5—12。

（三）民族意识中“上帝的选民”的指向不同

上帝拣选亚伯兰并为其改名为亚伯拉罕，通过亚伯拉罕与世世代代的以色列人订立盟约，以色列人自称“上帝的选民”。[1] 此后，犹太人对这一概念进行了发挥，“上帝的选民”在不同的历史时期被赋予了不同的解释。笔者认为，在《以斯拉记》和《尼希米记》中，“上帝的选民”是以“神圣”为指向的；而在《以斯帖记》中，“上帝的选民”则是以社群为指向的。

《尼希米记》第九章可谓对耶和华犹太人的神的长篇称颂与赞美[2]，字里行间充分洋溢着对神的感激与尊崇。而《以斯拉记》中也有这样的叙述：“他们彼此唱和、赞美称谢耶和华说：‘他本为善，他向以色列人永发慈爱’”[3]，显然，正是以色列人的选民身份使耶和华“向以色列人永发慈爱”，而以色列人对这一眷顾的回应则是称颂、赞美耶和华。可见，是“神圣”的耶和华拣选了犹太人使其成为“上帝的选民”，反过来，犹太人蒙受成为“上帝的选民”的神恩和福祉，于是敬畏神，尊崇“神圣”。在这个意义上，我们可以说“上帝的选民”是以“神圣”为指向的。此外，重建圣殿乃是《以斯拉记》和《尼希米记》的主题之一，在犹太人看来，得以收获重建圣殿的诏书，乃是缘于他们的神耶和华的庇护与恩典，“神圣”可谓起着关键性的作用。而重建圣殿这一工程的落实，不仅是犹太人对本民族蒙受“神圣”之恩典的回应，而且是他们履行作为“上帝的选民”之职责的表现，更是努力实现“上帝的选民”与“神圣”之间的对话的行动。

然而，在《以斯帖记》中却未见对“神圣”的言说，全书没有一处谈到上帝的名字。《以斯帖记》叙述的是一个散居在波斯帝国境内的犹太社群，这些散居社群对于自己的犹太民族身份仍然有着很强的认同意识，并且仍然把自己当成“上帝的选民”。但是，在流放归来后的散居生活处境之下，“上帝的选民”不再单纯是一个经过拣选的神圣民族的问题，亦不再以祭司阶层和祭祀制度为重心了，“上帝的选民”更加关心并且迫切需要解决

---

① Ronald E. Clements, *God's Chosen People: A Theological Interpretation of the Book of Deuteronomy* (Valley Forge: The Judson Press, 1969), p. 182.

② 《尼希米记》9：5—37。

③ 《以斯拉记》3：11。

的问题变成了：如何在异族的统治下保持民族的生存与发展。也就是说，“‘上帝的选民’变成了以社群为指向的，而不是以神圣为指向的；社群生活亦指向日常生活，而不是指向祭祀活动……历史、社群自身的规则显露出来，神圣维度则隐藏到了幕后”[①]。《以斯帖记》的叙述就体现了这样的变化：当整个犹太民族面临灭顶之灾时，“末底改托人回复以斯帖说：‘你莫想在王宫里强过一切犹大人，得免这祸。此时你若闭口不言，犹大人必从别处得解脱，蒙拯救；你和你父家必至灭亡。焉知你得了王后的位分，不是为现今的机会吗？’”[②] 在这里，犹太散居社群的生存和发展不再寄望于上帝奇迹般的干预，而是寄望于犹太人自己主动与异族统治者的机智周旋。每一个犹太人都对其社群的安危负有着不可推卸的责任和义务，每个人都必须运用自己主动的智慧和能力来挽救民族的命运。这样一来，对社群的忠诚就是对上帝的忠诚，“上帝的选民”转向了社群。

结　论

通过上述分析，我们可以看出，与出埃及、王朝建立等历史事件一样，流放巴比伦对犹太民族有着巨大而深远的影响：无论是对他们的宗教思想还是社会结构，抑或是对他们的生存方式，都产生了强烈的冲击作用。而在流放归来后的这一时期，犹太人的民族意识深处不可避免地出现了难以解决的深层矛盾：他们既是许许多多个散居的社群，又是一个犹太民族；他们既要遵循异族的律法从而得以维持生存，又要严守着与万民不同的律例从而得以保持自己独特的民族性；他们既要承认自己是波斯帝国的臣民，又要谨记自己是犹太子民。与这样的处境相应，犹太人确定自己民族独特身份的意愿就十分强烈。于是，他们不得不努力划清自己与异族的界限，并且试图在把异族作为他者的对比之中找寻并确定自己的民族身份。同时，借助于将“神圣”的原则付诸日常生活中的行动以及遵行律法这一独特而有效的手段，作为“上帝的选民”的犹太人成功地将自己的身份于迷蒙、错乱之中解放了出来。也正是因为这样，犹太人才得以实现既忠诚于本族

---

① 李炽昌、游斌：《生命言说与社群认同：希伯来圣经五小卷研究》，中国社会科学出版社，2003，第 86 页。

② 《以斯帖记》4：13—14。

又忠诚于异族的“双重忠诚”，从而能够处理好自己与波斯帝国的关系。于是，生存以及更好地生存便成为可能。

《以斯拉记》《尼希米记》《以斯帖记》正是对巴比伦流放归来后犹太散居社群生活的生动写照。在这三个文本中，犹太散居社群对于其自我身份有着不同的意识，并采用了不同的言说方式。阅读与分析这三个文本，不仅可以对巴比伦流放归来后犹太散居社群的生活有更多更具体的理解，而且可以对这一时期变化了的犹太民族意识——在犹太人丧失政治独立之后，仍能在文化、宗教上保持民族的独特身份——有更明晰更深刻的理解。

（作者单位：山东大学犹太教与跨宗教研究中心）

On Jewish National Consciousness after the Babylonian Exile—Analysis of the Book of Ezra, the Book of Nehemian and the scroll of Esther

Zhang Yu

Abstract: The Jewish nation was living in scattered groups since the time of the Persian Empire's reign. After the Babylonian exile, the Jews lost their state and sovereignty and had to abide by foreign rulers. Consequently, the development of Jewish communities in exile was gradually becoming more diverse. Under these circumstances, Jewish national consciousness needed to change so as to fit in with their current way of life. The book of Ezra, the book of Nehemiah and the scroll of Esther provide a vivid description of this period. Jewish national consciousness was expressed distinctively in these texts. For instance, the way of defining their identity, the form that their national consciousness manifested and the underlying meaning of them seeing themselves as "the chosen people of God", are all different. By means of reading and researching these texts, this article is going to investigate the subject of Jewish national consciousness at the given period.

Keywords: Returning from the Babylonian Exile; Persian Empire; Diaspora; Jewish National Consciousness

反犹谎言的五种形式

〔以〕埃雷兹·莱文（Erez Levin）著　李兰兰 译

内容提要　反犹谎言已经流传了几千年。特别是在信奉基督教的欧洲，民众广泛相信关于犹太人的谎言并据此进行反犹活动，数百年来对犹太人进行攻击，并最终导致对犹太人的大屠杀。本文将反犹谎言大致分为五类，并举例说明所有关于现代犹太人的成见和阴谋论都起源于中世纪的谎言。“吸血鬼犹太人”是关于犹太人偷血和吸血的谎言；“兽性犹太人”的谎言把犹太人描述成亚人类；“说谎的犹太人”的谎言歪曲犹太人历史本性，指责犹太人爱撒谎；“企图灭绝其他种族的犹太人”是关于犹太人想要消灭一切反对他的人的谎言；“操纵者犹太人”的谎言主要是关于所谓的犹太人的剥削和控制阴谋。

关键词　反犹主义　血祭诽谤　否认大屠杀　《锡安长老协议》

引言：当我们恨犹太人的时候，我们究竟恨的是谁？

因为犹太人本身是一个有点难以捉摸的群体，所以反犹主义也是一个难以定义的术语。反犹主义到底反的是谁？根据目前的证据，古代犹太人是迦南-埃及-美索不达米亚混合民族[①]，犹太人当然是闪米特人（希伯来语是西闪米特语）；阿拉伯人也是闪米特人，但在阿拉伯人中，反犹主义却尤其盛行。

---

① Norman Gottwald, *Tribes of Yahweh: A Sociology of the Religion of Liberated Israel, 1250-1050 BCE* (Sheffield: Sheffield Academic Press, 1999), p. 433.

与大多数其他世界民族不同，犹太人在其 3000 多年[①]的历史中，绝大部分时间处于流散状态。犹太人生活在世界各地的不同社区，他们与当地居民通婚，从而呈现他们所在国家居民的身体特征；他们讲当地语言，而犹太人自己的语言仅仅用于祈祷和诵读诗歌。[②] 犹太人散居在五湖四海，而且社区之间的联系甚少（即便有的话）。他们基于不同的地理区域，演化出不同的犹太仪式。然而，他们都是犹太人。通过历史的联系，这种身份认同超越语言、肤色、国家和民族。对完全同化的拒绝，或者在面对外部压力时表现出的顽强精神，使犹太人经受住了中世纪的压迫、启蒙时代民族主义的兴起以及 20 世纪的法西斯运动。当历史长河中的其他伟大民族，如罗马人和巴比伦人（都在犹太人的故事中扮演主要的敌对角色）从世界舞台上消失时，犹太人却找到了步入现代的道路。事实上，人们很难想到一个类似的例子，一个古代民族直接步入现代。犹太人的身份得以保留，得益于他们虽有能力适应所涉及的任何主导文化，但并未完全融入其中。其结果导致了至少在建立现代以色列国之前难以界定“犹太性”。人们谈论东欧犹太人，或者黎凡特犹太人，但他们彼此却相去甚远。他们只有一个共同点，那就是一本圣书和一套与之相关的仪式，而且其中许多仪式是他们与穆斯林和基督徒邻居共享的。其中的一种口头传统在过去 2000 年中一直在发展，最终发展成塔木德。虽然这一口头传统为“犹太性”提供了最接近的答案，但在这里，我们也可能发现对这种口头传统的解释和它在整个宗教实践中的重要性有很大的不同。[③]

最终，对犹太人的定义是他们不是什么——他们不是穆斯林，因此要征收特别的人头税；他们不是基督徒，因此永远不能被信任。尤其是在中世纪的欧洲，在仇外心理达到顶峰的时候犹太人是需要被灭亡的异教徒；犹太人是最终的“他者”。他们是基督教海洋中的非基督徒，唯一拒绝每个欧洲人（直到中世纪晚期）认为理所当然的真理的人；耶稣是上帝的儿子，他为我们的罪而死，通过他得救是避免地狱之火的唯一途径，而拒绝耶稣

① 此处，笔者采用的是保守估计的时间框架。在这一时间框架中，犹太人是早期以色列人的化身，而早期以色列人被理解为一个独立的民族宗教群体，这一群体区别于其所在的迦南地区生活的其他群体。

② 有时，与当地方言结合的独特犹太语言被创造出来，例如意第绪语和拉迪诺语。

③ 一个极端的例子即圣经派信徒，他们彻底摒弃任何圣经文本之外的口头传统。

和上帝的犹太人是邪恶的魔鬼，是拒绝上帝恩典的有形象征。

当其他如土耳其人、阿拉伯人和蒙古人等敌人远在天边时，犹太敌人可能住在隔壁的城镇，或者你所在城市的某个街区。当其他民族宗教团体如日耳曼人和凯尔特人早已被同化时，犹太人却在坚持自己的信仰。因此，一种对欧洲犹太人的不信任和仇恨的传统发展起来，这种不信任和仇恨最终演变为对犹太社区的肆无忌惮的攻击。好几次整个国家的犹太人都被驱逐了。[①] 但也有人美化这种驱逐，认为正是这种由反犹主义带来的强迫移民，使犹太社区保持了联系，阻止了进一步的同化。

从心理学上讲，这种反犹情绪可以追溯到小差异的神经症；从文化上讲，可以追溯到拒绝完全同化的心态；从社会学上讲，这是一个解压阀和寻找替罪羊的行为，是一个容易被指责和无能为力的少数群体的遭遇。[②]

然而，本文并不讨论为什么会出现反犹主义的问题，而是讨论几个世纪以来反犹主义的独特形式。换言之，不是讨论为什么，而是关注反犹主义是如何产生的。在研究和考察了几个世纪以来反犹情绪的不同表现形式之后，笔者认为反犹谎言可以归为五种形式，而这五种谎言代表了五种反犹形式。

尽管一些古老的反犹谎言在今天广受质疑[③]，但它们从未真正消失。比如 19 世纪基于宗教基础的旧有的犹太人仇恨让位给了基于现代种族概念的仇恨；或者，对所有犹太人的仇恨表现为对现代以色列国的仇恨。旧的指控从未消失，只是找到了现代的表达形式。

这五种谎言中有两条共同的线索。首先，所有的犹太人都被认为是共谋，因为害怕被揭发，他们隐藏了真正的意图。其次，本文所描述的行为和意图被认为是犹太传统和宗教的一部分，是犹太人共有的，犹太人本身是可恨和邪恶的，因此，解决全世界犹太人问题的唯一办法只能是消灭他们（或者至少完全同化到失去任何犹太人遗产和记忆的地步）。尽管犹太人的背景各不相同，以至于他们自己对“谁应该被视为犹太人”的定义还

---

① 例如，爱德华一世在位时的英格兰，费迪南德和伊莎贝拉在位时的西班牙。

② 年迈寡妇以及精神病人等弱势群体在欧洲历史上扮演了同样的角色，他们被指责，被扣以“女巫”和“邪恶崇拜者”的名号并被当众焚烧致死；其他所谓“异端”和“异教”也面临着同样的悲惨命运。

③ Wisse, Ruth R, “The Functions of Anti-Semitism,” *National Affairs*, No. 2 (2017).

没有确定，但在反犹分子的心目中，犹太人被视为一个同质和邪恶的群体。或许犹太人的共同点也可以用否定形式来形容——他们是那些反犹分子所憎恨的人。

一 “吸血鬼犹太人”

第一种是“吸血鬼犹太人”的谎言。这种形式的谎言广为反犹主义者相信，最初来自中世纪杀害基督教儿童的“血祭诽谤”一词。然而，似乎很难证明犹太人和血祭仪式之间的联系。与基督教的传统不同，犹太人在他们的仪式中不使用血（无论是字面上还是隐喻上），事实上犹太律法禁止使用任何种类的血；食用肉类时必须把血完全排出并撒盐以确保把血排干净，才被视为合乎犹太律法。唯一与血有关的犹太仪式是古老的圣殿献祭仪式，但自从罗马将军提多摧毁第二圣殿以后，这些仪式就再未举行过。

在目前仍然广泛举行的宗教仪式中，涉及流血的是割礼。犹太男性出生八天后，他的包皮要在一个被称为“割礼”（ברית מילה）的仪式中被割除，象征着上帝和亚伯拉罕之间的盟约。然而，在非犹太人眼中，这种涉及切割婴儿的仪式，被视为一种撒旦的做法。所有犹太人谋杀和偷窃鲜血的诽谤都涉及儿童，这并非巧合。为了更好地理解发生在中世纪晚期英国对犹太人的诽谤指控，下面讲述两个著名的中世纪的事件。

1168 年在英国的格洛斯特市发生了对犹太人最严重的一次诬陷，其后果波及欧洲大陆（3 年后，法国国王菲利普 · 奥古斯特用这次诬陷来证明他对法国犹太人的攻击是正当的），并为后人效仿。整个事件在圣彼得格洛斯特修道院的历史中有所记载：“2 月 22 日，一个名叫哈罗德的小男孩被犹太人引诱并被囚禁到 3 月 17 日。来自英国各地的犹太人以庆祝割礼为借口前往格洛斯特。可怜的哈罗德受到了严酷的折磨，他被放在两个烤箱中间，肉被烤焦，液体蜡倒进了他的眼睛，刀子刺进了他的头和腋窝，门牙被折断，最后他被绑起腿扔进了当地的河里。第二天，他的遗体被当地一名渔民发现，渔民把他的遗体捞出来，交给其他市民。3 月 19 日晚，哈罗德的遗体在教堂神父的带领下进入圣彼得教堂。随着教堂钟声敲响，他的遗体被清洗干净，并以极大的荣誉埋葬。在他下葬的时候，奇迹已经开始了：

他穿的一件新衬衫，奇迹般地布满了 300 个洞。”①

所有这些事件都是在两个世纪后被记录下来的。小哈罗德成了格洛斯特的圣徒，许多人到他的祭坛朝圣，为格洛斯特教堂增加了威望并为当地增加了财富。一个受欢迎的圣人是中世纪教堂的重要组成部分，尤其是当他的遗体被埋葬在教堂下面的时候。

小哈罗德为什么要这样受苦？故事中的一些象征意义可能提供了一些答案。哈罗德被折磨的方式让人想起耶稣的受难；就像耶稣被刺穿一样（荆棘冠冕和长矛刺穿他），哈罗德也被荆棘刺穿，尤其是事件发生在四旬斋和复活节之前，正是纪念耶稣死亡和复活的节日。

由于耶稣是被耶路撒冷的犹太人杀害的，新的教会圣徒需要遇到类似的命运，才能与神的儿子相媲美。在小哈罗德死亡的其他报道中，这一事件的发生时间被刻意提前一年，因此哈罗德受折磨和被谋杀完全发生在复活节，这进一步证明了该事件与复活节的联系。② 这个男孩被格洛斯特的犹太人杀害，这反映了耶稣之死，而且同时教会获得了一个新的圣徒。哈罗德很可能没有被犹太人杀害，这一猜想也得到了证实，因为没有记录在案的对格洛斯特犹太人的逮捕或袭击；在这一事实发生之后，为了哈罗德的圣徒身份，犹太人需要被卷进来。尽管如此，格洛斯特事件还是成了以后反犹主义效仿的对象。此后当一名儿童失踪或被发现肢解时，犹太社区将首先受到谴责。

犹太人被诬陷的第二个例子是小休的例子。小休在 1255 年死于英国林肯市。与格洛斯特市不同的是，林肯市已经有了一位守护神阿瓦隆的休主教，教堂希望随着新大教堂的建设有一位同名的新圣人出现。③ 故事情节由马修·帕里斯（也许是中世纪最重要的英国历史学家之一）在他的著作《1235 年至 1273 年的英国历史》中记录下来。1255 年，林肯市的犹太人绑架了 8 岁的小休，把他关在一个房间里，他们给小休喂糖果和牛奶让他长

---

① Joe Hillaby, "The Ritual-child-murder Accusation: Its Dissemination and Harold of Gloucester," *Jewish Historical Studies*, Vol. 34 (1996): 74-75.

② Joe Hillaby, "The ritual-child-murder accusation: Its Dissemination and Harold of Gloucester," *Jewish Historical Studies*, Vol. 34 (1996): 77-85.

③ Joseph Jacobs, "Little St. Hugh of Lincoln: Researched is History, Archeology, and Legend," in Alan Dundes ed., *The Blood Libel Legend: A Casebook in Anti-Semitic Folklore* (Madison: University of Wisconsin Press, 1991), p. 54.

胖。来自英国各地的犹太人打着参加婚礼的幌子来到林肯市参加谋杀。一个犹太人扮演了本丢·彼拉多（Pontius Pilate）（罗马法官，负责耶稣审判）的角色，而休则以一种怀念十字架的方式受到折磨；每个犹太人用木刀刺杀他，他被迫喝胆汁，最后小休被钉死在十字架上，他的心脏被矛刺伤。小休死后，他的内脏被偷去用于巫术。①

小休的母亲一直在找他，听说有人在犹太人家附近看见他，最后小休的母亲在犹太人的井里找到了小休。② 这口井的主人是一个名叫科芬的犹太人，他被逮捕并接受审讯，最后科芬不得不承认“你们基督徒所相信的都是真的。犹太人确实每年绑架一个信基督教的男孩，以取笑耶稣”。传言“休死后，犹太人把他埋在地下以掩盖他们的罪行。但休的尸体自动浮出土面，所以凶手别无选择，只能把他扔进井里”。在得知英国所有的犹太人都是阴谋的一部分后，科芬被拴在绳上，绳子的另一头绑在马背上，其他 91 名犹太人被捕，其中许多人后来被处决。小休的尸体最后被带到林肯教堂，在那里他被埋葬并被尊为“烈士和圣徒”。③

小休的故事虽然比发生在格洛斯特的事件要晚，但可以作为一个例子说明反犹谣言在一个世纪中愈演愈烈。林肯市的犹太人不仅在孩子死的时候受到指责，而且他们中的许多人也因此被杀害。一个可怜孩子的死和一个犹太社区之间的联系，是为了回应耶稣的殉难，从而支持圣徒的主张，这都是以真正的犹太人的性命作为代价的。在接下来的几个世纪里，针对犹太人的诬陷变得如此普遍，以至于德国皇帝不得不在富尔达事件后进行干预。在富尔达事件中，一位磨坊主和他的妻子的风车被烧毁，五个孩子被杀死。当地犹太人被指控纵火，但事实上是为了掩盖他们出于巫术的原因首先杀害了这些孩子并将他们的血吸干的事实。第二任皇帝弗雷德里克在对富尔达事件进行调查后，与犹太专家就血液在犹太传统中的作用进行了讨论，④ 宣布除非有一个犹太人在行动中被抓住，不然所有的诬陷都是假

---

① Joseph Jacobs，“Little St. Hugh of Lincoln：Researched is History，Archeology，and Legend，”，in Alan Dundes ed.，*The Blood Libel Legend：A Casebook in Anti-Semitic Folklore*（Madison：University of Wisconsin Press，1991），p. 50.

② 有些故事版本声称小休的遗体向圣母玛利亚吟唱赞美诗，吟唱的歌声使他的遗体得以被发现。

③ Joe Hillaby，“The Ritual-Child-Murder Accusation：Its Dissemination and Harold of Gloucester，”*Jewish History Studies*，Vol. 34（1996）：74-75.

④ 如前文所述，血液，尤其是人类的血液被犹太人视为不洁之物。

的。在这个事件之后，1247 年，教皇英诺森特九世也发表了类似的声明，然而针对犹太人的诬陷依然存在。[①] 中世纪针对犹太人的诬陷经过多年的演变，呈现新的形式。例如，酷刑不限于儿童，还延伸到圣餐面包。在天主教神学中，在圣餐仪式的时候，受祝福的酒象征基督的血，面包象征基督的肉；这一行为被称为“转位”。当邪恶的犹太人知道受祝福的面包现在是他们所憎恨的耶稣的身体，就从教堂偷出面包并折磨它，再次导致耶稣的死亡。[②] 其他此类指控包括仪式上的食人行为[③]，以及为表演血魔法而盗窃基督教徒血液和器官（如小休的故事中所见）。他们认为只有基督徒的血是足够纯净的，称犹太人为了在他们的仪式中使用而偷盗基督徒的血。

因此，在“吸血鬼犹太人”的谎言中，犹太人不是不相信耶稣的神性，他们是真正的信徒，但是他们选择拒绝上帝并成为魔鬼崇拜者。因此，犹太人有时被指控在夜间与魔鬼打交道，举行秘密的夜间会议，进行狂欢。但除了上述的食人和仪式谋杀，所有这些指控都是针对女巫的（几乎总是丧偶或未婚的大龄女性）[④]，原因也许是有些巫术术语来自犹太教的词语，例如描述女巫集会的会堂，或是对女巫的安息日（女巫集会）的表达，但这并非巧合。

“吸血鬼犹太人”在我们这个时代也有现代的表达方式。尤其是在阿拉伯世界，犹太人偷穆斯林儿童的血（可能是为了烤逾越节传统的无酵饼）的想法仍然非常普遍，并作为一个反复出现的主题出现在流行的电视节目和政治漫画中。

另一个相对较新的类似指控是以色列军队未经巴勒斯坦死者家属许可，割取他们的器官，甚至为了获得器官而公然进行谋杀。[⑤] 这种指责，有时甚至出现在西方主流媒体（如 2009 年的《瑞典晚报》）上，但被广泛驳斥。

---

① Joe Hillaby, “The ritual-child-murder accusation: Its Dissemination and Harold of Gloucester,” *Jewish Historical Studies*, Vol. 34 (1996): 263-273.

② Gavin I. Langmuir, *History*, *Religion*, *and Anti-Semitism* (Berkeley, California: University of California Press, 1990), p. 289.

③ 该指控事实上非常古老，甚至可以追溯到圣殿被毁之前的古希腊—古埃及（托勒密时期）的阿皮翁。

④ Jeffrey B. Russell, Brooks Alexander, *A History of Witchcraft*: *Sorcerers*, *Heretics & Pagans* (London: Thames and Hudson Press, 1980), p. 81.

⑤ “ADL Report, Anti-Semitic Canard about ‘Organ Harvesting’ Spreads Globauy,” September 16, 2009.

2010 年海地地震后也出现了类似的指控[①]；但实际上以色列军方派出了一个由 120 名专业人员组成的援助团，他们建立了一个战地医院，进行了 316 次手术，并接生了 16 名婴儿。有人指责野战医院是割取和出售地震受害者器官的前线，这些指控后来在伊朗和叙利亚的出版物上发表。但从来没有证据表明有任何这样的不当行为。

二 “兽性犹太人”

在鲜有犹太人居住或根本没有犹太人居住的地区，盛行着一种常见的反犹指控：犹太人的亚人性。[②] 犹太人有机会接受耶稣为神，又拒绝了耶稣。与邪恶势力结盟，他们将永远被诅咒[③]［这种谣言可以追溯到 1 世纪，古希腊埃及传说中称犹太人的神实际上是代表世界邪恶势力的一头驴的巨大头颅。驴是古埃及信奉的邪恶混沌之神“赛特”（Seth）的神兽，因此，把犹太人的神描述为驴的头颅，相当于指出犹太人的神实乃邪恶的力量］。

最著名的是关于一个“流浪的犹太人”的谎言：在几个世纪的传说中，这个犹太人拥有不同的名字，其中两个众所周知的名字是约瑟夫和阿哈斯韦[④]，他的身份职业也有变化，通常是表演者，或是以指挥耶稣死亡的罗马官员本丢彼拉多家的门卫身份出现。这个漂泊的犹太人，在耶稣被钉十字架的路上，辱骂和嘲弄了耶稣，所以犹太人被诅咒，他们四处漂泊流浪，并且无法以死亡的方式结束流浪所受的痛苦，直到基督再来。传说的起源很可能是《马太福音》（16：28）中的新约经文：“我实在告诉你们，有些站在这里的人，在看到人子（耶稣自己）进入他的王国之前，不会尝到死亡的滋味。”虽然这个不会死的见证人有时被认为是耶稣最心爱的门徒，但后来的反犹谎言将他认定为“流浪的犹太人”，也被称为“永恒受苦的犹太人”。后来这个形象被用来描述犹太人整体，他们在上帝的诅咒中被流放到

---

① “Israel Horvesting Organs in Hati?” Archived from the original on January 25, 2010, Retrived January 26, 2010. The Same article was posted on the Websites of Al Jazeera (January 20).

② 例如，犹太人有四百年的时间不被允许居住在英国。

③ Menache, Sophia, “Matthew Paris's Attitudes toward Anglo-Jewry,” *Journal of Medieval History*, Vol. 23, No. 2 (1997): 140-141.

④ David Daube, “Ahasver,” *The Jewish Quarterly Review*, New Series 45.3 (January 1955): 243-244.

其他国家。犹太人拒绝认同耶稣的事实在许多方面给他们带来了诅咒。在精神上，他们注定要成为“精神化石”，坚持相信上帝在耶稣到来和新约诞生之前与他们所立的过去的盟约。然而，这种“固守过去”的惩罚有时对犹太人有利，这是他们不皈依基督教的主要原因。另外，如前所述，这使他们成为基督教统治下的欧洲唯一的非基督教实体，并进一步推动了他们的独特性和作为“他者”的观点。然而，上帝的诅咒延伸到物质层面，有时犹太人拒绝耶稣的诅咒被描述为一种难闻的气味，这种气味犹太人无法洗去。这一诅咒也被描述为一种严重且无法治愈的痔疮病痛。诅咒的谣言有时与犹太人被诬陷的罪名有关，声称犹太人需要基督教儿童的血（足够纯净的血）来治疗这些疾病和痛苦。

犹太人的亚人性也表现在更为世俗的形式上，其中许多形式至今仍被广泛使用，有时甚至出现在书籍和电影中，如红头发①、大胡子、极端的体形（非常胖或非常瘦）、驼背、黑眼珠、一张表情粗暴的丑脸，特别是一个大大的钩鼻子。因此，犹太人在身体上与周围的基督徒不同，后者通常被描绘成浅色头发、英俊潇洒的人。丑陋的大鼻子犹太人的描述是如此普遍，它很可能是最被广泛相信的关于犹太人的谎言，甚至被许多犹太人自己所采用。还有其他有关犹太人的刻板印象；比如暴躁的犹太母亲，勤奋细致的“好犹太男孩”，以及被宠坏的物质至上的“犹太美国公主”（Jewish American Princess，JAP）。尽管事实上，犹太人已经散居到世界各地，身体上作为一个种族群体的共有特征是很少的。

这些被广为相信的犹太人的特点，加上一些来自犹太教极端正统派的服装（如长鬓角和黑帽子），在过去被称为“jewface”（模仿美国黑脸秀）的表演中使用，旨在模仿犹太人的行为。在这些节目中，一个非犹太演员想要代表一个犹太角色，通常是戴着一个大鼻子。在西方文学中，犹太人作为丑陋且邪恶的角色成为一种比喻，许多著名的恶棍以其是犹太人而著称；英国文学中的两个著名例子是小偷费金（查尔斯·狄更斯的《雾都孤儿》中）和夏洛克（威廉·莎士比亚的《威尼斯商人》中）。尤其是夏洛克这个角色，虽然莎士比亚对他表现出了一些同情（莎士比亚本人从未遇到过犹太人），但他仍然是一个绝对的恶棍，只有被迫放弃自己的宗教信

① 作为隐性遗传特质，红头发在通婚现象频繁的社群中较常见。

仰，成为一名基督徒，才能在戏剧的结尾找到某种决心，戏剧也才能有圆满的结局。

所有这些对犹太人的刻板印象仍不同程度地存在于今天的西方和伊斯兰世界。而在世界其他地区（如东亚），对犹太人的刻板印象往往更为积极，犹太人的形象常常与智力和财富有关。在最极端的情况下，即 20 世纪初的种族主义意识形态中，犹太人被字面上描述为非人，被作为一个低等种族的例子。与其他种族（如黑人和斯拉夫人）不同，后者可以在纳粹种族等级制度中充当奴隶；犹太人（以及吉卜赛人）被认为是无法被救赎的，只能通过“种族灭绝”的方式来处理。当时对犹太人的描述常用隐喻，把犹太人描述为与疾病和寄生行为有关的生物，如老鼠、蟑螂以及细菌。

“兽性犹太人”这种谎言还包括许多其他犹太人亚人类行为的例子，特别是他们不自然的性欲和不洁的行为。下述极端的朱登索（德语中的“犹太人的母猪”）的例子就包括关于性欲和不洁的谣言。朱登索的形象是一头巨大的肥猪。关于朱登索的谣言绘声绘色，意在冒犯犹太人，尤其是考虑到在犹太律法中猪被认为是不洁的动物。①

马丁·路德（他本人是反犹主义的宣传者）评论过最著名的威登堡教堂的雕塑，他说：“在我们威登堡的教堂里，一只母猪被雕刻成石头。小猪和犹太人躺在她下面吃奶。在母猪后面，一个拉比俯身在母猪的身上，抬起她的右腿，高高举起她的尾巴，紧盯着她的尾巴下面和塔木德，仿佛他在读一些精彩或非凡的东西，这无疑是他们得到神灵的地方。”② 上述引文中路德的最后一句话是对希伯来语“被表达的名字”（השם המפורש）的误解，在犹太传统中代表上帝的名字（其本身不允许被发音）。在欧洲各地的教堂里可以看到更多这样的雕塑和图像。朱登索的形象极具争议，被认为是反犹主义的极端形式。尽管仍有请愿书要求将其移走。威登堡教堂的母猪雕塑今天仍然屹立不倒，只不过在它的底坐加上了承认纳粹对 600 万犹太人的大屠杀这句话。

---

① 犹太洁净律法和犹太洁净饮食律法都格外强调饮食准备过程的洁净，并完全禁止食用特定器官及特定种类的动物。

② Wolffsohn, Michael, *Eternal Guilt? Forty Years of German-Jewish-Israeli Relations* (New York: Columbia University Press 1993), p. 194.

三 “说谎的犹太人”

上述两种形式的反犹谎言把犹太人描述为怪物或者吓唬儿童的恐怖故事的主角。[①] 下面谈到的三种反犹谎言形式则把犹太人描述成最终的敌人，坚决反犹才是唯一的解决办法。

在“说谎的犹太人”这种谎言中，犹太人诡计的巧妙之处在于外表上他们看起来像所有其他的善良基督徒一样。[②] 中世纪时期的一种区分犹太人的办法，后来被纳粹采纳。这种方法是在某些地区用尖顶帽子强制标记犹太人，在另一些地区则在上衣上戴一颗六芒星，六芒星要与上衣颜色不同，以便立即识别。

传言犹太人撒了许多谎，其中最大的谎言是隐藏《锡安长老议定书》所详述的巨大阴谋。这份起草于 1903 并首次在俄罗斯出版的文件，如今被认为是根据早期资料伪造的，[③] 自那时起，全世界掀起了反犹的热潮；[④] 今天，在西方反犹主义者和伊斯兰世界内部，人们仍然广泛阅读和相信这份文件。在《锡安长老议定书》中，一个秘密的国际犹太人团体聚集在一起，讨论他们统治世界的计划，并将犹太人优先置于所有其他人之上；该计划几乎涵盖了社会的方方面面，从法律、教育到媒体和银行业，并展望了遥远的未来。议定书的主题将在后面的章节中讨论，现在我们集中讨论阴谋本身。该议定书的核心思想是将所有犹太人都团结在一个共同的目标中，这个目标超越了国家的边界和所有对其居住国的忠诚。简而言之，犹太人是最终的国际主义者，同时又是极端的部落主义者，他们漠视非犹太人。这样的阴谋跨越了地理障碍，有数以百万计的犹太人参与，是世界上最保守的秘密，每一个犹太儿童都在某个年龄段知道这个秘密，并同意参与其中。仅仅是因为必须涉及的几乎不可能实现的大规模协调和大范围保密，对

---

① 的确，很多传说都基于老套的对犹太人的刻板印象，例如“荆棘丛中的犹太人”。

② 该谣言显然在一定程度上与兽性犹太人的谣言相矛盾，但这也并不让人意外；很多反犹谎言都自相矛盾，而这些自相矛盾的谎言却同时被众多反犹主义者同时相信。

③ 有些是反犹主义的拙劣模仿，有些则是照搬抄袭对其他组织（例如共济会）以及对其他统治者（例如拿破仑三世）的批判。

④ 美国商人亨利·福特打印了五十万份《锡安长老议定书》，并进一步创造了他自己的反犹作品《国际犹太人》。

于不具备反犹主义思维的人来说，这种想法似乎有些牵强离奇，但对许多反犹主义者来说，这都完全是合情合理的。

传言所有的犹太人都是阴谋的一部分，他们是骗子和敌人，因为他们共有要摧毁或支配非犹太人的秘密计划。传言不能相信一个自称为德国人、法国人或美国人的犹太人，因为在他心中，他不过是一个犹太人，忠于自己的民族，永远不会有任何真正的友谊或对他人的爱。

这种对犹太人“双重忠诚”的指责可以追溯到几百年前，是中世纪犹太人从许多欧洲国家流离失所的主要原因之一。现在集中讨论一个“双重忠诚”指控的案例，这个案例是反犹主义最疯狂和最极端的形式——德国犹太人的遭遇。

德国犹太人（统称为阿什肯纳兹人）长期居住在神圣罗马帝国的德国各州，随着国家的统一和现代德国国家的诞生而成为德国公民。作为启蒙思想的产物（以及与之相对应的犹太运动“哈斯卡拉运动”），德国犹太人拥抱接受了他们的新国家，选择不把自己称为另一个民族，而是称自己为信奉摩西宗教的德国人。他们不希望自己被视为“他者”，而希望被视为德意志民族的一个合法部分，与任何其他群体或亚民族一样，仅仅是一个非基督教的群体或亚民族。

尽管德国的反犹主义情绪日益高涨，但犹太人希望通过在第一次世界大战中的战斗来证明他们对国家的忠诚。在第一次世界大战中，数万名德国犹太人参战，许多人死亡，他们经常与其他英法犹太人作战 。对他们来说，他们只是德国人。但战时的军队人口普查表明犹太人逃避兵役或只在非战斗军队中服役。[①] 事实是，犹太人因在德国战斗部队中的代表性过高而在战争期间受到压制。德军中的犹太人曾被用作德国战败的借口。德国高级将领和国王都曾重复这一说法，后来这也成为纳粹党的一个重要话题。战后，德国政治家兼作家阿尔弗雷德·罗斯（Alfred Roth）承认战争时期的人口普查表明犹太人实际上并没有逃离战场，但他用“背后捅刀子”来形容犹太人在战场上的作用。罗斯在其著作《军队中的犹太人》中称犹太人确实大量入伍，但只有这样他们才能从中获利并充当间谍。这一观点后来被广泛传播。此外，犹太军官还被指控培养了一种让士兵们相信战争已经

① Richard J. Evans, *The Coming of the Third Reich* (New York: Penguin, 2003), p. 150.

失败的失败主义心态。[①]

这是阴谋论的著名例子。无论出现什么样的证据，都将根据阴谋论对之加以解释：如果犹太人拒绝战斗，他们就不是真正的德国人；如果他们战斗，那也只是为了从内部摧毁德意志民族。

与许多其他毫无根据的反犹阴谋论一样，“说谎的犹太人”这种谎言产生了现实世界中最悲惨的后果。一旦公开的反犹纳粹党上台，德国犹太人（以及后来生活在德国占领区的犹太人）被集中在有围墙的城市贫民区和集中营，他们的财产被没收，歧视他们的法律被通过，最终犹太人要被系统地灭绝，这意味着要从世界上彻底消灭犹太人（或纳粹指定的所谓“犹太种族”）。

这一事件在第二次世界大战结束时以纳粹战败而告终，大约 600 万犹太人丧生，被称为犹太大屠杀（Holocaust），至今仍是世界历史上规模最大、最引人注目的种族主义和“种族灭绝”的例子。[②]

然而，这篇文章并不涉及针对犹太人的攻击，而是关注针对犹太人的指控和谣言，而在这方面，大屠杀远非 20 世纪暴力的历史事件。大屠杀仍然是反犹主义者心中所想，只不过他们认为，大屠杀从未发生过。

虽然这是有史以来最证据确凿的“种族灭绝”事件，数以千计的照片、录像和物证（如集体墓穴）都存在，甚至经历暴行的幸存者仍然活着，但否认大屠杀是最受欢迎且最持久的反犹谎言之一。相信这种谎言的人认为，所有的证据，包括战争时期的日记、幸存者的叙述，甚至死亡集中营警卫自己的坦白都是假的。这是这种形式的谎言具有巨大影响力的例证。最具讽刺意味的是，尽管声称大屠杀从未发生过，许多反犹主义者认为现在应该发生这样大规模的屠杀。

否认大屠杀有多种形式，从否认 600 万的数目，到声称纳粹所谓的“犹太人问题的最终解决办法”只包括驱逐出境，根本没有犹太人被蓄意杀害。在这种情况下，否认大屠杀者认为，“大屠杀本身恐怕是有史以来最大

① Richard S. Levy, *Antisemitism: A Historical Encyclopedia of Prejudice and Persecution* (Santa Barbara: ABC-CLIO, 2005), pp. 623–624.

② 需要指出的是，尽管犹太人是当时被攻击的最大的一个群体，但并不是唯一的被攻击的群体；在纳粹政权统治时期，包括吉卜赛人、同性恋、精神病人、政治对手等在内的诸多其他群体也被系统地屠杀。

的谎言”，意在把责任推给犹太人的敌人，并作为犹太人长期计划的一部分，以此向全世界人民祈求同情。

一个普遍的说法是，犹太人通过“编造”大屠杀，现代以色列国才被允许存在，他们使用大屠杀记忆作为借口，逃脱对巴勒斯坦人的战争罪行。因此，犹太人不仅被描绘成骗子，而且被描绘成“哭哭啼啼的婴儿”，利用虚构的历史事件来逃避他们目前的真实计划和罪行。许多德国人声称他们的国家过于强调纳粹战争罪行，而对大屠杀的记忆实际上是欧洲反犹主义情绪的驱动力（被称为第二次反犹主义）。① 正如以色列精神病学家兹维雷克斯所说：“因为奥斯威辛集中营的存在，德国人永远不会原谅犹太人”。对大屠杀发生与否的怀疑早在战争时期就已经出现了。当第一批关于暴行的报道开始流传时，德国的宣传和造谣机器很快出来把大屠杀等同于第一次世界大战时期被揭穿的“德国尸体工厂”的恐怖故事：声称德国人利用英国人的尸体制造脂肪，但根本没有德国人利用英国人尸体制造脂肪这样的事发生，所以大屠杀也同样不存在。②

当战局快定的时候，德国人积极销毁许多证明德国暴行的记录。③ 尽管仍有许多证据，但那些不可信的谣言，以及由于德国企图掩盖证据而缺乏的完整记录，仍然被用来作为否认大屠杀的证据。

正如第一次世界大战后发生的那样，许多人认为，为了证明美国和英国侵略的正当性（似乎不顾战争是由德国入侵波兰而引起的事实），德国人再次受到指责，并被描绘成怪物。美国历史学家哈里·埃尔默·巴恩斯是西方最早宣称大屠杀是谎言的人之一。在 1962 年的著作《修正主义和洗脑》中，巴恩斯声称：“对德国暴行的故事和其他针对德国民族性格和行为的诽谤，没有任何严肃的异议或协调一致的挑战。”后来，他引用法国历史学家的话：“我们必须称他们为骗子，从那些不存在的、神话的和假想的尸体中获得数十亿马克的以色列政治家把大屠杀数字歪曲夸大了。”④ 换句话说，他认为作为骗子的犹太人为了经济和政治利益而“发明制造”了大屠杀。

---

① Andrei S. Markovits，“A New（or Perhaps Revived）‘Uninhibitedness’ toward Jews in Germany，” *Jewish Political Studies Review*，18（2016）：1-2.

② Joachim，Neander，*The German Corpse Factory. The Master Hoax of British Propaganda in the First World War*（Saarbrucken：Saarland University Press，2013），pp. 8-9.

③ 例如，25000 具拉脱维亚犹太人尸体被挖掘出来焚烧灭迹。

④ Lipstadt，*Deborah Denying the Holocaust*（New York：Free Press，1993），pp. 73-74.

今天否认大屠杀的言论不仅存在，而且广泛传播，如通过美国极右翼组织的互联网论坛传播直至官方政府。伊朗前总统艾哈迈迪内贾德是一位坚定的反以色列分子，他在2005年接受半岛电视台采访时声称："他们以屠杀犹太人的名义编造了一个谎言，并认为这个谎言高于上帝、宗教和先知。"[①]

尽管许多否认大屠杀的人声称，质疑大屠杀本身并不反犹太人，而且过去也曾对二战盟军提出过类似的指控（通过指控他们证明入侵欧洲是公正的），然而在21世纪，所有这些编造历史故事的指控都是针对国际犹太人和以色列国的。

据美国大屠杀纪念馆前馆长沃尔特·里奇（Walter Reich）介绍："大多数大屠杀否认者的主要动机是反犹主义，对他们来说，犹太大屠杀是一个令人恼火的不方便提及的历史事实。毕竟，犹太大屠杀被公认为有史以来最可怕的罪行之一，而且无疑是现代邪恶的象征。如果这一罪行是反犹主义走向其逻辑终点的直接结果，那么反犹主义本身，即使在私下交谈中表达出来，也不可避免地会在大多数人中受到怀疑。有什么更好的方法来恢复反犹主义，使反犹主义的论点在文明的话语中再次受到尊重，甚至使各国政府能够接受奉行反犹主义政策，而让全世界相信，被指责为反犹主义的巨大罪行实际上从来没有发生过，这只不过是一个由犹太人发明的框架，并通过他们对媒体的控制来加以传播。简言之，有什么比否认犹太大屠杀更能让反犹主义的世界再次安全？"[②]

作为最大的反犹暴行的犹太种族大屠杀，都可以被视为谎言，更不用说更小的现代攻击。虽然反犹主义似乎在全世界抬头，但许多此类攻击被认为是犹太人针对自己设计的"假旗帜"行动，目的是引起全世界的同情，并把自己描绘成受害者（而非掠夺者）。例如，2018年匹兹堡生命之树犹太会堂枪击案，11名祈祷者被杀。在各类白人至上论坛上发表的网络对话表明在种族主义和极右翼意识形态进入美国主流之际，这次袭击是一面"假旗帜"，目的是获得对犹太人的同情，以此来诋毁白人民族主义。[③] 有些基督徒认为犹太人对历史的修改似乎也延伸到了他们自己的过去。这种在虔诚的基督徒中

---

① "Ahmodinejad: Holocaust a Myth," December 14, 2005, https://www.aljazeera.net.

② Walter Reich, "Erasing the Holocaust," *The New York Times*, July 11, 1993.

③ Abigal Hauslohner, Abby Olhlheiser, "Some Neo-Nazis Lament the Pittsburgh Massacre: It Derails their Efforts to be Mainstream," *The Washington Post*, October 30, 2018.

特别流行的反犹谎言与犹太人身份本身有关。虽然犹太人与魔鬼结盟是不可逆转的邪恶，但圣经清楚地指出，他们是上帝所拣选的人民，上帝与他们建立了一种特殊的爱与关怀的关系。对于一个信教的基督徒来说，这是不可否认的，因为圣经被认为是上帝的直接话语。而这并不符合反犹的基督徒的需要。

为了实现宗教教条与反犹情绪的调和，在基督教历史的大部分时间里通常的推理是这样的：犹太人是上帝所拣选的人，只要他们履行与上帝的契约，敬拜上帝，上帝就保护他们不受敌人的伤害；而如若他们追随其他神，则会遭受惩罚，通常的惩罚形式是允许他们被自己的敌人打败。上帝对犹太人的一个主要承诺是弥赛亚的到来，他是一个神话人物，象征着末世的开始，将拯救犹太人脱离所有敌人。对于过去和现在的宗教犹太人来说，弥赛亚的到来是他们的信仰，他们等待并期待着他的到来；到目前为止，他还没有出现。然而，对基督徒来说，耶稣不仅是上帝的儿子，而且是应许的弥赛亚，犹太人拒绝承认这一事实是犹太人背离上帝的另一个例子。因此，上帝取消了对犹太人的恩惠，以便与基督教国家缔结新的盟约；上帝最喜爱的人民不再是“肉身的以色列”，而是“圣灵的以色列”。由于现代反犹主义是基于种族而不是宗教的，这种解释似乎已经不够了，因此，一种新的谎言应运而生。

在中世纪，基督教的欧洲与中东和北非的伊斯兰世界之间存在着明显的鸿沟，这一分裂经常导致侵略战争，正如在西班牙发生的一样；也会导致宗教战争。处于这些力量之间的国家不得不慎重地选择立场。①

例如，哈扎尔王国是夹在基督教和伊斯兰教之间的政治实体，这个政治实体不想疏远和结仇于任何一方。面对这一问题的解决方法是：哈扎尔王国的精英们皈依了被基督徒和穆斯林都认为合法的犹太教，而哈扎尔王国的宗教被定为异端，不被基督徒和穆斯林任何一方所接受和承认。当今社会的所有犹太人，尤其是源于欧洲的阿什肯那兹犹太人，实际上都是哈扎尔人，而原本的被上帝选中的“真正的”犹太人，都已被消灭，或者以一种新的身份存在（例如成为英国人，甚至日本人）。根据哈扎尔假说，犹太人被作为一个邪恶的种族而遭受诽谤与憎恨，而由于“真正的”犹太人

① 例如，俄罗斯的前身基辅罗斯就在考察过后决定采纳东正教。

已消失，现今的犹太人其实都是哈扎尔人，所以上帝选中的并不是当今社会的犹太人，因此针对这一群体的诽谤和仇恨并不与宗教信仰（上帝选民的观点）相悖。哈扎尔假说被许多反犹的白人至上组织所尊崇，在俄罗斯尤其如此，在俄罗斯，"哈扎尔"时常被作为"犹太人"的同义词使用。

在反犹主义者的心目中，犹太人的谎言不仅改变了历史，而且影响了许多时事，他们的邪恶之手对世界大多数（如果不是全部的话）负面事件负有责任，包括战争、重大政权更迭、金融崩溃和社会动荡。

四 "企图灭绝其他种族的犹太人"

从中世纪起，人们已经开始把犹太人看作敌人。随着外部社会和环境因素的变化，犹太人被作为敌人的形象也在改变。犹太人有时被看作一种寄生虫，从寄主身上榨取食物，因此依赖寄主；有时则被看作种族灭绝的疯子，他们决心彻底消灭他的基督教敌人（后来又要灭绝白人）。

犹太人被认为"企图灭绝其他种族"的这个观念可以追溯到马修·帕里斯的时代。帕里斯声称在 13 世纪蒙古人入侵东欧期间，蒙古人得到了欧洲犹太人的帮助，试图让前者征服和摧毁欧洲。根据这一理论，蒙古人（欧洲人在蒙古人入侵之前甚至入侵期间对其几乎一无所知）实际上是以色列失去的十个部落的一部分，因此他们自己也是犹太人。欧洲的犹太人希望帮助他们的兄弟，给他们送去装有隐藏武器的酒桶，并为其充当间谍。①

更糟糕的是黑死病在大约同一时间蔓延到欧洲，有传言称犹太人通过传播黑死病来削弱欧洲人的力量，因为在欧洲大部分地区遭受瘟疫之苦时，犹太社区似乎比其他地区受到的影响要小。但犹太社区受到的影响较小的真正原因是这种疾病通过羊毛传播，而犹太人的仪式强调高度清洁，包括在埋葬前清洗死者，这一切减小了黑死病在犹太社区的传播。②

犹太人没有以和他们的邻居相似的方式患病，而且假设犹太人和蒙古人之联系的观念甚至在马修·帕里斯第一次提到它之前就已经存在了，因

---

① Menache, "Matthew Paris's Attitudes toward Anglo-Jewry," *Journal of Medieval History*, Vol. 23, No. 2 (1997): 143.

② Anna Foa, *The Jews of Europe after the Black Death* (Berkeley, California: University of California Press, 2000), p. 146.

此我们可以追溯这种犹太人“企图灭绝其他种族”之谎言的起源。这个想法很简单，犹太人被认为在基督教村庄和城镇的水井里下毒，传播黑死病。在 20 世纪 80 年代和 90 年代，阿拉伯世界也有人指责犹太人是艾滋病和其他传染病的罪魁祸首。[①] 在现代以色列，仍能听到西岸的犹太定居者故意给巴勒斯坦人的饮用水下毒的传言。

斯大林时期的苏联政府就相信关于犹太人的谣言。1953 年，几名犹太医生被指控谋杀苏联领导人，并策划谋杀更多的人。这些医生被指控与联合会（一个犹太裔美国人组织）有联系，对资本主义有同情心。[②] 斯大林死后，医生们才被无罪释放，这件事最后被苏联认定为诬告。[③]

《锡安长老议定书》中详述了所谓的犹太人“企图灭绝其他种族”的阴谋。年长的犹太人计划通过制造战争和混乱来统治世界，并渗透到所有国家和社会阶层。在这份伪造的文件中，长老们声称他们在所有大国之间制造了不信任和仇恨；他们建立军队，以便制造混乱（第 3 号议定书）[④]；犹太人是世界上每一场恐怖袭击和战争的根源，是数百年计划的产物（第 13 号议定书）。[⑤]

尽管《锡安长老议定书》被证明是伪造的，但许多人仍然相信它，相信犹太人是一个强大的邪恶势力，没有这个势力，世界将成为一个和平与繁荣的地方。这个想法不仅限于极右翼分子。演员梅尔·吉布森（Mel Gibson）2006 年因酒后驾车被捕时，他指责抓捕他的警察：“犹太人要为世界上所有的战争负责。你是犹太人吗？”[⑥] 美国其他知名人士也表达了类似的看法，包括迈克尔·杰克逊和前总统理查德·尼克松。

下面将讨论一个灾难性的事件。这一事件——2001 年 9 月 11 日针对纽

① Walter Laqueur, *The Changing Face of Antisemitism: From Ancient Times to the Present Day* (Oxford and New York: Oxford University Press, 2006), p. 62.

② 这是苏联常见的针对犹太人的指控。有趣的是，在西方社会，犹太人常被视为共产主义的同情者，因为包括卡尔·马克思在内的很多早期共产主义领导人与思想家都是犹太人。

③ "The Doctors Trial: The Medical Case of the Subsequent Nuremberg Proceedings," *Holocaust Encyclopedia*, United States Holocaust Memorial Museum, https://www.ushmm.org.

④ 《锡安长老议定书》原文可在诸多网站找到，例如，在 https://www.archive.org 可找到完整俄语原版及英文翻译版。

⑤ 在 https: www.archive.org 可找到完整俄语原版及英文翻译版。

⑥ Sara Dover, "James Mee: Jewish Cop Who Arrested Mel Gibson Gets Trial in Discrimination Suit," January 12, 2012, https://www.ibtimes.com.

约和华盛顿特区的袭击直接导致了不稳定的时代。这一恐怖事件也被荒谬地指控为犹太人的阴谋。“9·11”事件造成约 3000 名美国人丧生，是反恐战争，以及入侵阿富汗和伊拉克的直接原因。犹太人和恐怖袭击有关的谣言几乎立即被传开，5 名拍摄世贸中心燃烧的高塔的以色列公民被逮捕，尽管后来证明这 5 人与以色列军方或情报部门没有任何联系。谣言声称以色列事先知道袭击，并警告在塔楼工作的犹太人和以色列人当天上午不要去上班。

事实上，多达 400 名犹太人死于“9·11”事件，其中 5 人是以色列公民。关于国际犹太人，特别是以色列对袭击事件负责的指控成了一种常见的谣言，并经常出现在白人至上的圈子里。据一名联合国前雇员说，许多联合国高级外交官都有类似的想法，相关言论也被发表在许多阿拉伯世界的出版物上。①

这则谣言可以用美国电台主持人杰夫·伦斯于 2009 年 3 月 17 日在自己的网站上发表的言论来概括，他说：“美国犹太人为了自己的经济利益发动了‘9·11’恐怖袭击，并诱使美国人民支持对中东国家的侵略和种族灭绝战争，以及为了以色列的利益盗窃他们的资源。”②

目前，西方世界的犹太人“企图灭绝其他种族”的谣言主要集中在一种被称为“大替代”的阴谋论上。白种欧洲人和美国人被非白人种族，特别是阿拉伯人、非洲人和拉丁美洲人故意取代，他们被鼓励在大多数白人国家移民和繁殖，并与白人通婚以摧毁和取代白人种族。当然，这一切都被认为是由犹太人策划和实施的。

这一理论最早是由坚信白人至上的法国作家雷诺·加缪于 2010 年提出的。这一理论与其他理论甚至更早的“白人种族灭绝”理论类似。

这一理论的起源甚至早于《锡安长老议定书》。1886 年，法国作家爱德华·德鲁蒙写道：“为了成功地攻击基督教文明，法国的犹太人不得不欺骗、撒谎，并伪装成自由思想家。如果他们坦率地说‘我们想摧毁这个古老而美丽的法国，用来自各国的少数希伯来人的统治取代它’，我们的祖先会反抗的。”③

---

① Pedro A. Sanjuan, *The UN Gang*: A Memoir of Incompetence, Corruption, Espionage, Anti-Semitism and Islamic Extremism at the UN Secrketariat (New York: Doubleday & Company Inc. 2005), p. 165.

② “Rense Website Promotes Anti-Semitic View,” March 17, 2009, https://www.adl.org.

③ Jean-Yves Camus, Nicolas Lebourg, *Far-Right Politics in Europe* (Cambridge, MA.: Harvard University Press, 2017), pp. 206-207.

法国民意研究所（French Institute of Public Opinion）2018 年 12 月的一项调查显示，这一理论广受欢迎，被 25%的法国人相信。在美国，尽管反犹主义根源被隐藏起来，但这一理论现在已经非常成熟，而且已被包装得更易让人接受。所有的白人民族主义领导人以及公开的种族主义和反犹主义团体（如 KKK）的领导人都相信并对之进行宣传。在 2017 年夏洛茨维尔集会上，手持火炬的新纳粹分子呼喊："犹太人不会取代我们。"

虽然"大替代"理论一般是反移民和反外国人的，但犹太人被认为是其背后的驱动力（犹太人还被认为反右翼，支持社会主义和社会正义）。因此，白人看到自己受到通婚和移民的威胁，开始反击，希望让自己再次成为伟大的白人。就笔者个人而言，作为一个欧洲血统的以色列犹太人，被定义为不属于"白人"，并且反对"白人"，这种想法是荒谬至极的。事实上，白人至上主义者所反对的国际犹太人不过是他们自己虚构的。

五 "操纵者犹太人"

从古至今，人们对犹太人有一种成见，即他们与放高利贷有关。高利贷是一种有息放贷，尤其是作为一种商业和银行模式进行放贷的行为。根据《圣经》，这一做法在犹太人之间被禁止。在整个中世纪，高利贷在基督徒之间也被禁止。因此，中世纪的犹太人找到了一个生钱的渠道——借钱给非犹太人。虽然放贷确实是部分犹太人的生计，但其遵循的是社会和经济现实，而不是因为贪婪和邪恶去放贷。下面将讨论英国犹太人的放贷情况。

犹太人跟随征服者威廉来到英国。教会不允许基督徒借钱给其他基督徒以获取利息。但如果没有利息，多余的钱就有可能永远得不到回报，没有盈利的可能性。因此诺曼底王朝和金雀花王朝的英国国王让犹太人充当庄家的角色。由于犹太人被禁止从事其他行业，他们只好在诅咒声中从事这一职业。当国王向犹太人征收巨额税款时，[①] 犹太人实际上是在为国王充当非官方的税务员。他们从英国人民那里获得利益，国王又对他们课以重税，但国王反过来保护他们免受周围反犹主义的困扰，而反犹主义存在的部分

---

① 例如，亨利三世在仅仅 1 年的时间里征收了全体犹太人财富的 1/3。

原因当然在于犹太人积累的财富。每当一个英国国王要解除对犹太人的保护时，针对犹太人的攻击就接踵而至，目标是富有的犹太人和他们讨厌的账本。这种攻击在爱德华一世时期达到顶峰，当时，所有犹太人都被驱逐出英国，意大利和佛兰德的新商人开始从事高利贷生意。①

英国犹太人的经历与欧洲大部分地区的犹太人的经历相似。即使在取消了大多数职业的限制之后，犹太人与银行业之间也有着良好的关系。富有的犹太银行家族非常稳固，其中一些家族历经整个欧洲王朝而不倒：最著名的是罗斯柴尔德家族，他们也是犹太复国主义运动的支持者，许多反犹阴谋都围绕着他们展开。

例如，在被杜撰的《锡安长老议定书》中的第六项提案中，有人声称："不久，我们将开始建立大公司，并储备大量财富，世界人民的庞大财富也将依靠这些财富。我们的财富储备如此巨大，以至于当宣布我们政治革命的那天，全世界的财富都将在我们一声令下后灰飞烟灭。"②

又如，被捏造的第三项议定书提案规定："所有隐藏的工具都在我们手中，所有的黄金都在我们手中，我们将制造一场国际金融危机，使大批工人在一天之内走上街头——遍布欧洲。然后，这些群众会急忙去抢劫那些他们一直嫉妒的人。他们不会伤害'我们'，因为我们将确定攻击的日期，并使用我们的一切手段来保护我们自己和我们的财产。"③

因此，根据这一谎言，犹太人把他们对全世界金融系统的控制权作为一种武器，用来对付所有非犹太人，并将其作为一种通过贷款和其他银行业务来为自己攫取财富的方式，来掌控非犹太人的生活。犹太人和财富之间的联系如此紧密，以至于在世界上几乎完全没有反犹主义的地方，人们也都普遍相信这一点。例如，在日本，虽然犹太人直到近代才在那里生活，但日本经常出版关于犹太人财富秘密的书籍。④

传言犹太人控制"奴隶"的另一种主要方式是控制媒体。由于许多好莱坞演员、导演和电影主管碰巧是犹太人，而且随着《锡安长老议定书》

① Patricia Skinner ed., *Jews in Medieval Britain: Historical, Literary and Archaeological Perspectives* (1st ed.), (Woodbridge: Boydell Press, 2012), pp. 55–57.

② *The Protocol of Elders of Zim*, pp. 24–25, https://www.archive.org.

③ *The Protocol of Elders of Zim*, pp. 16–20, https://www.archive.org.

④ Ben-Ami Shillony, *The Jews and the Japanese: The Successful Outsiders* (Rutland: Charles E. Tuttle Company, 1991), pp. 134–135.

提到对媒体（特别是报纸）的控制，犹太人控制媒体的指控已然成为一种陈词滥调。

美国有线电视新闻网（CNN）援引 2019 年在德国进行的一项调查结果，1/4 的受访者声称犹太人在商业和媒体上拥有太多权力。“大替代”理论的支持者们声称，西方“犹太”媒体对西方当前的自由主义态度负有责任，包括全球化、多元文化主义、种族平等、女权主义、同性恋权利和离婚正常化等观念，这些观念作为犹太人阴谋的一部分被其用来给白人洗脑。

甚至最近，Incel 论坛（非自愿独身者的论坛，一个由找不到浪漫伴侣的男性组成的在线社区）指责犹太人创建了社交媒体和约会应用程序，这鼓励了女性滥交和种族间的杂交。这些媒体和其他媒体（如电视节目和电脑游戏）是用来娱乐并进一步麻痹大众的，让他们无法抗拒犹太人的剥削和控制。

“操纵者犹太人”之谎言称，通过使用世界媒体和金融系统（还有其他的方式），犹太人能够继续牵制世界政府和普通人民，所有这些都是为了剥削和控制他们。

结　语

2019 年底，在笔者写下这些话的时候，反犹主义正在卷土重来。整个欧洲，极右翼政党的反犹主义谎言越来越多，其中一些政党正在使用反犹主义的言辞。

与此同时，其他人虽然没有直接对犹太人指手画脚，但也用同样的花言巧语来吸引他们的选民，使用诸如“全球化者”“国际主义者”“社会主义者”等委婉语指代“犹太人”。这种被称为“狗哨”（指使用编排过的隐语向特定人群传递信息的手法。普通大众可以理解被传递的信息，但是实际的目标群体则会对被传递的信息有更明确甚至更深层的理解）的做法，是为了让那些“知情者”理解，同时给自己留下对反犹主义指控进行否认的余地。在整个欧洲，今天的犹太人感到比几年前更不安全（根据反诽谤联盟网站的分析），许多人考虑离开自己的家园，移民以色列。在美国，这种花言巧语和吹“狗哨”的现象也在增加，自 2016 年唐纳德·特朗普当选美国总统以来，反犹攻击的数量每年都在增加。[①]

当我们听到这种针对“全球主义”势力的攻击时，我们应该清楚地知道它们的来源，明白它们的真正含义。虽然犹太人远不是这个时代唯一受到攻击的群体，但他们往往被挑出来当作大规模移民、社会变革和国际敌对行动的幕后策划者。

在西方自由派圈子里，犹太人作为一个特权阶层而理应被否定的观点也变得越来越流行。令人咋舌的是，伊斯兰世界、西方极右派和西方极左派之间，除了把犹太人视为共同的敌人之外，似乎没有多少共识。

反犹主义谎言已经存在了很多个世纪，而现在的谎言披上了新“外衣”，兼具了21世纪的时代特点。以前的“吸血鬼犹太人”在当代被污蔑为“器官盗取者”；以前的“长鼻犹太人”是现在的“犹太裔美国公主”；以前所谓“往井里投毒的犹太人”是当今所谓的“大替代理论的拥护者”；以前放高利贷的犹太人是现在“别有用心”的应用开发者。在众多谎言中，有一种观念似乎永远荒唐地保持着高度一致，那就是：国际犹太人一直在密谋毁灭他们的敌人。而显然，这一密谋并非犹太人所擅长的。

（作者单位：埃雷兹·莱文，四川外国语大学重庆非通用语学院；
李兰兰，四川外国语大学国际教育学院）

The Five Pronged Jew：Anti-Semitic Canards in their Ancient and Modern Forms

Erez Levin

Abstract：Anti-Semitic canards have been around for millennia，signaling out the Jewish ethnicity as especially vile and dangerous. Especially in Christin Europe，the canards told about the Jews were widely believed and acted upon，leading to centuries of anti-Semitic attacks，culminating in the Jewish holocaust. The current article divides all major canards into five categories，exemplifying the

① “Poll：Domestic Issues Dominate The Priorities Of The Jewish Electorate，” Jewish Electorate Institute，May 22，2019.

fact that all modern Jewish stereotypes and conspiracy theories have their origins in old canards dating as far back as the middle ages. The Vampiric Jew canards deal with issues of blood theft and consumption; the Bestial Jew canards describe the Jew as a sub-human being; The Liar Jew canards describe the a-historical nature of the Jews; The Genocidal Jew canards reveal the Jew's wish to destroy all who oppose him; The Puppeteering Jew canards talk about Jewish conspiracies of exploitation and control.

Keywords: Anti-Semitism; Blood Libel; Holocaust Denial; Elders of Zion

• 以色列与中东 •

以色列与周边国家关系

——基于“事件数据分析法”的视角*

陈广猛

内容提要 本文首先对以色列的总体对外关系进行了简要介绍；其次分析了以色列同其陆上邻国埃及、约旦、叙利亚、黎巴嫩和巴勒斯坦的双边关系；最后以国际关系研究的“事件数据分析法”作为工具，全面梳理了以埃、以约、以叙、以黎和以巴五组双边关系，并通过图形化的方式将这五组双边关系的发展历程直观地展示出来，同时进行横向和纵向的相互比较，以形成对以色列与其周边国家关系的更深入认识。

关键词 以色列 周边国家 事件数据分析法

以色列是中东的一个弹丸小国，却有着与其领土极不相称的国际知名度。它于 1948 年宣布建国，之后与周边阿拉伯国家的关系一直比较紧张，历经了多次战争。但在此种不利的国际环境下，以色列却发展成为中东地区的经济、军事和科技强国。随着近年来中国在中东地区的利益日趋多元化和中东政策的逐步调整，以色列在中国外交中所占地位逐渐提升，对其客观而准确的认知需求也显得日益增长，而以色列与周边国家关系则是其中的一个重要方面。

从国内外现有的文献看，专门研究以色列与周边国家关系的著作目前尚付阙如。已有的关于以色列对外关系的描述主要来自以色列通史类的著作、有关以色列的概论，以及少量的关于以色列与特定国家双边或多边关

* 本文系四川外国语大学 2018 年度校级后期资助项目“以色列与周边国家关系研究”（编号：sisu2018084）阶段性成果。

系的研究论述;[①] 在研究方法上以定性研究为主，缺少用社会科学定量研究方法进行研究的成果。本文试图做出另类尝试，用国际关系中较有特色的“事件数据分析法”来研究以色列与其周边陆上邻国的关系，以期对这一中东热点国家形成更为深入的认识。

一　以色列的总体对外关系概观

1948 年 5 月 14 日，以色列宣布建国。1949 年 5 月 11 日，以色列正式加入联合国。由于与巴勒斯坦以及阿拉伯国家的矛盾，以色列在 1948 建国之后，长期遭到伊斯兰国家的抵制，并受到外交上的孤立。但时至今日，以色列已与绝大多数联合国成员国建立了外交关系。[①]

总的来看，以色列奉行一种全方位的外交政策。[②] 其对外关系的处理大致可分成几个方面：一是维护与美国的特殊盟友关系；二是保持与欧洲国家的友好关系；三是积极发展与俄罗斯的关系；四是拓展与亚非拉发展中国家的关系；五是争取同周边阿拉伯国家实现和解（虽然这并不容易）。

和美国保持紧密关系一直是以色列外交政策的重点。但值得注意的是，美国虽是世界上首个承认以色列的国家，但在以色列建国之初，美以之间的特殊关系并不明显；直到 1956 年“苏伊士运河”事件之后，面对苏联在中东地区咄咄逼人的进攻态势，美国才开始逐步重视以色列在中东的战略地位。而以色列也积极主动，多次表明亲美立场，配合美国与苏联争夺中

---

① 关于以色列通史的研究著作有张倩红的《以色列史》（修订本），人民出版社，2014；肖宪的《以色列史话》，中国书籍出版社，2016。关于以色列概论的研究著作有虞卫东的《当代以色列社会与文化》，上海外语教育出版社，2006；杨曼苏的《今日以色列》，中国工人出版社，2007；王戎的《以色列概况》，世界图书出版公司，2014；雷钰、黄民兴的《列国志：以色列》（第二版），中国社科文献出版社，2015。关于以色列与特定国家双边关系的研究成果有李伟建的《以色列与美国关系研究》，时事出版社，2006；孙德刚的《以色列与伊朗关系评析》，《现代国际关系》2009 年第 5 期；章波的《冷战时期土耳其和以色列关系述评》，《西亚非洲》2010 年第 8 期，等等。

① 截至 2017 年 3 月，以色列与 159 个国家建立了外交关系，参见“Israel Set to Renew Diplomatic Ties with Nicaragua,” March 28, 2017, https://www.timesofisrael.com/israel-said-to-renew-diplomatic-ties-with-nicaragua/, Israel Ministry of Foreign Affairs。据人民日报海外网消息，当地时间 2020 年 8 月 13 日，阿联酋外交部发表声明称，阿联酋将与以色列实现关系全面正常化。这意味着阿联酋将成为继约旦和埃及之后，第三个同以色列正式建交的中东阿拉伯国家。

② 当然，这只是一种理念，与伊斯兰国家关系的实际状况则是另一层面的问题。

东地区霸权。美以双方展开密切合作，关系变得“特殊”。尤其是，美国为武装以色列，为以色列提供了大量的军事援助。[①] 1948 年至 2012 年，美国向以色列提供了 2337 亿美元的援助（通货膨胀调整后计算），并且为以色列提供了 190 亿美元的贷款担保。[②]

以色列同欧洲国家的关系则较为复杂。一方面，爱历史因素的影响，欧洲自古以来就是“反犹主义”（Anti-Semitism）较为盛行的地区，并且在二战中德国纳粹还屠杀了大量犹太人，以色列人对欧洲并无好感；另一方面，以色列虽然在地理上属于亚洲，但它在文化上又与欧洲有较多关联，其社会制度、价值观念乃至生活方式等很多方面与欧洲国家相似，以色列的商品出口也更多地面向欧洲市场，这是双方发展友好关系更为重要的现实基础。[③] 实际上，二战结束之后，随着幸存的欧洲犹太人大量移民以色列，历史纠葛已不再是发展以色列与欧洲国家关系的障碍，地缘政治和现实利益的考虑是双方关系更为重要的影响因素。

和俄罗斯的关系对以色列有特殊的意义。苏联曾对“巴以分治决议”投赞成票，并且是紧跟着美国第二个承认以色列独立的国家。在冷战结束以前，苏联长期是全世界范围内犹太人最多的国家。在冷战时期，以色列与苏联的关系起伏不定，时好时坏。[④] 1991 年苏联解体之后，其境内的大量犹太人开始移民以色列。目前，以色列有 100 多万俄裔犹太移民，俄语也是以色列除希伯来语和阿拉伯语之外使用人数最多的语言。以大卫·利伯曼（David Liberman）为首的俄裔犹太移民政党在以色列政坛有很强的影响力，是俄以关系的重要影响因素。

以色列与非洲国家的关系大致可分成两方面：与绝大多数北非阿拉伯国家没有建立正式的外交关系（除了 1979 年与埃及建交）；而与撒哈拉沙漠以南非洲国家的关系则大不相同。1967 年“第三次中东战争”后，阿以之间的矛盾日趋激烈，非洲伊斯兰国家与以色列的关系也不断降温。1973

---

① 雷钰、黄民兴：《以色列（第二版）》，社会科学文献出版社，2015，第 224 页。

② Ora Coren & Nadan Feldman, “U. S. Aid to Israel Totals $ 233. 7b over Six Decades,” *Haaretz*, March 20, 2013, http: //www. haaretz. com/business/u-s-aid-to-israel-totals - 233 - 7b-over-six-decades. premium - 1. 510592.

③ 王戎：《以色列概论》，世界图书出版公司，2014，第 349 页。

④ 有关苏联与犹太人关系的详细论述可见周承《以色列新一代俄裔犹太移民的形成及影响》，时事出版社，2010。

年“第四次中东战争”前后，在非洲伊斯兰国家以及“非洲统一组织”的号召下，非洲大陆 29 个国家相继与以色列“断交”，只有南部非洲的马拉维、南非、斯威士兰和莱索托等国家与以色列保持着外交关系。[①] 20 世纪 90 年代以来，随着巴以和平进程的启动和推进，以色列与大多数非洲国家又逐渐恢复了外交关系。截至 2019 年底，以色列与撒哈拉沙漠以南非洲国家中的绝大多数（包括那些以穆斯林人口为主体的国家）都建立了正式的外交关系。以色列与非洲国家关系的发展，主要通过对非洲国家的援助，以及派遣农业、水利和医疗专家到非洲等方式推动。

以色列与拉丁美洲相距较远，也较少有历史瓜葛，总体关系还不错。1947 年联合国 181 号决议通过时，20 个拉美国家中有 13 个都投了赞成票。20 世纪五六十年代，以色列发展全方位外交，通过农业、医疗等援助，以色列与拉丁美洲的关系不断提升。由于较少有军备竞争的顾虑，以色列还通过军售与拉美国家加强联系。实际上，以色列军工产品的出口位居世界前列，而向拉美国家军工产品的销售则占其总出口额的一半以上。[②] 2018 年 5 月，美国宣布将大使馆迁至耶路撒冷之后，有几个国家附和美国也提出将大使馆迁至耶路撒冷，其中包括洪都拉斯、危地马拉、巴拉圭等国。

以色列同亚洲国家的关系，可分成两类：一类是与西亚、南亚、东南亚、中亚伊斯兰国家的关系，通常不太好；另一类是与其他非伊斯兰亚洲国家的关系，一般还不错。从民族交往看，亚洲国家一般没有类似于欧洲那样的反犹主义传统；从历史上看，以色列和亚洲多数国家是在西方侵略与殖民背景下诞生的，都有些弱者心态，会相互同情。同时，近年来随着亚洲国家经济的快速发展，拥有高科技、军事技术优势的以色列对于亚洲国家的关系愈加重视，尤其与印度、中国等大国的科技、创新合作日渐增多。

二　以色列与周边国家关系概述

虽然以色列对外交往的对象国有 150 多个，但最基础的是与周边邻国的关系。以色列的陆上邻国有 5 个，依次是埃及、约旦、叙利亚、黎巴嫩，以

① 王戎：《以色列概论》，世界图书出版公司，2014，第 349 页。
② 王戎：《以色列概论》，世界图书出版公司，2014，第 367 页。

及巴勒斯坦[①]。海上邻国包括沙特、塞浦路斯、土耳其等。由于海洋的特性，使得隔海相邻的双边关系较难界定。因此，本文仅选取以色列的陆上邻国作为研究对象。

自1948年建国以来，以色列与周边每一个国家都发生过战争，其中大的战争有五次，即所谓的“五次中东战争”。它们分别是1948年的第一次中东战争（又称“巴勒斯坦战争”，以色列称“独立战争”）；1956年的第二次中东战争（又叫“苏伊士运河战争”）；1967年的第三次中东战争（又称“六日战争”“六・五战争”）；1973年第四次中东战争（又称“赎罪日战争”“斋月战争”“十月战争”）；以及1982年的“黎巴嫩战争”[②]。这几场战争，在某种程度上塑造了当今以色列与周边国家关系的基础。以下即在此基础上，对以埃、以约、以叙、以黎和以巴五组双边关系做简要介绍。

（一）以色列与埃及的关系

埃及是中东地区的大国之一，人口约1亿[③]。以色列自1948年建国以来，和埃及曾发生了四次大的战争。1967年“第三次中东战争”中，埃及军队损失惨重，其西奈半岛也被以色列军队占领。直至1977年11月埃及总统萨达特突访耶路撒冷，以埃两国紧张关系才逐步缓解，并在1979年签署《戴维营协议》建立正式外交关系。此后以埃双边关系的发展也并非一帆风顺，但总体上，双方还是遵守《戴维营协议》，保持着正常的外交关系。

（二）以色列与约旦的关系

约旦的全称是约旦哈希姆王国，位于以色列东部，是一个比较小的阿拉伯国家，人口约1060万[④]，其中包括巴勒斯坦、叙利亚和伊拉克等国的难民200多万，首都安曼人口约400万，各方面来说比较稳定。1948年第

---

① 虽然1947年联合国通过了阿以分治决议，但由于受各种因素的影响，巴勒斯坦至今尚未正式建国，只在2012年11月被联合国接纳为观察员国。国际社会的现状是普遍将巴勒斯坦看成一个独立国家，并且2015年9月联合国大会通过决议，允许巴勒斯坦在联合国总部升起国旗，作为对其国家地位的一种认可。

② 虽然也有人将此次战争称为“第五次中东战争”，但由于战争主体不太明确，此种说法并未被广泛接受。

③ 中国外交部官网各国概况2019年数据。

④ 中国外交部官网各国概况2019年数据。

一次中东战争中，约旦曾成功占领东耶路撒冷。但 1967 年第三次中东战争后，约旦河西岸和整个耶路撒冷被以色列所控制。1994 年，在马德里举行的中东和会上，约旦和以色列实现了和解，建立了正式的外交关系。目前，以约关系总体正常。

（三）以色列与叙利亚的关系

叙利亚全称是阿拉伯叙利亚共和国，位于以色列的东北部，人口近 1827 万[①]。叙利亚是世界几大古文明发源地之一，拥有较好的旅游基础和发展潜力，但 2010 年"阿拉伯之春"后，叙利亚陷入内战，至今仍未结束。1967 年第三次中东战争中，其南部的戈兰高地被以色列占领，至今仍处于以色列的实际控制之下。目前，以叙两国仍保持着敌对关系，尚未实现和解和关系正常化，尤其是叙利亚与反以武装组织黎巴嫩真主党以及伊朗关系密切，是影响以叙关系的重要因素。

（四）以色列与黎巴嫩的关系

黎巴嫩的全称是黎巴嫩共和国，该国南部与以色列交界，人口只有约 607 万[②]。境内拥有众多的历史文化古迹，旅游业较为发达。黎巴嫩的一个特色是国内教派较为复杂，基督教势力较为强大，并且伊斯兰教什叶派和逊尼派势力也大致相当，三派势力在黎政坛呈现三足鼎立之势。黎巴嫩在几次中东战争中，与以色列之间几乎没有领土争议。虽然 1982 年以色列曾对黎巴嫩南部的巴勒斯坦解放组织（PLO）发动越境武装打击，但于 1985 年完全撤军。目前，以黎关系仍未和解，双边关系尚未实现正常化。

（五）以色列与巴勒斯坦的关系

以色列与巴勒斯坦的双边关系是以色列与周边国家关系中最为复杂的一组。目前巴勒斯坦主体分了两个部分，即西部的加沙地带和东部的约旦河西岸，分别由哈马斯和法塔赫所控制，人口共约 508 万，但巴在外还有 760 多万的难民和侨民[③]。巴勒斯坦解放组织（PLO）自 1964 年成立之后，

---

① 中国外交部官网各国概况 2017 年数据。

② 中国外交部官网各国概况 2019 年数据。

③ 中国外交部官网各国概况 2019 年数据。

就一直作为巴勒斯坦人民的代表，得到了国际社会的普遍承认，但巴勒斯坦至今仍未建国。1993 年，马德里和会上，时任以色列总理拉宾和巴勒斯坦解放组织执行委员会主席阿拉法特签署了历史性的和解协议。但此后，巴以和平进程并不顺利，尤其是 1995 年拉宾遇刺、2005 年以色列单边从加沙撤出、2009 年内塔尼亚胡上台等一系列事件，使得巴以关系动荡不安；虽然 2003 年，联合国接纳巴勒斯坦为观察员国，但巴以之间并未实现持久和平，巴以争端仍是当今世界的一个国际性难题。

总的来看，以色列与周边邻国的关系并不和睦。除了与埃及、约旦在 1979 和 1994 年签订和约实现关系正常化之外，与叙利亚、黎巴嫩、巴勒斯坦之间仍保持着敌对状态。但这只是一般的总体性印象，要想对这五组双边关系有更深入的认识，还需要在研究方法上进一步创新。

三 “事件数据分析法”及其应用

（一）“事件数据分析法”的理论基础

20 世纪 60 年代，国际关系研究掀起了一股“科学化”运动的潮流，该运动的主要发源地和应用地都在美国。“事件数据分析法”（Event Data Analysis）正是国际关系研究中“行为主义”学派的产物，主要用于测量和分析国家间的双边和多边关系。

20 世纪 70 年代，在查尔斯·麦克莱兰（Charles McClelland）、爱德华·阿扎尔（Edward Azar）等人的推动下，“事件数据分析法”开始在美国初步发展，并建立了一些相关数据库，如 1976 年的“世界事件互动调查库”（WEIS）和 1982 年的“冲突与和平数据库”（COPDAB）。虽然早期的这些事件数据被用于学术研究，但对外交政策的制定并未产生长期的影响。究其原因，主要是这些数据库未给使用者提供一种友好的分析界面，也没有告诉使用者如何把这些数据同传统的信息结合起来。因此，这股研究的潮流到 20 世纪 80 年代的时候就基本停止了。

有趣的是，20 世纪 90 年代，美国学术界重新开始了大规模的事件数据采集活动。该项工作的主要标志便是美国国家科学基金会（NSF）所资助的“国际关系数据开发库”（DDIR）项目第二阶段活动的开展，该项目由迪娜·瑞勒斯（Dian Zinners）、理查德·梅里特（Richard Merritt）等人负责。[①] 而随着 1993 年马里兰大学的“全球事件数据系统”（GEDS）和 1998 年堪萨斯大学的“堪萨斯事件数据系统”（KEDS）等数据库的问世，“事件数据分析法”的发展开始进入一个新阶段。尤其是 2000 年美国学者菲利普·施罗德（Philip A. Schrodt）和狄波拉·吉娜（Deborah J. Gerner）在网络公开发布了《分析国际事件数据：基于计算机技术的手册》，对国际事件数据分析法做了全面的分析与总结，详细介绍了如何产生事件数据，以及如何分析事件数据，对该方法在全球范围的应用和普及起了很好的推动作用。[②]

国内方面，2002 年李少军发表论文《“冲突—合作模型”与中美关系的量化分析》，借鉴“事件数据分析法”，构建了一种国际关系的“冲突—合作模型”，并用这个模型对 1993～2000 年克林顿执政期间的中美关系（主要是政治、外交关系）进行了量化分析，描绘了这一时期中美关系的走势，解析了中美双方政策行为的特点。[③] 这是国内第一篇利用“事件数据分析法”作为研究工具写成的论文，具有开拓性的贡献。

2004 年，阎学通、周方银发表论文《国家双边关系的定量衡量》，推进了“事件数据分析法”的研究和应用。原先的“事件数据”分析中，理论和操作上具有“事件数据分值”转换为“双边关系分值”的困难。而通过双边关系分值标准的确立、事件影响力转换公式的设定、既有双边关系分值变化的调整等一系列措施，可有效地对此加以改进。此外，论文中还以中美关系、中俄关系的事件数据（1999～2003 年）对调整后的方法进行了测试。结果表明，新的“事件数据分析法”能够对双边关系进行有效的衡量，并且衡量结果可用于具体的政策分析，因而具有实际的应用价值。[④]

2009 年，阎学通、漆海霞等著的《中外关系定量预测》一书出版，此

---

① Ricard L. Merritt, Robert G. Muncaster & Dina A. Zinnes (eds), *International Event-Data Development: DDIR Phase II* (Ann Arbor: The University of Michigan Press, 1993), pp. 1-18.

② Philip A. Schrodt & Deborah J. Gerner, *Analyzing International Event Data: A Hand Book of Computer-Based Techniques* (Draft book manuscript for the Cambridge University Press, 2000). 值得注意的是，此书稿最终并未由剑桥大学出版社正式出版，但作者仍在 2012 年 3 月对书稿中的内容做了少量修订。

③ 李少军：《“冲突—合作模型”与中美关系的量化分析》，《世界经济与政治》2002 年第 4 期，第 43～49 页。

④ 阎学通、周方银：《国家双边关系的定量衡量》，《中国社会科学》2004 年第 6 期，第 90～103 页。

书是我国第一本关于国际关系定量预测实践的著作，虽然篇幅较短，只有180页，但其中对于“事件数据分析法”的操作步骤做了详细的说明，非常具有参考价值。该书的出版推动了我国国际问题定量预测的研究，也有助于提高国际关系研究的预测水平。[①]

2010年，阎学通等人又编著了《中外关系鉴览1950—2005——中国与大国关系定量衡量》一书，该书可谓《中外关系定量预测》的“扩展版”。除了仍对“事件数据分析法”进行介绍之外，主要内容是增加了1950~2005年中美、中俄（含苏联）、中英、中法、中德（含西德）、中日、中印等七组双边关系的重要事件数据，篇幅长达790多页，颇具史料价值。[②] 此外，阎学通研究团队还以中国与美国、俄罗斯等七个国家双边关系事件数据为基础（自2015年起，又逐步增加了中韩、中越、中澳、中印（尼）、中巴等五组双边关系数据库），建立了中国第一个双边关系定量衡量数据库[③]，开放给全球研究者使用。

以上国内外学者的研究成果表明：“事件数据分析法”坚持了数值预测和经验预测的基本原则，使得研究方法在精确严谨性和实践相关可操作性方面表现优异。通过对不同事件赋值，将具体事件转化为具体数据，可以直观地看到双边关系的变化程度以及特点，从而有助于增强对双边关系的敏感性。而通过“事件数据分析法”所绘制出来的曲线与客观事实也较为吻合，真实地反映出中外关系的跌宕起伏，具有很高的参考价值。[④]

但不能忽视的是，“事件数据分析法”也有大致三个方面的不足之处：首先，客观条件的限制导致无法穷尽所有信息，所收集的只能是部分事件样本，这就可能导致最后绘制的数据图形与现实并非完全吻合；其次，“事件数据分析法”主要关注政府间事件，对于非政府组织或机构的相关事件关注较少；第三，“事件数据分析法”很难区分一个事件的长期影响和短期影响差异。虽有这些不足，但总体上“事件数据分析法”仍是国际关系定量分析的重要方法之一，也是国际关系学界比较认同的一种科学研究方法。

---

① 阎学通、漆海霞等：《中外关系定量预测》，世界知识出版社，2009。

② 阎学通等：《中外关系鉴览1950—2005——中国与大国关系定量衡量》，高等教育出版社，2010。

③ “中国与大国关系数据库”，http://www.imir.tsinghua.edu.cn/publish/iis/7522/index.html。

④ 王淑芳等：《基于事件数据分析法的中缅地缘关系演变》，《经济地理》2015年第10期，第13~20页。

（二）“事件数据分析法”的操作流程

一般来说，双边关系的定量研究，就是把国家间的互动行为进行数值化处理，然后进行分析。而“事件数据分析法”的原理即是依此而设，实际运作流程分为四个步骤：首先，确定事件信息；其次，建立编码系统（也可选择一套现成的）；再次，进行事件赋值（依据建立或选择的编码系统）；最后，数值结果分析（如图 1 所示）

图 1　事件数据分析的步骤

资料来源：阎学通、周方银：《国家双边关系的定量衡量》，《中国社会科学》2004 年第 6 期，第 91 页。

但需要注意的是，双边关系并不是一个静止的状态，而是一个动态的过程。因而对其衡量，必须要在事件和时间两个维度上同时展开。也就是说，首先要对事件本身的影响力进行计算；其次要考察事件影响力随时间变化的过程；最后得出对双边关系现状的影响。具体可用图 2 来表示。

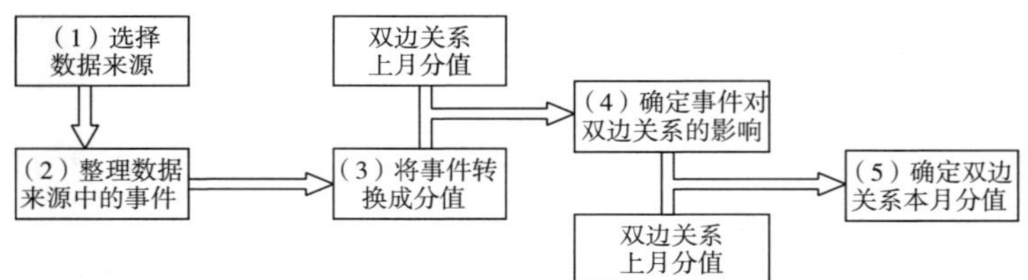

图 2　定量衡量双边关系的流程

资料来源：阎学通、周方银：《国家双边关系的定量衡量》，《中国社会科学》2004 年第 6 期，第 93 页。

在图 2 中，环节（1）是对事件数据的来源进行选择。从统计学的角度看，有效的统计不一定非要穷尽所有的事件数据，只要数据的来源真实可靠即可。[①] 例如可以选择权威的报纸、期刊和电子数据库中的资料信息。在

① 需要指出的是，虽然双边关系大事的记录通常以月份为单位来计算分值，但由于不同月份发生事件数量多少和研究人员收集资料能力的差异，很难做到每个月都有完整的事件记录。如何处理记录缺失带来的研究结果准确性问题，可见后面环节（4）部分关于双边事件影响力计算公式的纠偏功能说明。

本项研究中，对于以色列与周边国家关系的研究数据主要来自《耶路撒冷邮报》（*The Jerusalem Post*，1923 年至今）、《中东学刊》（*The Middle East Journal*，1947 年至今），以及《参考消息》（1957 年至今）三个数据库。

环节（2）是对已收集数据中的事件资料进行整理。为了使事件梳理井然有序，本项研究对以色列与周边国家的双边关系大事记分成正面事件和负面事件两大类，并各自分成左右双列并行排列。如以 1948～1956 年以色列与埃及的双边关系为例，两国之间的大事记录如表 1。

表 1　1948～1956 以色列与埃及双边关系大事记

正面事件	负面事件
1949 年 1 月 7 日，埃及提出休战要求。 1 月 12 日，埃及和以色列在希腊罗德岛开始停战谈判。 2 月 24 日，在联合国的调停下，埃及与以色列首先在罗德岛签署停战协议。 1952 年 8 月，埃及七月革命后，新政权起初对以色列不太关注，把主要精力放在经济问题和结束英国对苏丹和苏伊士运河区的占领上，埃及减少了反以宣传，降低了边界的紧张局势，并对埃及的犹太人社区采取友善姿态。 1956 年 11 月 5 日，以色列和英法，在美苏强大的压力下，被迫同意与埃及停火。 11 月 21 日，以色列被迫宣布撤军。	1948 年 5 月 14 日，埃及军队进军以色列，第一次中东战争爆发。 10 月 15 日至 21 日，以色列对埃及军队发动了“约夫战役”，打通了通往内格夫的道路，埃及军队陷入全面被动，被迫后撤。 12 月 22 日，以色列对埃及军队发动了“霍雷夫战役”，将埃及军队完全赶出了巴勒斯坦（除加沙地带外），甚至深入西奈半岛。 1953 年 10 月，摩西·夏利特和平查斯·拉冯分别担任以色列总理和国防部长，以色列对埃及政策遂趋硬。 1954 年 7 月 27 日，埃及与英国签署了英军分阶段撤离苏伊士运河区的协定。这使得以色列非常不安，认为失去了同埃及之间的一个重要的缓冲地带。因此，以色列高层决心阻止或至少延迟英军的撤退。 1955 年 2 月，在本·古里安等人的策划下，以色列伞兵部队借口惩罚巴勒斯坦游击队，在加沙地带越过封锁线，摧毁了埃及的陆军司令部，杀死 37 人，这次加沙事件是埃以停战以来最严重的冲突。 9 月，埃及同捷克斯洛伐克之间的武器交易加深了以色列对国家安全的担心。因此，以色列军方决心伺机向埃及发动先发制人的攻击。 11 月，以色列制定了一个侵占加沙地带和西奈半岛南端的沙姆沙伊赫的作战方案。 1956 年 9 月初，以色列国防部长西蒙·佩雷斯与法国军方和国防部官员进行了秘密接触。 9 月 28 日至 10 月 1 日，以色列与法国代表团进行正式会谈，法国同意提供一大批军事装备，以色列同意与法国一道对埃及发动军事行动。 10 月 29 日，以色列借苏伊士运河危机突然不宣而战，以 4.5 万人的兵力分路向埃及的西奈半岛发起全面进攻，苏伊士运河战争（亦称第二次中东战争）爆发。 11 月 3 日，以色列军队占领加沙全境，后又占领了依姆沙伊赫。

资料来源：笔者根据《耶路撒冷邮报》《中东学刊》《参考消息》相关年度资料整理。

环节（3）是按照预先确定的事件，把相关的信息转化成分值。此步骤是“事件数据分析法”由定性研究转向定量研究的关键。而关于双边关系事件数据的赋值，已有不同的标准，不同标准所对应的数值也不尽相同。[①]本项研究采纳的是清华大学阎学通教授的团队提出的国家双边关系数值标准，共分 3 类 6 级 18 等（见图 3）。

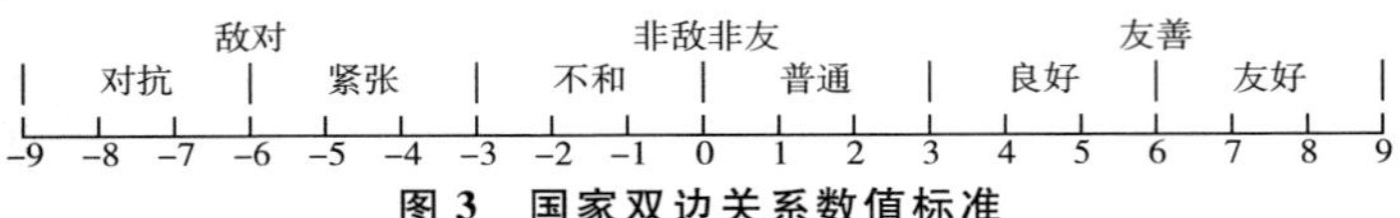

图 3　国家双边关系数值标准

资料来源：阎学通、周方银：《国家双边关系的定量衡量》，《中国社会科学》2004 年第 6 期，第 94 页。

为了保证赋值的相对准确，同类性质的事件应当赋予大致相同的数值，这就需要预先设定一个固定的“事件分值表”。由于同“中国与大国关系”课题具有相似性，本项研究仍旧选用了清华大学阎学通教授的团队所设定的国家双边关系事件分值表（见表 2），作为以色列与周边国家关系事件分值的取值依据。

表 2　国家双边关系事件分值表（部分）

分值	正面事件	分值	负面事件
9	建立邦联关系 签订国防或外交一体化条约 向盟友的敌国宣战 主动把原来侵占的领土归还对方	-9	脱离母国、邦联独立 退出、撕毁国防或外交一体化条约 宣战或不宣而战 迫使对方割让领土
6	外交关系正常化 签订双边睦邻友好条约 宣布停战、签订停战协议或主动退出针对对方的战争 全面解除政治和军事封锁	-6	由官方外交关系降为非官方关系 首次给对方反政府力量提供军事基地 战争升级或派军参加多国针对对方的战争 实行政治、军事和经济全面封锁
3	召回大使后恢复互派大使 建国后国家首脑首次访问某国 宣布停止敌对军事行动 全面解除经济封锁	-3	正式召回大使 战前第一次军事摩擦或第一次飞机轰炸本土 战争中大规模军事行动或新的大规模战役 实行经济上的全面封锁

① Philip A. Schrodt & Deborah J. Gerner, *Analyzing International Event Data: A Hand Book of Computer-Based Techniques* (Draft book manuscript for the Cambridge University Press, 2000), pp. 3-19.

续表

分值	正面事件	分值	负面事件
1.5	国家和政府首脑正式访问、国事访问 政府发表声明坚决支持对方 大型联合军事演习 在对方连界大规模撤军 签订双边综合经济协议	-1.5	停止或取消国家和政府首脑访问 政府发表声明提出最强烈抗议或警告 举行针对对方的大规模军事演习 在对方边界大规模部署军队 撕毁双边综合经济协议
1	国家和政府首脑工作访问或顺访 以立法或国际提案明确支持对方基本政治立场 举行或恢复大使级会谈 政府向对方的敌国发出严重警告 小规模联合军事演习	-1	推迟国家和政府首脑的访问 以立法或国际提案挑衅对方基本政治立场 中止或退出大使级会谈 政府发出严重警告 不利对方的重大军事部署

注：原表中分值的递进较为详细，从 0.1 到 9 分成了 16 级（负值也是 16 级），因限于篇幅，这里只摘取了部分分值。

资料来源：见阎学通等《中外关系鉴览 1950—2005——中国与大国关系定量衡量》，高等教育出版社，2010，第 731~734 页。

环节（4）是确立事件对双边关系的影响。双边关系中发生的各种事件是两国关系变化的基础，但即使是相同的事件，由于双边关系的水平不同，所产生的影响也不尽相同。例如，两个国家的关系如果还不错，这时双方的首脑举行会晤对两国关系的改善作用就有限；而如果两个国家的关系不好，举行一次相同的首脑会晤对两国关系的改善作用就会较为明显。为了解决相同事件对不同水平双边关系影响力不同的问题，阎学通教授团队在已有双边关系事件赋值标准的基础上，又创造性地提出了双边事件影响力计算公式（见图 4）。

$$I=\begin{cases}\dfrac{N-p_0}{N}I_0 & 当 I_0\geqslant 0\\[2ex] \dfrac{N+p_0}{N}I_0 & 当 I_0<0\end{cases}$$

图 4　双边事件影响力计算公式

说明：I 表示事件在两国关系位于p_0时的影响力分值；N 代表两国关系变化范围的绝对值（在本项研究中取值为 9）；p_0表示事件发生时两国关系的初始值（由于双边关系的分析通常以月份为单位，因此如果考虑本月发生事情的影响，那么两国关系的初始值p_0就是上个月底时两国关系的分值）；I_0代表事件在国家双边关系事件分值表中的分值。

资料来源：阎学通等：《中外关系鉴览 1950—2005——中国与大国关系定量衡量》，高等教育出版社，2010，第 721 页。

图 4 的公式，根据I_0取值的不同又分两种情形：第一种情形是$I_0 \geqslant 0$，也就是事件对两国关系起积极的推动作用。在此区间，随着事件数值在双边关系坐标位置上从“对抗”经“紧张”“不和”等阶段往“友好”的方向移动，事件的积极推动作用在逐步减弱。当两国关系达到最佳状态时，正向事件的积极推动作用为 0。例如，1977 年 11 月埃及总统萨达特访问以色列之前，埃以双方是敌对状态，但“萨达特访以事件”使得埃以关系发生了实质的变化，而 1979 年 3 月两国在华盛顿签订《戴维营协议》实现关系正常化之后，2016 年 7 月埃及外长舒凯里访问以色列对于双边关系的推动作用就远远小于萨达特的访问。①

第二种情形是$I_0 < 0$，也就是事件对两国关系起消极阻碍作用。在此区间，随着事件数值在双边关系坐标位置上从“友好”经“良好”“普通”等阶段往“对抗”的方向移动，事件的消极阻碍作用在逐步增强。当两国关系达到最差状态时，负向事件的消极阻碍作用为 0。例如，在穆巴拉克担任埃及总统 30 多年时间里，埃以之间保持着正常外交关系，因此 2011 年 6 月“阿拉伯之春”时埃及民众冲击以色列驻开罗大使馆使得双边关系严重倒退，但在 1973 年 10 月“第四次中东战争”时，埃以双方处于敌对状态，埃及军队在西奈半岛炮轰以军战机或是以色列军队战机空袭埃及军事阵地，对双边关系基本都没有影响。②

环节（5）是确定两国关系的本月分值。具体计算方法是由两国关系的上月分值加上由事件引起的本月两国关系的变化值。③ 此步骤主要通过在 Excel 软件中设置公式自动完成。例如，以 2000～2017 年以色列与黎巴嫩的关系为例。按照表 2 对每个事件进行赋值，再按照图 4 的公式对原始数据进行计算，便可得出表 3。

① 舒凯里外长是此前十多年时间里访问以色列的最高级别埃及官员，此次事件也引起了国际社会的高度关注。

② 阎学通、漆海霞等：《中外关系定量预测》，世界知识出版社，2009，第 23～24 页。

③ 这个计算并不是一种简单的相加，因为会涉及一个上月分值如何确定的问题。不断往前推的结果，就会产生主观确定的初始值影响后面分值计算准确性的难题。对此，阎学通教授团队认为其设计的影响力公式具有一种纠偏能力，随着统计时间的延长可以纠正初始值误差。参见阎学通等《中外关系鉴览 1950—2005——中国与大国关系定量衡量》，高等教育出版社，2010，第 722 页。

表 3　2000~2017 年以黎双边关系的事件分值表

	2000	2001	2002	2003	2004	2005	2006	2007	2008	2009	2010	2011	2012	2013	2014	2015	2016	2017
1	-0. 70	2. 17	1. 06	1. 57	1. 58	0. 22	0. 12	1. 22	0. 66	1. 74	1. 81	1. 05	0. 68	-1. 03	-1. 70	-1. 77	-2. 46	-2. 59
2	-0. 70	2. 17	1. 06	1. 57	1. 58	0. 22	0. 12	0. 99	0. 66	1. 17	1. 79	0. 96	0. 68	-1. 21	-1. 78	-1. 85	-2. 49	-2. 59
3	0. 59	1. 92	1. 06	1. 57	1. 28	0. 22	0. 12	0. 99	0. 66	1. 09	1. 87	0. 94	0. 68	-1. 30	-1. 78	-1. 85	-2. 49	-2. 59
4	0. 59	1. 20	1. 06	1. 57	1. 28	0. 41	0. 12	0. 95	0. 66	0. 86	1. 73	0. 89	0. 54	-1. 31	-1. 81	-1. 85	-2. 29	-2. 64
5	2. 27	1. 06	1. 06	1. 57	0. 71	0. 41	0. 12	0. 91	0. 85	1. 73	1. 59	0. 78	0. 12	-1. 38	-1. 81	-1. 85	-2. 32	-2. 67
6	2. 27	1. 06	1. 04	1. 57	0. 38	0. 41	0. 10	0. 80	1. 76	1. 87	1. 37	0. 59	-0. 19	-1. 42	-1. 81	-1. 85	-2. 32	-2. 67
7	2. 27	1. 06	1. 57	1. 57	0. 30	0. 41	-1. 32	0. 80	2. 24	1. 70	0. 91	0. 48	-0. 34	-1. 43	-1. 62	-1. 85	-2. 32	-2. 67
8	2. 27	1. 06	1. 57	1. 45	0. 30	0. 41	-1. 22	0. 80	1. 91	1. 68	0. 69	-0. 05	-0. 61	-1. 53	-1. 69	-1. 85	-2. 40	-2. 74
9	2. 27	1. 06	1. 57	1. 45	0. 30	0. 41	0. 70	0. 80	1. 91	1. 56	0. 63	-0. 07	-0. 80	-1. 53	-1. 69	-1. 85	-2. 46	-2. 80
10	2. 27	1. 06	1. 57	1. 45	0. 22	0. 22	0. 67	0. 66	1. 72	1. 44	0. 86	0. 60	-0. 82	-1. 53	-1. 69	-1. 85	-2. 46	-2. 80
11	2. 27	1. 06	1. 57	1. 45	0. 22	0. 12	1. 22	0. 66	1. 72	1. 44	1. 25	0. 51	-0. 89	-1. 53	-1. 69	-1. 85	-2. 53	-2. 87
12	2. 27	1. 06	1. 57	1. 45	0. 22	0. 12	1. 22	0. 66	1. 70	1. 44	1. 14	0. 49	-0. 96	-1. 70	-1. 69	-2. 40	-2. 53	-2. 87

环节（6）绘制双边关系曲线图。通过上述五个环节得到的双边关系数值表，再运用 Excel 或 Origin 软件进行数据处理，最终可描绘出 2000~2017 年以黎关系变化趋势，如图 5 所示：

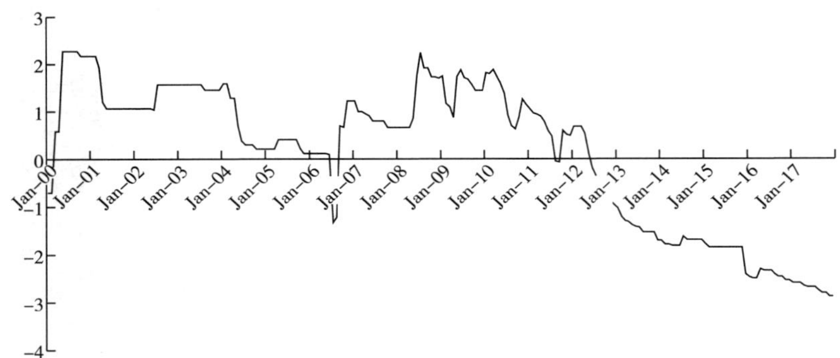

图 5　2000~2017 以黎关系变化趋势

为了对以黎关系有更为直观的认识，更好地分析其变化趋势，我们将考察的时期拉长，描绘出了从 1948 年（以色列建国之年）至 2017 年共 70 年的双边关系变化趋势，如图 6 所示：

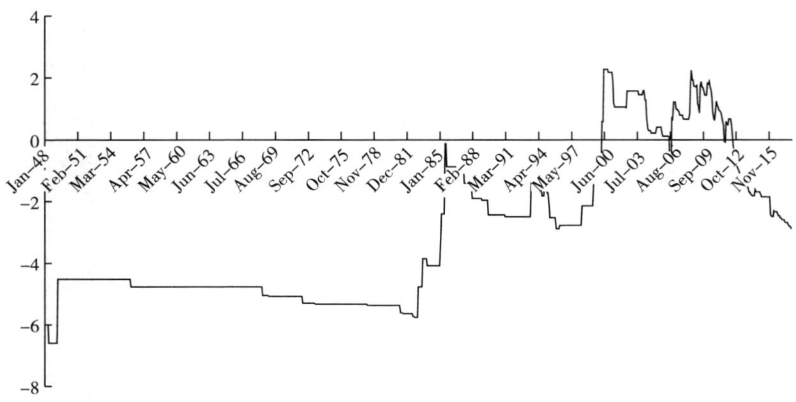

图 6　1948~2017 年以黎关系变化趋势

（三）“事件数据分析法”图形的运用

通过以上“事件数据分析法”的几个步骤，做出单个或多个双边关系的折线图后，并不意味着研究活动的结束，仍需进行图形的分析运用，才能得出有价值的结论。具体应用方式主要有两种。一种是进行单个双边关系图形的分析。此种方法是观察某一组双边关系的曲线在不同时间所呈现的位置高低、方向，以及相同周期变化的速度快慢和幅度大小，由此来判定两国双边关系的好坏度和稳定性，预测其未来的发展趋势。另一种是进行两个或多个双边关系比较。此种方法是对多个国家不同的双边关系曲线进行横向的比较，包括在同一时间点上各组双边关系所呈现的位置高低、方向；以及相同周期各组曲线变化的速度快慢和幅度大小，由此来分析多组双边关系的性质和稳定性，对其未来发展趋势做出预测。实际上，除了以上两种应用方式之外，在使用“事件数据分析法”的过程中，也可根据实际研究需要，任意选取双边关系的数据描绘出各种曲线，以实现不同目的的分析和比较。[①]

四　结论及展望

根据以上“事件数据分析法”的原理和操作流程，本文分别考察1948~2018年以色列与埃及、约旦、叙利亚、黎巴嫩、巴勒斯坦五组双边关系，描绘出了各组双边关系的走势（见图7）。

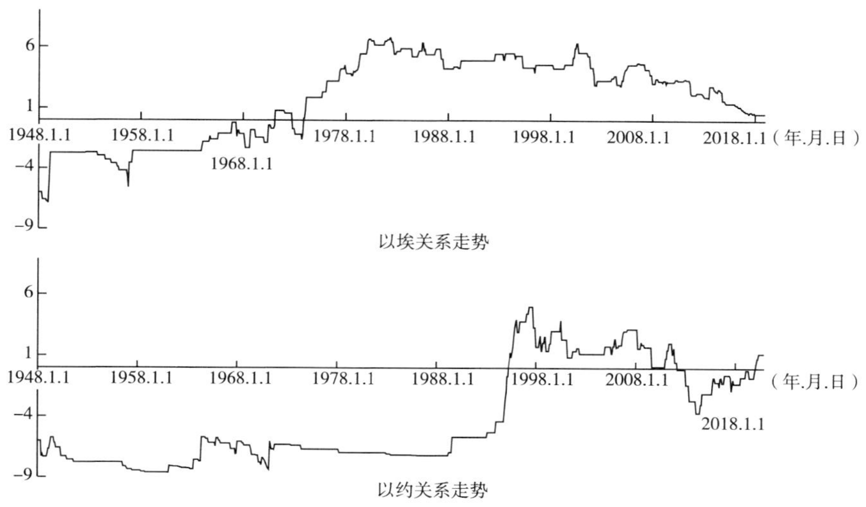

① 参见“中国与大国关系数据库”使用方法，第1~4页，http://www.imir.tsinghua.edu.cn/publish/iis/7522/20120522140122561915769/1.pdf。

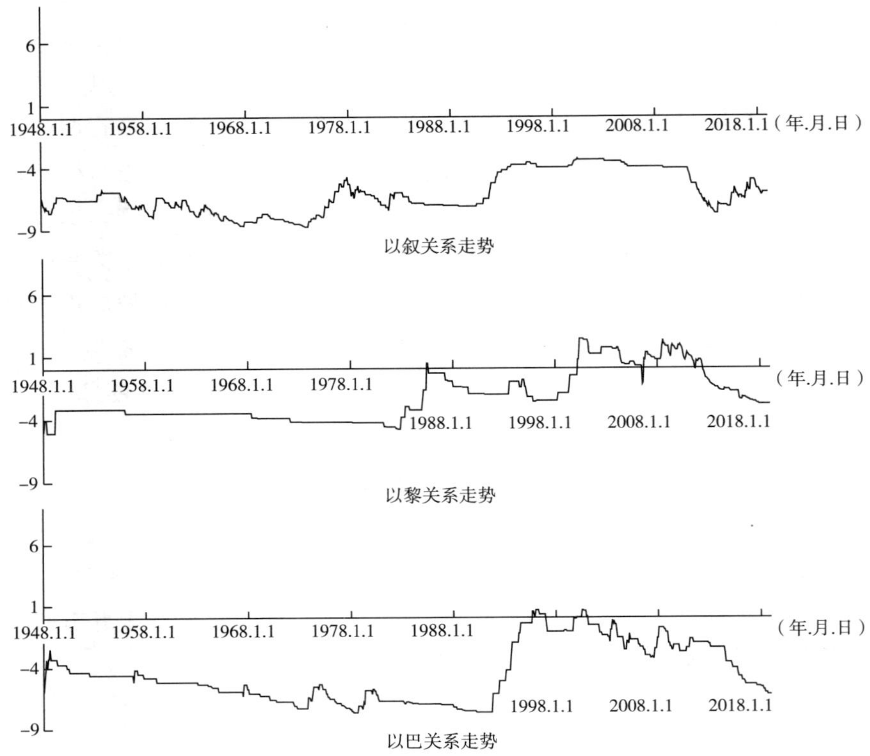

图 7　以色列与周边国家关系走势（1948~2018 年）

图 7 的五组双边关系的走势直观地展示了 1948~2018 年以色列与周边国家的关系。

第一，以色列与埃及的双边关系在 1948 年以色列建国之后到 1977 年之前长期处于负值区域。印证事件就是在 1948 年、1956 年、1967 年、1973 年四次中东战争中埃及都有参与，双方长期处于敌对状况。双边关系的转折点发生在 1977 年，当时埃及总统萨达特出乎意料地访问了以色列，拉开了双边关系和解的序幕，体现在走势图上是终于越过了水平轴，进入正值区域，直至 1979 年 3 月以色列和埃及正式签订和平条约，两国结束战争状态，实现关系正常化，两国关系也达到了顶峰。此后，两国关系并未进一步加强，反而是由于整体阿拉伯世界与以色列的敌对，以埃关系也不断波动，但总体上双方仍保持着正常的外交关系。

第二，以色列与约旦的双边关系也长期处于负值区域。与埃及相似，约旦也参与了四次中东战争，导致以约关系处于长期的敌对状态。但与以埃关系不同的是，以约关系的转折点发生在 1991 年，即马德里中东和平会议的召开，随着巴勒斯坦和以色列关系的改善，约旦和以色列的关系也开始好转。1994 年 7 月 25 日，以约双方在华盛顿签署了和平条约，宣告结束两国间长达 46 年之久的战争状态，这是双方友好关系的一个顶峰。此后，由于巴勒斯坦与以色列关系并非实现完全的和解，以约关系也未能更进一步，但总体上仍处于具有正式外交关系的相对稳定状态。

第三，以色列与叙利亚的双边关系也是长期并且现在仍处于负值区域。这与以埃、以约关系走势明显不同，一个重要的原因是以叙两国自 1948 年以色列建国以来就一直处于敌对状态，至今仍未实现和解。尤其是 1967 年第三次中东战争后，叙利亚失去了戈兰高地，双方关系处于历史的最低点。此后双方虽经多次谈判，但至今尚未达成和平协议，戈兰高地也仍在以色列的实际控制之下。2011 年“阿拉伯之春”后，叙利亚陷入了长期内战，以叙关系也就处于负向的稳定之中，几乎没有改善的可能。

第四，以色列与黎巴嫩的双边关系也较为复杂，长期处于负值区域。与以叙关系相似，以色列和黎巴嫩至今也未实现关系的正常化。1982 年 6 月，以色列以打击巴解组织为由入侵了黎巴嫩，双边关系降到历史的最低点。虽然 2000 年 5 月，以色列单方面从黎南部撤出了军队，但以黎双边关系并未得到根本改善。2006 年 7 月，以色列又以反恐为名，再次对黎发动大规模军事行动，引发双边关系再次陷入低谷。目前看来，双方和解的可能性不是很大。

第五，以色列与巴勒斯坦的双边关系应该是五组双边关系中最为复杂的一组。这主要是因为巴勒斯坦至今仍未能完全建国（虽然巴解组织是国际社会公认的巴方代表），以色列所面对的是以法塔赫为主要政党的巴勒斯坦准权力机构。以巴关系是中东和平的最大难题之一。虽然 1991 年马德里中东和平会议后，以巴双边关系得到改善，尤其是 1993 年 9 月，以巴双方在美国撮合下签署了第一个和平协议，以巴关系取得突破性进展，达到了一个顶峰。但在此之后，由于双方在耶路撒冷城市归属、巴勒斯坦难民回归、犹太移民定居点去留等难题上分歧太大，以巴双方至今也没有达成永久性和平协议。而 2000 年之后，哈马斯在加沙地带崛起，很大程度上分散了巴勒斯坦的力量。

以上五组双边关系走势图放在一起，相互比较，也可以为我们的研究提供一些新的启示。

第一，以色列与五个周边国家的双边关系在 1977 年之前都处于敌对状态，在双边关系走势图上，也长期处于横坐标水平线以下。究其原因，主要是因为 1948 年以色列建国后，周边的阿拉伯邻国对其发动军事打击，先后爆发了四次中东战争，在此背景之下，以色列与周边国家的关系当然不可能有好转。

第二，1977 年，随着埃及总统萨达特访问以色列，开启双边和解进程之后，以埃关系终于从负值区域开始上升，直至 1978 年《戴维营协议》的签署，双边关系的坐标值达到最大的正值。与此相似的是以约双边关系，随着 1991 年马德里中东和平会议的召开，以巴开启和平进程之后，以约关系也开始得到改善，而以约关系的曲线也开始向上爬升，越过水平线，直至 1994 年以约双方签订友好条约，实现关系正常化，达到双边关系的最大值。

第三，与以埃、以约双边各自建立正式外交关系、实现关系正常化不同，以叙、以黎双边并没有一个标志性的历史转折事件推动各自的双边关系由负值区域迈向正值区域。实际上叙利亚和黎巴嫩两国至今都未与以色列实现关系的正常化，双边关系都还处于敌对状态。

第四，以色列与巴勒斯坦的双边关系，介于以埃、以约双边关系与以叙、以黎双边关系之间，即 1991 年随着马德里和会的召开，以巴之间曾经有机会实现双边关系的好转，推动双边关系进入正值区域，但最终由于 1995 年以色列总理拉宾遇刺，以及 2000 年沙龙强闯阿克萨清真寺，导致第二次“巴勒斯坦大起义”（Intifada）的爆发，以巴双方的关系急转直下，再次进入冲突与对立的负值区域，直至今日仍未恢复。

总之，通过将“事件数据分析法”应用于以色列与周边国家关系的分析可以看出，以色列 1948 年宣布建国后，一直与周边的阿拉伯国家关系紧张，但与埃及、约旦、叙利亚、黎巴嫩和巴勒斯坦的五组双边关系的发展演变却各不相同，因而实现和解的路径与难易程度也有较大差异。1992 年中国与以色列建交之后，双边关系不断发展，以色列在中国外交中的分量在逐步增大，对其客观而准确的认知也显得日益重要，本文旨在为深入认识以色列提供一个新的视角。

（作者单位：四川外国语大学以色列研究中心）

The Relationship between Israel and Its Neighbor Countries: From the International Event Data Analysis Perspective

Chen Guangmeng

Abstract: Firstly, this paper gives a brief introduction on Israel's overall foreign relations, then analyzes Israel's bilateral relations with its land neighbors Egypt, Jordan, Syria, Lebanon and Palestine, and finally uses the Event Data Analysis Method of International Relations Studies as a tool to comprehensively sort out five bilateral relations between Israel-Egypt, Israel-Jordan, Israel-Syria, Israel-Lebanon and Israel-Palestine, visualizing the development history of these relations, comparing horizontally and vertically, to form a deeper understanding of the relationship between Israel and its neighboring countries.

Keywords: Israel; Neighbor; International Event Data Analysis

2017~2019年土耳其与以色列关系

章　波

内容提要　2017~2019年，由于土耳其谴责以色列对巴勒斯坦的政策和以色列批评土耳其的地区政策，土以关系的裂痕扩大。土耳其积极反对美国特朗普政府偏袒以色列的政策，广泛批评以色列。以色列批评土耳其支持哈马斯，反对土耳其出兵叙利亚，与土耳其在东地中海的资源争夺和对抗日趋激烈。

关键词　土耳其　以色列　巴勒斯坦　美国

土耳其是第一个承认以色列的伊斯兰国家。土耳其还是最先承认巴勒斯坦、坚定支持巴勒斯坦的国家之一。土耳其多次因巴以问题降低与以色列外交关系的级别或撤回驻以色列外交官。土以关系与以色列对巴勒斯坦的政策密切相关。在巴以问题上，土耳其总统埃尔多安一直站在巴勒斯坦一边，土耳其和以色列不时出现摩擦。土耳其积极反对美国特朗普政府的一系列亲以政策，以色列则对土耳其埃尔多安政府的中东政策颇有微词。2017~2019年土以关系更加紧张。

一　土以关系的历史回顾

1956年苏伊士运河战争后，土耳其与以色列的关系降为临时代办级。1967年第三次中东战争和1973年第四次中东战争中，土耳其都禁止美国使用土耳其军事基地支持以色列。1975年土耳其在联合国投票赞成将犹太复国主义等同于种族主义。20世纪70年代石油危机爆发后，土耳其更加倾向于伊斯兰国家，土以关系受到削弱。1980年11月，以色列通过“耶路撒冷法案”，宣布耶路撒冷为以色列永久首都，土以关系跌入低谷。1980年11

月 26 日，土耳其将土以关系降至二秘级。[①] 1991 年 12 月，土以恢复大使级外交关系。1993 年巴以签署《奥斯陆协议》后，土以关系迅速升温，土耳其成为以色列在中东的重要战略伙伴。巴以和平进程促进了土以关系的发展，美国也积极支持土以关系的发展。20 世纪 90 年代，土以开展了密切的军事和战略合作。

2002 年土耳其正义与发展党（正发党）上台后，土耳其对西方的认同感削弱。土耳其正发党具有伊斯兰主义背景和倾向，伊斯兰因素对土耳其政治和外交的影响增强。土以关系再次走了下坡路。巴勒斯坦问题、土以两国政局变化、正发党的外交理念等长期成为影响土以关系发展的主要因素。但是土以关系不会彻底破裂，土以更不会成为宿敌。[②] 2009 年 1 月 29 日，时任土耳其总理埃尔多安在达沃斯世界经济论坛上激烈批评以色列在加沙的军事行动，并与时任以色列总统佩雷斯发生争吵，土以关系紧张。2009 年 10 月，土耳其拒绝和以色列举行空军联合演习。2010 年 5 月，以军武力拦截了驶往加沙地带的土耳其救援船“蓝色马尔马拉号”，造成 10 名土耳其人丧生。2011 年 9 月，土耳其决定将土以关系降至二秘级，并中止双方一切军事协议，土以关系陷入低谷。

土耳其军方曾是土以军事结盟的推行者和支持者。土耳其正发党政府削弱了军方势力。土耳其与以色列军事结盟的基础被削弱。[③] 2016 年土耳其未遂政变发生后，政府更是加强了对军队的管控。土耳其与以色列基于安全关切达成的实用主义合作是极不稳定的。近年来土以关系在一系列事态冲击下迅速降至最低点。但是，一些恒久性要素并未改变，如美国对土以关系的决定性影响 、中东地区的战略安全架构等，这些要素对土以关系的影响更为稳定和持久，也迫使土以双方在短期的对抗后重新思考合作的重要性。[④]

---

① 李秉忠：《土耳其与以色列关系发展探析》，《西亚非洲》2013 年第 3 期，第 117 页。

② 张向荣：《正义与发展党执政以来的土耳其与以色列关系》，《阿拉伯世界研究》2016 年第 5 期，第 91 页。

③ 樊六辉：《2013~2014 年的土耳其与以色列关系》，张倩红主编《以色列蓝皮书：以色列发展报告（2015）》，社会科学文献出版社，2015，第 276 页。

④ 孔刚：《勉为其难的盟友——土耳其与以色列关系评述》，《国际展望》2018 年第 4 期，第 82 页。

在美国的斡旋下，2013 年以色列总理内塔尼亚胡就“蓝色马尔马拉号”事件造成土耳其人死亡向土耳其道歉。2016 年 6 月 28 日，土耳其和以色列签署两国关系正常化协议。[①] 2016 年 12 月 12 日，土耳其驻以色列大使向以色列总统里夫林递交国书，这是自 2011 年土耳其将与以色列的外交关系降至二秘级后首派大使。[②]

二 土耳其反对美国偏袒以色列的政策

近年来，土耳其反美主义高涨，从未遂政变、里拉危机到库尔德问题，土耳其认为到处都有美国从中作梗，美国处处与土耳其作对。土耳其民众的反美情绪也蔓延到对以色列的态度上，助长了土耳其民众的反以情绪，加剧了土以关系的恶化。

1. 土耳其反对美国承认耶路撒冷为以色列首都

2017 年 12 月 6 日，美国总统特朗普宣布承认耶路撒冷为以色列首都，并责令美国国务院将大使馆从特拉维夫迁至耶路撒冷。特朗普的决定受到国际社会的谴责。土耳其总统埃尔多安甚至威胁中断与以色列的关系。土耳其呼吁联合国通过相关决议，将美国承认耶路撒冷为以色列首都的决定宣布为无效。

12 月 13 日，土耳其在伊斯坦布尔召集伊斯兰合作组织特别峰会。埃尔多安在峰会开幕式讲话中说，耶路撒冷是伊斯兰国家的“红线”。他称以色列为“恐怖国家”，并批评美方立场。埃尔多安呼吁伊斯兰国家“阻止以色列从巴勒斯坦那里占得更多土地”。伊斯兰合作组织会后发表公报，宣布承认东耶路撒冷为巴勒斯坦国首都，称美国承认耶路撒冷为以色列首都的决定无效。[③] 埃尔多安呼吁联合国成员国共同维护耶路撒冷的历史地位，推翻美国承认耶路撒冷为以色列首都的决定。12 月 19 日，埃尔多安说，土耳其将长期关注耶路撒冷问题，“直到问题解决”。他同时呼吁伊斯兰国家内部

---

① 施春、邹乐：《以色列完成向土耳其救援船事件受害者支付赔偿款》，新华网，2016 年 10 月 1 日，http：//www. xinhuanet. com/2016-10/01/c_1119657889. htm。

② 陈文仙、杜震：《以色列驱逐土耳其驻耶路撒冷总领事》，新华网，2018 年 5 月 16 日，http：//m. xinhuanet. com/2018-05/16/c_1122841329. htm。

③ 吴宝澍：《不再接受美方角色？伊斯兰国家挺巴勒斯坦》，新华网，2017 年 12 月 15 日，http：//www. xinhuanet. com/world/2017-12/15/c_129766310. htm。

抛开分歧，团结一致，加强行动协调。[①] 哈马斯领导人哈尼亚赞扬土耳其带领伊斯兰合作组织国家一致反对美国这一决定。哈尼亚说，土耳其在中东地区事务和耶路撒冷问题上发挥了重要的作用。[②] 埃尔多安近年来大幅调整对外战略，特别是在中东事务上不断加大参与力度，介入叙利亚问题，与俄罗斯改善关系，甚至为此不惜得罪美国，在世界多极化格局演变中占有一席之地。[③] 土耳其积极抢夺话语权，增强国际影响力。

2017 年 12 月 17 日土耳其总统埃尔多安表示，土耳其已经宣布承认东耶路撒冷为巴勒斯坦国的首都，但由于耶路撒冷处于被以色列占领状态，土耳其未能在那里开设驻巴勒斯坦国使馆。埃尔多安称如果情况允许，土耳其将在东耶路撒冷开设使馆。[④]

2. 美国迁馆事件与土以互逐外交官

2018 年 5 月 14 日，美国正式将驻以色列使馆迁往耶路撒冷。当天，巴勒斯坦多个城市爆发抗议示威，抗议者与以军发生冲突，造成 60 多名巴勒斯坦人丧生、数千人受伤。5 月 14 日，土耳其宣布召回驻以色列和驻美国大使。15 日，埃尔多安说，历史“不会原谅”以色列和美国以把使馆迁到耶路撒冷的方式挑衅伊斯兰世界。[⑤] 5 月 15 日，土耳其外交部就加沙地带的暴力冲突事件召见并驱逐以色列驻土耳其大使埃坦·内赫。埃坦·内赫被驱逐后，在登机前还被当众搜身羞辱。以色列则采取反制措施。以色列立即驱逐了土耳其驻耶路撒冷的总领事丹尼斯，他还被以色列安全人员公开进行了侮辱性的安检。土耳其宣布从 5 月 15 日起全国哀悼三天，降半旗悼念巴方死难者。2010 年以来土以最严重的一次外交危机爆发。

土耳其政府激烈地批评以色列对巴勒斯坦人的政策。埃尔多安和内塔

---

① 秦彦洋：《土耳其总统呼吁共同维护耶路撒冷历史地位》，新华网，2017 年 12 月 20 日，http：//m. xinhuanet. com/2017-12/20/c_1122142864. htm。

② Ely Karmon & Michael Barak, “Erdogan’s Turkey and the Palestinian Issue,” *Perspectives on Terrorism*, Volume 12, Issue 2 (2018): 78.

③ 易爱军、邵杰、杨臻、吴宝澍、胡若愚：《反制“耶路撒冷决定”土耳其抢夺中东话语权》，新华网，2017 年 12 月 14 日，http：//www. xinhuanet. com/2017-12/14/c_1122112771. htm。

④ 《土耳其总统称将在东耶路撒冷开设使馆》，央视网，2017 年 12 月 18 日，http：//news. cctv. com/2017/12/18/ARTI9PWXdgFXeXzazTDql6c2171218. shtml。

⑤ 刘秀玲：《土耳其与以色列互逐外交官 土以关系再现危机?》，新华网，2018 年 5 月 17 日，http：//m. xinhuanet. com/world/2018-05/17/c_129874211. htm。

尼亚胡之间经常隔空谩骂。埃尔多安通过批评以色列提高其在土耳其正发党内和国内穆斯林的支持率。[①] 土耳其坚定支持巴勒斯坦。土耳其多次接待哈马斯领导人的访问。埃尔多安指责以色列让耶路撒冷和巴勒斯坦的局势越来越糟。土耳其试图扛起伊斯兰国家反对以色列的旗帜。土耳其反对特朗普政府的亲以政策。[②]

2018 年 5 月 18 日，土耳其总统埃尔多安在伊斯坦布尔主持召开伊斯兰合作组织特别峰会。这是半年来，土耳其总统召集的第二次伊斯兰合作组织峰会。会议公报谴责以色列在加沙边境谋杀巴勒斯坦人，谴责美国是以色列的“帮凶”。埃尔多安将以色列在加沙针对巴勒斯坦人的行动同二战期间纳粹对犹太人的迫害相提并论。埃尔多安和内塔尼亚胡隔空争吵。

伊斯兰合作组织决定对承认耶路撒冷为以色列首都或将其使馆迁往耶路撒冷的国家采取“必要的政治、经济和其他措施”。埃尔多安表示，土耳其将全面审视对以色列的经贸关系，考虑采取对以制裁措施。[③] 土以关系急剧恶化。埃尔多安则和内塔尼亚胡在推特上互相指责。

3. 土耳其谴责特朗普在戈兰高地和约旦河西岸犹太定居点问题上的立场

2019 年 3 月 25 日，美国总统特朗普宣布承认以色列对戈兰高地的“主权”。土耳其外长恰武什奥卢谴责美国再度漠视国际法，称特朗普的这项决定将阻碍中东和平，加剧区域紧张。[④]

2019 年 11 月 18 日，特朗普改变了美国历年来在约旦河西岸犹太人定居点问题上的立场，称约旦河西岸犹太人定居点不违反国际法。11 月 19 日，土耳其外长恰武什奥卢谴责美国在约旦河西岸犹太人定居点上的立场。他说，没有任何国家可以超越国际法。土耳其总统府发言人易卜拉

---

① Erdogan：“Whoever Is On the Side of Israel… We Are Against Them,” *United With Israel*, July 28, 2019, https://unitedwithisrael.org/erdogan-whoever-is-on-the-side-of-israel-we-are-against-them/.

② Seth J. Frantzman, “Erdogan Bashes Israel, Calls on Muslims to Unite against the West,” *Jerusalem Post*, December, 2019, https://www.jpost.com/Middle-East/Erdogan-bashes-Israel-calls-on-Muslim-to-unite-against-the-West-610375.

③ 施春：《土耳其将在大选后全面审视对以色列经贸关系》，新华网，2018 年 5 月 22 日，http://m.xinhuanet.com/2018-05/22/c_1122871590.htm。

④ 《美承认戈兰高地属于以色列 土耳其批其漠视国际法》，中国新闻网，2019 年 3 月 26 日，http://www.chinanews.com/gj/2019/03-26/8790378.shtml。

欣·卡林（Ibrahim Kalin）说，美国的政策忽视巴勒斯坦人的权利和国际法。①

三　土耳其对以色列的广泛批评

1. 土耳其谴责以色列的《犹太民族国家法案》。

2018 年 7 月 19 日，以色列议会通过的《犹太民族国家法案》规定，“以色列是犹太民族的国家，犹太民族专享以色列的自决权”，以色列的首都是“完整、统一的耶路撒冷”，“建设犹太人定居点是以色列国家利益所在，国家将采取行动加以鼓励、推进和实施”。②

土耳其批评以色列“变成一个基于种族隔离基础上的国家、指责以色列忽视了以色列阿拉伯人的权利”。土耳其总统府发言人易卜拉欣·卡林指责《犹太民族国家法案》是迈向“种族主义”的一步，是想从法律上剥夺巴勒斯坦人和巴勒斯坦领土的联系。③ 土耳其外交部 19 日发表声明谴责以色列通过该法案，强调东耶路撒冷是巴勒斯坦领土不可分割的一部分，呼吁国际社会做出必要反应。声明称，《犹太民族国家法案》损害阿拉伯裔以色列人的基本权利，其中宣布耶路撒冷为以色列首都的内容是无效的。声明批评这项法案破坏了以两国方案解决巴以问题的共识。

7 月 24 日，埃尔多安批评以色列是“最法西斯主义、最种族主义的国家”。埃尔多安指责以色列“如同德国纳粹”。内塔尼亚胡回击说，土耳其政府在国内关押了上万民众，在叙利亚杀害库尔德人。④

2. 土耳其谴责以色列袭击土耳其安纳多卢通讯社加沙办事处

2019 年 5 月 4 日，土耳其总统埃尔多安在推特上强烈谴责以色列对于

---

① “Turkey Slams US Policy Shift on Illegal Israeli Settlement,” *Hurriyet Daily News*, November 19 2019, http://www.hurriyetdailynews.com/turkey-slams-us-policy-shift-on-illegal-israeli-settlement-148858.

② 《以色列议会通过犹太民族国家法案　巴勒斯坦方面予以谴责》，新华网，2018 年 7 月 19 日，http://www.xinhuanet.com/2018-07/19/c_1123151514.htm。

③ AFP and TOI Staff, “Turkey Accuses Israel of ‘Apartheid’ over ‘Jewish Nation-State’ Law,” *Times of Israel*, July 19, 2018, https://www.timesofisrael.com/turkey-accuses-israel-of-apartheid-over-jewish-nation-state-law/.

④ 莫文初：《土以两国首脑隔空猛烈交锋》，《环球时报》2018 年 7 月 26 日，第 2 版。

土耳其安纳多卢通讯社加沙办事处的打击。土耳其副总统福阿特·奥克塔伊（Fuat Oktay）、外长恰武什奥卢和外交部都发表声明谴责以色列对土耳其阿纳多卢通讯社加沙办事处的袭击。[①] 土耳其和以色列的关系降到了一个新低点。

3. 埃尔多安在联合国公开批评以色列侵占巴勒斯坦领土

2019 年 9 月 24 日，埃尔多安在第 74 届联合国大会发言说，国际社会的每一个成员，特别是联合国，不应仅仅空头许诺支持巴勒斯坦。埃尔多安指责以色列不断掠夺巴勒斯坦人的土地，并反问不知道以色列的边界会扩张到哪里。埃尔多安指着地图说，以色列在不断扩张，相反，巴勒斯坦的土地在缩小。土耳其支持以 1967 年边界为基础的两国方案。除此之外的任何方案都行不通。埃尔多安说，以色列占领下的巴勒斯坦领土是明显遭到不公正对待的地区。埃尔多安反对美国承认以色列对戈兰高地的主权。埃尔多安谴责特朗普政府想要用“世纪协议”来“消灭”巴勒斯坦国和巴勒斯坦人民。[②] 埃尔多安批评以色列的领土扩张行为。埃尔多安通过地图展示不同时期的以色列和巴勒斯坦领土的变化，展示以色列是如何通过侵占巴勒斯坦领土实现扩张的。以色列谴责埃尔多安把以色列对加沙的政策与纳粹德国对犹太人的政策相类比。内塔尼亚胡指责埃尔多安在说谎，讥讽埃尔多安屠杀库尔德人，指责土耳其拒绝承认奥斯曼帝国对亚美尼亚人的屠杀。以色列外长卡茨（Israel Katz）则指控埃尔多安发表反犹主义言论。[③] 以色列驻联合国大使丹尼·达农（Danny Danon）批评联合国频繁谴责以色列，却忽视土耳其“迫害”库尔德人，收留哈马斯人员。达农说：“土耳其‘入侵了’叙利亚北部，并让该地区陷入了动荡。”他指责联合国忽视土耳其在中东的破坏行动。[④]

---

① “Turkey Strongly Condemns Israeli Attack on Anadolu Agency Office in Gaza Strip,” *Hurriyet Daily News*, May 5, 2019, https://www.hurriyetdailynews.com/turkey-strongly-condemns-israeli-attack-on-anadolu-agency-office-in-gaza-strip-143160.

② Tovah Lazaroff, “Turkey's Erdogan: Israel was Originally Mostly Palestinian,” *The Jerusalem Post*, September 24, 2019, https://www.jpost.com/International/Tukeys-Erdogan-Israel-was-originally-mostly-Palestinian-602719.

③ TOI Staff, “Israel Angrily Rrejects Holocaust-Gaza Comparison from Turkey's Erdogan,” *Times of Israel*, September 24, 2019, https://www.timesofisrael.com/israel-angrily-rejects-holocaust-gaza-comparison-from-turkeys-erdogan/.

④ Arutz Sheva, “Danon: UN Concentrates on Israel, Ignores Turkey,” *Israel National News*, October 28, 2019, http://www.israelnationalnews.com/News/News.aspx/270692.

四　以色列批评土耳其的中东政策

以色列军方的评估报告称，土耳其总统埃尔多安在中东地区的进攻性（aggressive policies）政策是以色列 2020 年面临的挑战之一。土耳其和以色列的关系持续紧张。埃尔多安政府频繁抨击以色列，并且允许哈马斯（巴勒斯坦伊斯兰抵抗运动）在土耳其活动。虽然土耳其和以色列之间不会发生直接的冲突，但是以色列认为土耳其在中东地区穷兵黩武的政策使得土耳其成为以色列近期面临的首要危险之一。以色列还指控土耳其允许哈马斯在土耳其自由行动。以色列认为土耳其"日益进攻性"的地区政策威胁到了以色列的海上利益。该评估报告指出，与穆斯林兄弟会联系密切的土耳其正发党政府的政策令以色列担忧。[①]

在埃尔多安上台后，土耳其伊斯兰意识形态所发挥的作用日益扩大。土耳其的中东政策尽量"去西方化"，着力增强自身在中东地区特别是中东伊斯兰国家中的影响力。土耳其在诸多外交领域主动出击，着意提升国际地位。土耳其国内的伊斯兰主义倾向日益明显，从内部影响着正发党的外交决策。土耳其国内的反犹主义现象有增多的趋势。土耳其在巴以冲突中旗帜鲜明地站在巴勒斯坦一方。以色列无法接受土耳其同哈马斯的紧密联系。[②]

1. 以色列批评土耳其与哈马斯关系密切

2007 年之后，正发党政府支持穆兄会和哈马斯的立场日益清晰。2008 年底至 2009 年初以色列打击加沙，土耳其表示对哈马斯的支持。2010 年发生土耳其救援加沙船队遭以色列攻击事件，土耳其召回驻以色列大使。2012 年，埃及总统穆尔西和哈马斯领导人哈利德·米沙勒都赴土耳其参加了正发党的代表大会。[③] 哈马斯拒绝承认以色列并反对与其进

---

① Judah Ari Gross, "In first, Turkey Leader's Hostility Noted as 'Challenge' in Annual Intelligence Report," *Times of Israel*, January 14, 2020, https://www.timesofisrael.com/in-first-turkey-included-as-threat-in-idfs-annual-intel-assessment/.

② 李舒扬：《2015~2016 年以色列与土耳其的关系》，张倩红主编《以色列蓝皮书：以色列发展报告（2017）》，社会科学文献出版社，2017，第 237 页。

③ 吴冰冰：《中东地区的大国博弈、地缘战略竞争与展览业格局》，《外交评论》2018 年第 5 期，第 58 页。

行任何和谈，主张通过暴力斗争方式消灭以色列。以色列和美国视其为恐怖组织。土耳其认为哈马斯不是恐怖组织。长期以来，土耳其正发党与哈马斯关系密切。2002 年 11 月正发党政府上台之后，土耳其在巴以问题上更加倾向于支持巴勒斯坦一方。正发党政府批评以色列对哈马斯的行动。在正发党统治下，土耳其和以色列的关系经历了转变。埃尔多安公开批评以色列对约旦河西岸和加沙的政策。2004 年埃尔多安指责以色列定点清除哈马斯领导人亚辛的行动是“国家恐怖主义”。[①] 土耳其谴责以色列在加沙违反人权。通过支持巴勒斯坦和批判以色列，埃尔多安在中东赢得更大威望，在土耳其国内赢得更高支持率。埃尔多安多次邀请哈马斯代表团访问土耳其。土耳其呼吁国际社会承认哈马斯政府是巴勒斯坦人民的合法代表。土耳其向加沙派救援船体现了土耳其对哈马斯的巨大支持。[②]

哈马斯积极鼓励埃尔多安在巴勒斯坦问题上发挥更加积极的作用。哈马斯赞扬土耳其在打破以色列对加沙封锁上持续发挥更加积极的作用。2016 年 6 月 24 日，哈马斯政治局主席哈立德·迈沙阿勒（Khaled Mashal）访问安卡拉。哈马斯和土耳其正发党的关系渊源颇深，二者都与穆斯林兄弟会关系密切。而且，埃尔多安和哈立德·迈沙阿勒有友好而密切的私人关系。2016 年在土以关系正常化谈判和改善加沙状况方面，土耳其和哈马斯保持着密切的联系。埃尔多安甚至把以色列取消对加沙的封锁作为和以色列关系正常化的条件。[③]

2018 年 1 月 31 日，美国国务院发表声明，将哈马斯领导人伊斯梅尔·哈尼亚（Ismail Haniyeh）列入全球恐怖分子名单。2 月 2 日土耳其外交部发言人哈米·阿克索伊称，土耳其对美国国务院的决定深表关切。美方这一做法不仅忽视了客观现实，还将妨碍中东和平进程。声明称土耳其希望美方这一决定不会对土耳其在加沙地带的人道主义援助和经济发展活动造成

---

① Soner Cagaptay, “The AKP Shifts Turkey’s Role in the Middle East,” *The Washington Institute*, February 16, 2006, https://www.washingtoninstitute.org/policy-analysis/view/hamas-visits-ankara-the-akp-shifts-turkeys-role-in-the-middle-east.

② Ely Karmon & Michael Barak, “Erdogan’s Turkey and the Palestinian Issue,” *Perspectives on Terrorism*, Volume 12, Issue 2 (2018): 76.

③ Yoni Ben Menachem, “After the Israel-Turkey Agreement, Turkey and Hamas Will Still Collaborate,” *Jerusalem Center for Public Affairs*, June 27, 2016, http://jcpa.org/israel-turkey-agreement-turkey-hamas-will-still-collaborate/.

负面影响。[①] 土耳其反对美国把哈马斯领导人伊斯梅尔·哈尼亚列入全球恐怖分子名单，指责美方这一做法将给中东和平进程造成负面影响。2018 年 1 月，以色列安全部门指控数名哈马斯成员在土耳其从事资金筹集和洗钱活动，并逮捕了有关人员。[②]

土耳其否认土耳其领土被用来袭击以色列或任何国家。土耳其外交部称，土耳其不认为哈马斯是恐怖组织。包括土耳其在内的很多国家和哈马斯有不同程度的联系。土耳其总统埃尔多安多次在土耳其接见哈马斯领导人伊斯梅尔· 哈尼亚。哈马斯感谢土耳其对巴勒斯坦人民及其正义事业的支持。以色列指责土耳其违背了 2015 年在美国的协调下做出的不允许哈马斯从土耳其领土策划或发动对以色列袭击的承诺，以色列指责土耳其与哈马斯的官员联系密切。哈马斯则称以色列的指责是毫无根据的。土耳其和哈马斯长期保持着友好关系。哈马斯和土耳其正发党都与埃及穆兄会联系密切。[③] 以色列一贯奉行的“绝对安全观”同土耳其的外交政策显然存在严重冲突。这种安全观主张通过强硬手段甚至是武力来解决潜在威胁，并将任何可能存在的安全威胁视作对国家和民族根本利益的侵犯。以色列内部甚至有人将与哈马斯联系密切的土耳其也视作无法合作的“反犹主义”对手。自埃尔多安当政以来，以土关系趋于紧张。[④]

支持哈马斯是土耳其正发党政府既定的政策取向。通过打起支持巴勒斯坦的大旗，土耳其塑造了中东领导者的形象。土耳其多次接待哈马斯领导人的访问。土耳其和哈马斯的密切接触削弱了以色列和美国孤立哈马斯的努力，引起了以色列的强烈不满。

2019 年 8 月 26 日，以色列外长卡茨在推特上呼吁土耳其停止在东耶路撒的“煽动”。很多以色列和土耳其专家认为卡茨的言论旨在增强利库德集

---

① 陈立希：《为哈马斯“出头”？土耳其批美妨碍中东和平进程》，新华网，2018 年 2 月 4 日，http：//www. xinhuanet. com/world/2018-02/04/c_129804860. htm。

② Ely Karmon & Michael Barak，“Erdogan's Turkey and the Palestinian Issue，” *Perspectives on Terrorism*，Volume 12，Issue 2（2018）：77.

③ TOI Staff，“Turkey Denies Allowing Hamas to Plot Terror Attacks from Its Soil，” *Times of Israel*，December 19，2019，https：//www. timesofisrael. com/turkey-denies-allowing-hamas-to-plot-terror-attacks-from-its-soil/.

④ 李舒扬：《2015~2016 年以色列与土耳其的关系》，张倩红主编《以色列蓝皮书：以色列发展报告（2017）》，社会科学文献出版社，2017，第 238 页。

团的影响力。以色列政府不满土耳其在以色列阿拉伯人和犹太人中的文化影响力。一些以色列人甚至喜欢土耳其的电视剧。亲近利库德集团的以色列媒体甚至声称土耳其在以色列有“文化霸权”。土耳其在加沙、约旦河西岸，东耶路撒冷等地开展了人道主义救援、历史遗迹修复、教育和文化活动。①

2. 以色列反对土耳其出兵叙利亚

2019 年 10 月 9 日，土耳其对叙利亚发动了“和平之泉”军事行动。以色列强烈反对土耳其出兵叙利亚。以色列认为土耳其出兵叙利亚将削弱叙利亚北部库尔德人的影响力。以色列担心库尔德人力量的削弱将导致伊朗在叙利亚的影响力的壮大。早在 20 世纪 60 年代，以色列就和库尔德人保持着军事和贸易等方面的联系。以色列认为库尔德人生活的地区是以色列防范敌人的缓冲区。2019 年 10 月，以色列不仅反对土耳其在叙利亚“和平之泉”的军事行动，还向叙利亚库尔德人提供人道主义援助。以色列数十名军官在脸书（Facebook）上提交请愿，呼吁向叙利亚库尔德人提供援助。② 以色列表示将会尽最大努力向库尔德人提供人道主义援助。以色列警告土耳其的军事行动可能在叙利亚制造另外一场人道主义危机。以色列驻联合国大使丹尼·达农重申以色列对库尔德人的支持。③ 以色列和犹太民族有支持库尔德人的传统。以色列和库尔德人互相把对方看作对抗阿拉伯人和伊朗人的有益的盟友。土耳其总统埃尔多安指控以色列对库尔德人的热情支持是“摩萨德的阴谋”④。

3. 以色列与土耳其在东地中海的争夺趋于激烈

2019 年 11 月 27 日，土耳其政府与利比亚民族团结政府签订一份谅解备忘录，就两国在地中海边界线达成一致。不过，对这一争议海域同样宣

---

① Selim Han Yeniacun, “Israel Elections: Why Targeting Turkey is an Electoral Strategy for Likud? ” *The New Turkey*, September 14, 2019, https://thenewturkey.org/israel-elections-why-targeting-turkey-is-an-electoral-strategy-for-likud.

② Vladimir Odintsov, ‘New Eastern Outlook (NEO) ’: Turkey and Israel, Enemies or Allies? *Veterans Today*, December 27, 2019, https://www.veteranstoday.com/2019/12/27/neo-turkey-and-israel-enemies-or-allies.

③ Aryeh Savir “Israel ‘Strongly Condemns’ Turkey’s Attack on Kurds, Following US Withdrawal,” *United With Israel*, Oct 10, 2019, https://unitedwithisrael.org/israel-strongly-condemns-turkeys-attack-on-kurds/.

④ Amberin Zaman, Dan Wilkofsky, “Israel’s Love of Kurds Weaponized by Their Foes,” *The Al-monitor*, December 13, 2019, https://www.al-monitor.com/pulse/originals/2019/12/syria-kurds-oil-sdf-israel-lobby-kahana.html.

称管辖权的邻国塞浦路斯、希腊和埃及拒绝买账，谴责土方行径违反国际法。[①] 土耳其与利比亚的海上划界协议严重损害了包括以色列在内的地中海沿岸国家的战略和经济利益。内塔尼亚胡称土耳其与利比亚之间的海上划界协议是非法的。

2019 年 12 月 14 日，以色列媒体报道土耳其海军军舰驱逐了在塞浦路斯附近海域的以色列科考船“贝特·加利姆号”（Bat Galim）。以色列指责土耳其在该海域没有管辖权。土耳其寻求不断加强在东地中海地区的影响力。土耳其和利比亚的海上划界协议加剧了土耳其与希腊、塞浦路斯、埃及等国围绕东地中海油气开采权的冲突。东地中海的紧张形势阻碍了以色列建立从以色列到欧洲的天然气海底隧道的计划。[②] 2019 年 12 月 23 日以色列外长卡茨说，虽然以色列的官方政策是反对土耳其与利比亚的海上划界协议，但是这不意味着以色列和土耳其要兵戎相见。他不认为以色列和北约成员国土耳其之间要发生一场冲突。[③]

以色列向美国施压，要求阻止土耳其参与 F-35 战机项目。2019 年 7 月 13 日以色列蓝白党议员拉皮德以土耳其购买俄罗斯 S-400 防空导弹系统为由，呼吁美国阻止土耳其参与 F-35 战斗机项目，防止土耳其获得某些方面的军事优势。拉皮德在推特上说，美国必须阻止土耳其参与 F-35 战机项目，否则就无法阻止土耳其和伊朗在有关领域超越美国和以色列的军事优势。拉皮德批评以色列总理内塔尼亚胡对土耳其总统埃尔多安的态度不够强硬。以色列担心土耳其部署 S-400 防空导弹系统将会威胁以色列战机的飞行安全。[④] 以色列领导层的主要目标是确保以色列在中东的军事优势，确保土耳其等对手不拥有最先进的战机和军事装备。

---

① 王宏彬：《土耳其利比亚划定海上边界 邻国不承认并谴责土方》，新华网，2019 年 12 月 1 日，http://www.xinhuanet.com/world/2019-12/01/c_1210376023.htm。

② TOI Staff, “Turkish Ships Said to Force Israeli Research Vessel out of Cypriot Waters,” *Times of Israel*, December 14, 2019, https://www.timesofisrael.com/turkish-ships-said-to-force-israeli-research-vessel-out-of-cypriot-waters/.

③ Ari Rabinovitch and Michele Kambas, “Israel Opposes Turkey-Libya Maritime Border Accord,” *Yahoo News*, December 24, 2019, https://news.yahoo.com/israel-opposes-turkey-libya-maritime-184314738.html.

④ TOI Staff, “Lapid Calls on US to Boot Turkey from F-35 Program over Russian Missile Deal,” *Times of Israel*, July 13, 2019, https://www.timesofisrael.com/lapid-calls-on-us-to-boot-turkey-from-f-35-program-over-russian-missile-deal/.

结　语

虽然土耳其和以色列之间的商业与经济合作并未中断，但 2017~2019 年土以两国在外交和安全领域的关系明显紧张。土耳其和以色列两国政府和领导人频繁互相批评甚至辱骂。以色列和土耳其在巴以问题、叙利亚问题等方面的分歧明显。土美关系的紧张和巴以和平进程停滞不前也影响了土以关系的发展。

首先，土耳其的“战略深度外交”疏远了与以色列的关系。2002 年正发党上台以后，土耳其就推行了达武特奥卢提出的“战略深度外交”，加强与中东和中亚伊斯兰国家的关系。土耳其通过牺牲和疏远与以色列的关系来拉近与中东伊斯兰国家的关系，提升自己的地区和国际地位。由于正发党的政治伊斯兰背景，出于意识形态的考虑，正发党政府采取了批评以色列、反对以色列封锁加沙、支持哈马斯的立场。20 世纪 90 年代土耳其军队曾推动建立土以战略联盟关系。军队曾是土耳其国内推动土以战略合作的重要力量。但是，2016 年土耳其军方的未遂政变被镇压后，土耳其政府加强了对军队的控制。[①] 推动土以合作的力量遭到削弱。

其次，以色列领导人试图通过强调安全问题和对土耳其的批评提高支持率。以色列对土耳其有负面看法的重要原因是以色列利库德集团及其领导人试图通过对安全问题的强调和对土耳其的批评赢得选票和支持。2019 年内塔尼亚胡多次未能成功组阁。利库德集团积极通过对土耳其的批评等途径提高支持率。[②]

再次，土美关系的紧张令土以关系雪上加霜。美国一直是土以关系发展的主要推手，但是，近年来土耳其与美国关系的紧张也对土以关系产生了负面影响。土耳其一直指控美国包庇土耳其未遂政变的“幕后黑手”居伦，2018 年美国又对土耳其大打金融和贸易战，压土耳其释放牧师布伦森。[③] 美国

---

① Tarik Oğuzlu, “The Changing Dynamics of Turkey-Israel Relations: A Structural Realist Account,” *Mediterranean Politics*, Vol. 15, No. 2 (2010): 276.

② Selim Han Yeniacun, “Israel Elections: Why Targeting Turkey is an Electoral Strategy for Likud?” *The New Turkey*, September 14, 2019, https://thenewturkey.org/israel-elections-why-targeting-turkey-is-an-electoral-strategy-for-likud.

③ 李秉忠：《土美关系横亘着结构性矛盾》，《环球时报》2018 年 8 月 14 日，第 14 版。

更对土耳其的政治发展道路说三道四。在此情况下，美国调解土以关系危机的能力和效果都大打折扣。

最后，巴以和平进程停滞不前、以色列对巴勒斯坦的强硬政策、特朗普政府推出的一系列偏袒以色列的政策、巴以双方缺乏灵活务实的态度等因素都导致了目前土以关系的紧张局面。

（作者单位：中国社会科学院西亚非洲研究所）

The Turkey-Israel Relations during 2017-2019

Zhang Bo

Abstract: Turkey criticized Israel's Palestinian policies while Israel strongly disapproved of Turkey's regional polices. As a result, Turkey Israel relations deteriorated further during 2017 - 2019. Turkey actively opposed the Trump administration's pro-Israel policies. Israel was critical of Turkey's support of Hamas. Turkey and Israel compete for resources and influences in the east Mediterranean.

Keywords: Turkey; Israel; Palestine; The US

“大灾难”记忆在巴勒斯坦人身份认同中的作用探析

隆娅玲

内容提要 个体对群体身份的认同是一个可建构的过程，建立在共同历史文化的基础上。巴勒斯坦人这个群体身份的基础是成员所共享的阿拉伯伊斯兰历史文化元素，但语言、历史、文化等元素皆不是巴勒斯坦人所独有，而是所有阿拉伯人所共享，因此对“大灾难”的记忆是影响巴勒斯坦人身份认同的核心因素。“大灾难”记忆既是巴勒斯坦人所共有的，是其区别于其他群体的独特性所在。它不仅被视为巴勒斯坦当前现实的起点，而且关乎巴勒斯坦人的现在和未来。

关键词 巴勒斯坦人 难民问题 集体记忆 犹太复国主义运动 身份认同

在探讨巴勒斯坦问题时，阿拉伯语中的“النكبة[①]”（大灾难）指的是1948年巴勒斯坦人经历的那场大灾难。1948年5月14日，以色列在巴勒斯坦宣布建国。次日，阿拉伯盟军对新生的以色列发动了攻击，由此爆发了第一次中东战争，亦称巴勒斯坦战争。阿拉伯一方战败，造成巴勒斯坦大部分领土沦丧，约3/4巴勒斯坦人流离失所、沦为难民，巴勒斯坦社会关系遭遇严重破坏，损失惨重。此次战争及其严重后果被认为是巴勒斯坦历史上所遭遇的最大灾难，是巴勒斯坦历史的分水岭，对整个巴勒斯坦社会和人民的生活产生了巨大的影响，也在巴勒斯坦人身份认同意识的发展过程中发挥了举足轻重的作用。

---

① “النكبة”一词的中文释义有灾难、浩劫、磨难、劫难、苦难、灾祸等，但在阿拉伯语中特指1948年巴勒斯坦人经历的那场大灾难，本文中统一采用“大灾难”的这一释义。

一 “大灾难”的多重含义

“大灾难”一词最早出现在1948年叙利亚史学家康斯坦丁·祖里克的著作《灾难的意义》中，作者首次将巴勒斯坦战争描述为一场灾难。在巴勒斯坦人的集体记忆中，“大灾难”是其主要的记忆，其含义包括：犹太复国主义武装团体占领和征用大部分巴勒斯坦领土；驱逐近80万巴勒斯坦本土居民使其沦为难民；摧毁超过87%的巴勒斯坦城乡村镇，并对主要巴勒斯坦城市进行犹太化改造；驱逐内盖夫地区的贝都因部落；破坏巴勒斯坦身份认同；抹除阿拉伯地名并以希伯来地名替换之。[①]“巴勒斯坦大灾难百科全书”网站主页这么描述：“巴勒斯坦大灾难”，任何语言皆不能译之，它有着自己独特的字母、独特的排列、独特的词汇，唯有保持本来面貌。它是呐喊，是伤痛，是故事，是讲述。它印刻着迷失、伤痛的记忆，是人类历史上最不幸的悲剧事件……[②]

在这次灾难中，巴勒斯坦人失去了巴勒斯坦。巴勒斯坦战争结束之时，以色列控制了巴勒斯坦地区总面积的约80%，大大超出了联合国分治决议所划分的57%，和1946年犹太人通过购置土地后所占有的6%[③]相比，可谓天壤之别。实际上，在犹太人大规模向巴勒斯坦移民之前，阿拉伯人占巴勒斯坦总人口的95%，拥有99%的土地。[④]此外，巴勒斯坦的剩余领土中，加沙地带被埃及控制，约旦河西岸地区由约旦占领。所以，对于巴勒斯坦人而言，1948年战争使他们几乎失去了整个巴勒斯坦。

不仅如此，这场战争还引发了长期困扰国际社会的巴勒斯坦难民问题。1947~1949年，近80万[⑤]巴勒斯坦人逃离或被驱离巴勒斯坦，沦为难民，

---

① 原文见《阿拉伯耶路撒冷报》（阿文版），2015年5月10日，http://www.alquds.co.uk/?p=339367。

② 原文见《巴勒斯坦大灾难百科全书》（阿文版），http://www.nakba.ps/word.php。

③ Rosemary Sayigh, *The Palestinians: from Peasants to Revolutionaries* (London and New York: Zed Books Ltd, 2007), p. 38.

④ Walid Khalidi, *From Haven to Conquest: Readings in Zionism and the Palestine Problem until 1948* (Institute for Palestine Studies, 1987), p. 22

⑤ Benny Morris, *The Birth of the Palestinian Refugee Problem Revisited*, Cambridge University Press, 2004, pp. 602-604. 对于巴勒斯坦战争造成的巴勒斯坦难民数量没有一个确切的数字，相关各方的预估数字也存在差异：阿拉伯国家统计认为总人数应介于75万人到 （转下页注）

约占巴勒斯坦总人口的3/4。这些统计数据还不包括那些留在巴勒斯坦境内却失去了家园的巴勒斯坦人。这些难民涌入加沙地带和约旦河西岸，以及附近的阿拉伯国家如约旦、叙利亚和黎巴嫩等。大部分巴勒斯坦难民都居住在条件极其恶劣的难民营中，靠联合国救济为生，在叙利亚、黎巴嫩等国的难民也不得不面对压迫的政策和艰难的生存环境。留在以色列境内的10多万巴勒斯坦人，由原来社会的绝对多数群体转变成了以色列的少数群体，且从1948年10月起处于以色列的军事统治之下，长达18年。因此，这次战败不仅使巴勒斯坦人失去了巴勒斯坦的土地和土地上的家园，也使这片土地上的原住民群体社会关系断裂。

此外，巴勒斯坦人还在政治和外交战场上失去了巴勒斯坦。巴勒斯坦几乎已经从地图上消失了，巴勒斯坦战争后巴勒斯坦地区只建立了一个主权国家——以色列国。巴勒斯坦人似乎也不存在了，他们要么是以色列公民，要么是寄居国的国民或难民。虽然留在以色列境内的阿拉伯人变成了以色列公民，但他们作为犹太复国主义一直想要摆脱或清除的群体，长期处于军事统治之下，遭遇着种种不公平待遇，公民合法权益受到长期侵害，能发挥的政治影响力非常有限。巴勒斯坦人的主体部分此时已经背井离乡、流亡各国，面临着最基本的生存难题。在国际社会中，他们不是拥有自决权和自治权的人民，而是急需国际社会救济的难民。以色列愿意等待国际社会对巴勒斯坦难民回归问题慢慢失去兴趣和耐性，从而一再地拒绝巴勒斯坦难民的回返。从此，难民问题成为国际大会中与巴勒斯坦相关的最突出的问题之一，同时也是长期无法解决的问题之一。

二 “大灾难”与巴勒斯坦人认同意识的确立

要厘清巴勒斯坦人认同意识的确立和发展就不得不先处理几个问题：巴勒斯坦人是何时开始将自己定义为巴勒斯坦人而不是阿拉伯人？巴勒斯

（接上页注⑤）100万人之间；以方认为只有约50万人；而英国方面认为人数在60万人到76万人之间。1949年联合国秘书长在联合国大会第四届会议上所做的关于联合国1948年7月1日至1949年6月30日工作的年度报告中称巴勒斯坦难民人数是94万人，而联合国巴勒斯坦难民救济和工程处估计巴勒斯坦难民人数已达到96万人，且不包括那些未在联合国难民救济和工程处登记和未获得援助的难民人数。也许真实的数字超过各方的估计和测算。

坦人和阿拉伯人有什么不同，其独特性何在？外部世界又是如何对待这种独特性的？要回答这几个问题，首先有必要明确巴勒斯坦人和阿拉伯人之间的关系。这里的“阿拉伯人”和“巴勒斯坦人”不是两个非此即彼的概念，也不是两个分离的群体，两者之间主要表现为一种包含关系。巴勒斯坦人是在阿拉伯人这个大群体逐渐凸显并发展而成的一个独特的群体。巴勒斯坦人或阿拉伯人，他们与犹太人、英国人等外国人的区分是很容易的事。他们说着不同的语言、来自不同的地域、实践着不同的文化习俗，因此他们在交往过程中完成对我群体共性和他群体差异性的认识及分类是较容易和清晰的。但巴勒斯坦人如何从历史文化相同的阿拉伯人大群体中凸显其独特性，并逐渐演变成一个与其他地区阿拉伯人不同的独特群体的呢？

19 世纪末，西方殖民势力踏上了阿拉伯世界的领土，随之而来的还有强调民族、领土和国家的现代意识。当时包括巴勒斯坦在内的很多阿拉伯地区处于西方殖民主义统治之下。西方国家基于国家利益而进行的殖民区域分割成为后来很多阿拉伯地区发展为独立的民族国家的边界基础。英国对巴勒斯坦地区的委任统治也促使巴勒斯坦地区与其他阿拉伯地区在地理上分离开来。在民族独立意识和世界独立浪潮的影响下，巴勒斯坦地区独立自治的提法也开始出现在政治舞台上。众所周知，这种想法并未成功演变成现实。同样，它也没有促成巴勒斯坦地区阿拉伯人与其他地区阿拉伯人的完全分离。但在这一过程中，犹太复国主义运动的扩张使得巴勒斯坦地区所面临的情势确实比其他地区复杂得多。

可以说，在西方的民族和公民意识传入阿拉伯世界之前，奥斯曼帝国领土范围内有阿拉伯人、土耳其人、波斯人、库尔德人等群体，却没有巴勒斯坦人这个群体概念。当时巴勒斯坦地区的人被称为阿拉伯人。因此当犹太复国主义运动扩展到巴勒斯坦并威胁到当地人的正常生活的时候，它被视为对所有阿拉伯人的威胁。巴勒斯坦地区的居民也希望借助所有阿拉伯人的团结力量来对抗犹太复国主义的威胁。然而，犹太复国主义在巴勒斯坦地区的迅速发展壮大，足以证明阿拉伯人在抵抗犹太复国运动方面的无力和失败，这对于阿拉伯人来说是一种深深的挫败感。而对于与犹太人有着直接接触并深受其害的巴勒斯坦居民来说，这绝不只是挫败感可以简单概括的。对于他们来说，犹太复国主义威胁下的自我生存问题才是当务之急。因此，犹太复国主义的直接威胁成为巴勒斯坦居民有别于其他地区阿拉伯人的主要差异所在，也是使其从阿拉伯人群体中逐渐凸显出来的一个主要因素。

我们无法确定巴勒斯坦地区的阿拉伯人认为自己首先是巴勒斯坦人的具体日期，但可以明确 1948 年阿以战争的失败及其后续苦难经历是巴勒斯坦人从阿拉伯人中独立出来的标志性事件。1948 年，周边阿拉伯国家虽然表面上是为了保卫巴勒斯坦而向新生的以色列宣战（且不论各国出兵的根本目的），但战争失败后遭遇最严重后果的仍是巴勒斯坦，其领土大部分丧失，人民流离失所、四分五裂。其他阿拉伯国家虽也遭受了不同程度的损失，但各国人民的生活并未因此发生根本性变化。从此，巴勒斯坦人和其他国家的阿拉伯人开始走向了不同的未来。散居各地的巴勒斯坦人面临不同形式却同样严峻的生存困境，终究认识到了自己与其他阿拉伯人的不同。巴勒斯坦人在这一时期所遭遇的驱逐、压迫和流亡，原有生活方式的改变和社会关系的破坏，巴勒斯坦领土的被占和割裂……是他人无法想象的，却是每个巴勒斯坦人实实在在的亲身经历。巴勒斯坦人这个身份也因为承载着这些独特经历而有别于其他的阿拉伯人。

不仅巴勒斯坦人认识到了自己与其他群体的不同，外部世界也因此认识到了巴勒斯坦人的独特性。虽然巴勒斯坦难民几乎成了巴勒斯坦人的代名词，但这至少表明国际社会也开始认为巴勒斯坦难民是一个单独的群体，背后代表着整个巴勒斯坦人这个独特群体。巴勒斯坦战争后，巴勒斯坦人或巴勒斯坦难民以及巴勒斯坦问题等术语频繁出现在国际社会和重大会议中。这在一定程度上反映了巴勒斯坦人开始在国际上以独立群体的身份出现。虽然这些相较以前更频繁出现的与巴勒斯坦相关的会议主题，并不是由巴勒斯坦人提出的，甚至有的也不是站在有利于巴勒斯坦人的立场上被提出的，这些会议也未促进巴勒斯坦问题的全面解决，但是不可否认的是，无论以色列等国承认与否，巴勒斯坦人已被当成了一个独立的群体来对待，巴勒斯坦相关问题也已变成了国际政治中无法回避和忽视的问题之一。

1948 年阿以战争的失败及其后续苦难经历不仅凸显了巴勒斯坦人群体的独特性，也促使所有的巴勒斯坦人团结起来成为一个整体。此前他们虽共同居住在巴勒斯坦地区，但内部分歧突出，差异明显，无法团结一体。战后，虽然巴勒斯坦人在地理分布上已不再是一个整体，而是四分五裂、散居各地，但原来突出的城乡、贫富差异和宗派、家族分歧却有所减弱，或至少不那么重要。战后所有巴勒斯坦人经历了共同的劫难、面对着同样的命运：无论战前多么富有或贫穷，如今都已背井离乡、无家可归；无论战前是目不识丁的贫农阶层还是学识渊博的城市精英阶层，如今都遭遇了家国被毁，前途渺茫；无论战前家族或党派之间的利益分歧有多深，如今巴勒斯坦领土丧失、社会解体，何谈利益与权力？虽然极少数富足显赫的家族在战后移民他国，仍旧过着体面稳定的生活，但也不能否认这场灾难对他们带来的影响。总体而言，分散的巴勒斯坦人因为这突如其来的巨大灾难的降临以及由此产生的苦难经历和悲痛记忆而第一次成为一个真正意义上的群体。正如厄内斯特·勒南（Ernest Renan）所言：“共同的苦难比欢乐更能使人团结。对于民族记忆而言，悲痛比胜利具有更大的价值，因为它能激发责任感，并要求共同努力。”①

犹太复国主义运动在巴勒斯坦人独立群体的形成过程中发挥着非常重要的作用，但过度夸大其作用也是不妥的。有的观点认为：巴勒斯坦人这个身份完全是当地居民对犹太复国主义威胁做出的直接反应。显然，这种观点误把现象当成了原因。的确，西方人和犹太人是巴勒斯坦地区居民所面对的最早的“他者”，身份认同正是在和他者的交往中确立的，因此巴勒斯坦居民也在应对西方殖民统治和犹太复国主义的过程中认识到了自我的独特性和自我与“他者”的差异，完成了自我与他者的分类，形成了自我的身份认同。但事实上，这种分类行为通常是源于群体自身的历史文化对成员潜移默化的影响力。即群体身份的形成要建立在共同的历史文化基础上。巴勒斯坦居民在与西方人和犹太人交往的过程中实际上是根据自我独特的历史文化来进行比较和分类的。我们可以说西方人和犹太移民是巴勒斯坦居民在形成身份认同过程中不可缺少的对象，也是最重要的外部促动因素，但其核心内因则在于自身独特的历史文化。

巴勒斯坦人身份认同的形成源自共同的历史文化基础。在此基础上，耶路撒冷作为宗教中心的历史观念，以及奥斯曼的行政区划和后来的现代殖民界线等因素都一起促成了现代巴勒斯坦边界的形成。同时，奥斯曼帝国的解体、英国的委任统治、西方现代民族意识的传播、犹太复国主义的

---

① Ernest Renan, “What is a Nation?” in Eley, Geoff and Suny, Ronald Grigor, *Becoming National*: *A Reader* (New York and Oxford: Oxford University Press, 1996), pp. 41-55.

发展等一系列社会重大变迁促使巴勒斯坦地区的居民不断对自我进行思考和反思。在这些因素的综合作用和影响下，巴勒斯坦地区的居民逐渐形成了独立的巴勒斯坦人身份认同。

但不可否认，抵抗犹太复国主义运动的确在巴勒斯坦人从阿拉伯人群体中分离出来的过程中发挥了异常重要的作用。最终，1948 年战争的失败、“大灾难”的发生，以及由此产生的巴勒斯坦人共同的苦难经历则进一步凸显了巴勒斯坦人区别于其他阿拉伯人的独特性，最终促使巴勒斯坦人团结起来形成了一个独立的群体。

三 “大灾难”记忆建构与身份认同的互动关系

“大灾难”对于巴勒斯坦人来说是无法遗忘的伤痛记忆。在巴勒斯坦人眼中，1948 年的“大灾难”不仅是一场战争的失败，是亲友离散、家国丧失的悲惨事件，更标志着巴勒斯坦社会体系的分崩离析。“一个人会经常回忆过去，特别是那些多事之秋。很难忘记‘巴勒斯坦大灾难’（1947～1950 年）发生的那几年。就是在那段时间，巴勒斯坦人失去了 3/4 的国土，半数人口被武力驱逐成为无家可归的难民。”① “大灾难”在巴勒斯坦人心中留下了永远无法愈合的创伤。该事件的受害者数量之大、后果之严重，使得这种创伤无可挽回，难以复原。作为受害者的巴勒斯坦人本应得到国际社会的同情和帮助，然而在纳粹大屠杀的受害者的强大叙事之下，巴勒斯坦人所遭遇的惨痛经历迎来的却是外界的沉默。“没有人民的土地给没有土地的人民”维护了以色列建国的合法性。但事实上这片土地上不但有百万人居住，而且这近百万的原住民正在经历流亡和离散。因此，唯有记忆，记住这场“大灾难”，才能证明流亡在外的巴勒斯坦人群与这片土地长久以来的关联性。

对于巴勒斯坦人来说，抵抗遗忘的最好方式莫过于述说，述说以前的生活、述说悲惨的遭遇、述说当下的困境。这种记忆和述说并非个人私密的行为，而是属于集体记忆的范畴。一个人哪怕最私密的回忆，也是在社

---

① Mamdouh Nofal, Fawaz Turki, Haidar Abdel Shafi, etc., “Reflections on Al-Nakba,” *Journal of Palestine Studies*, Vol. 28, No. 1 (1998): 14.

会互动和交往中产生的。一个人一旦开始回忆某个事件或讲述某段回忆，他就已被置于特定的社会框架之下，并以此为基点去回忆或讲述，这正是集体记忆的由来。个体记忆从集体记忆中获得社会意义，而集体记忆亦是由个体记忆来实现和表达的。“大灾难”既是巴勒斯坦人个体的创伤性经历和记忆，也是整个集体的创伤所在，是巴勒斯坦集体记忆中的核心场所。

巴勒斯坦的集体记忆中充斥着社群关系断裂、心理隔阂、故土乡愁、漂泊无根、安全感欠缺等内容。1948 年以前的生活更是被塑造为巴勒斯坦人心目中的“失乐园”，表达着他们对以前的家园和土地那永远无法消退的深切怀念和执着。无论是灾难亲历者们不计其数的回忆和口述，还是知识分子的历史或记忆书写，抑或是学者们创作的文学作品，都无不表明巴勒斯坦人将 1948 年以前的巴勒斯坦视为“遗失的天堂”，并将过去生活的点滴细节和空间位置都深刻于记忆中，与 1948 年后巴勒斯坦的陷落被毁、逃亡路上的艰辛绝望、离散生活的赤贫困顿形成了云泥之别。

构造过去是自我识别的行动。[①] 一个人对过往经历的回忆是在建构一个自我的过去，并从过去中确定自己的位置，了解自己是谁，从何而来，继而确定自己将去向何处。因此身份认同源自对过去的建构。过去的叙事塑造着个体或集体的身份认同，同时个体或集体的身份认同也会影响对过去的建构。巴勒斯坦人在巴勒斯坦地区世代居住的那段历史以及 1948 年经历战争失去家国的历史经验促进了巴勒斯坦人对自己身份的认知和确立，而同时这种巴勒斯坦人的身份认同也影响着巴勒斯坦人重构一个更符合自身利益的美好过往。

巴勒斯坦人身份的基础首先源自那个美好的集体过去。然而，在巴勒斯坦进入现代以前，除了英国、以色列所进行的调查记录、资料收集等信息，再没有其他详细的历史记载、人口普查、档案记录等能再现和证明巴勒斯坦过去的社会生活图景。这些由他人整理和书写的历史资料是否完全真实客观，我们无从考证，但可以确定的是这些内容的选择和叙述一定不是以服务于巴勒斯坦的历史连续性和合法权益为目标的。因此，巴勒斯坦

---

① 〔美〕乔纳森·弗里德曼：《文化认同与全球性过程》，郭建如译，商务印书馆，2004，第 145 页。

的历史，需要由在这块土地上土生土长的巴勒斯坦人自己来书写，而不是依靠他人的叙事。

重视历史并保存过去，在保护自己的国家、文化和身份方面具有非常重要的作用。对于巴勒斯坦人来说更是如此，他们只有书写自己的历史、构建自己的过去，才有可能让国际社会全面了解巴勒斯坦人过去的生活、了解造成巴勒斯坦人流亡现状的原因；才能赋予巴勒斯坦人集体身份和建国抗争的合理合法性；才能避免巴勒斯坦人的历史经验消逝于人类历史长河，被忽视和遗忘。

保护过去，就是保护自己的身份归属。当普通民众采用回忆和口述的方式来保存过去经验的时候，一些巴勒斯坦知识分子则通过文字书写为巴勒斯坦人构建一个独特的民族过去。例如瓦利德·哈立迪所著《离散之前：巴勒斯坦人的历史画册（1876—1948）》[①]，用约 500 张图片呈现巴勒斯坦人曾经的生活。书中呈现了正在消逝的过去，那些人、那些地方都已历经巨变，面目全非；复现了巴勒斯坦社会在被破坏之前的景象，证明其曾经真实存在。它所重现的不仅是巴勒斯坦某些个体的过去，更是巴勒斯坦人这个集体的过去，在“大灾难”之后，个体的过去和记忆已融入巴勒斯坦集体的领域，代表着集体的共同命运。

另一个典型代表便是力图再现巴勒斯坦历史景象的著名图画册《雅法——城市的香水》[②]，它展现了雅法城的社会、经济、政治生活的方方面面。该画册主要由数名巴勒斯坦人的证言组成，包含 175 幅照片，展示了形形色色的雅法居民形象，以及工厂、咖啡馆、学校、庆典等各种各样的场景。作者详尽各种细节描写，极力呈现雅法人过去的正常的日常生活，其目的无非是向读者展现灾前正常的巴勒斯坦社会，并借此不断地再现过去，将其纳入灾后的生活，使其成为巴勒斯坦集体记忆的载体。

同类书籍还有阿里夫·阿里夫教授的著名著作《巴勒斯坦大灾难和失乐园》[③]，以及瓦利德·哈立迪的另一著作《为了不忘却：1948 年被以毁坏

---

① 〔巴勒斯坦〕瓦利德·哈立迪：《离散之前：巴勒斯坦人的历史画册（1876—1948）》（阿文版），巴勒斯坦研究基金会，黎巴嫩-贝鲁特，1987。

② 雅法研究中心：《雅法——城市的香水》（阿文版），贝鲁特：法塔出版社，1991。

③ 〔巴勒斯坦〕阿里夫·阿里夫：《巴勒斯坦大灾难和失乐园》（阿文版），卡夫-卡拉：胡达出版社，1956。

的巴勒斯坦村庄及烈士名录》[①] 等，皆对 1948 年的巴勒斯坦大灾难及巴勒斯坦陷落过程进行了非常全面、详细的描写。

然而，这类书籍与其说是历史书写，不如将之归于记忆类书籍。其主要目的在于呈现过去巴勒斯坦人的正常生活，保护过去不被遗忘，并将过去不断地拉入当下，成为巴勒斯坦集体记忆的主要场所。虽然记忆不是历史，但两者之间也并非是对立关系，而有着紧密的联系，记忆的主观性、可重构性和不稳定性反而有利于考察个体基于主观意识的身份认同感。因此，在巴勒斯坦的例子中，严格区分哪些过去经历属于历史，哪些属于记忆，这并没有太大的意义。这些经历的真实性是否可证实没那么重要，重要的是巴勒斯坦人坚信这些经历的真实性，认同这一集体的过去，进而认同自己作为巴勒斯坦人的群体身份。

四 “大灾难”的神话动力对群体同一性的巩固

“大灾难”的共同经历将所有巴勒斯坦人联系在一起，是他们的自我共性所在，也形成了他们区别于其他群体的独特性，标志着巴勒斯坦人这个群体的形成。我们知道，群体成员之间的互相联系主要基于语言、宗教、血统、领土和历史等因素，这些共同特征如同一条纽带将成员们联结成一个整体。群体成员对自己所属群体具有共同的认知和依附感。但群体成员的认同归属并非固定不变的，而是在共同的历史文化的基础上随着生活场景的变迁而变化的。当某种群体身份在特定的情境之下变得不符合自己利益时，一个人通常会做出从这个群体退出而加入另一个群体的理性选择。

因此，“大灾难”过后，巴勒斯坦人曾经生活的共同领域已不存在，群体成员四处分散、相互交流受阻。在这种情况下，人民面对新情境重新选择新的群体身份似乎是合乎常理的。散居的巴勒斯坦人主体部分所面对的不是异质文化，而是生活在同根同源的阿拉伯伊斯兰文化氛围中，那么根据自己的政治经济等利益选择脱离巴勒斯坦人群体而加入所在国群体就显得非常合理。

① 〔巴勒斯坦〕瓦利德·哈立迪：《为了不忘却：1948 年被以毁坏的巴勒斯坦村庄及烈士名录》（阿文版），巴勒斯坦研究基金会，黎巴嫩-贝鲁特，1997。

如此，在这种群体成员间缺乏共同经济生活框架和共同地域的情况下，只要巴勒斯坦人对“大灾难”的苦痛遭遇和经历记忆随着时间流逝而减弱和淡化，巴勒斯坦人群体的共性和其区别于其他阿拉伯人的独特性也就自然随之消解，巴勒斯坦人这个群体也会真正地消失于人类社会。

然而，如我们所知，70 年过去了，这个群体没有消失。这说明巴勒斯坦人群体内部的凝聚力仍在维系着整个集体，散居的巴勒斯坦人的群体归属感并未消解或转移。显然，其部分原因是离散各地的巴勒斯坦人所面临的艰苦卓绝的外部环境使其无法融入和认同当地社会。同时，外部社会为他们贴上巴勒斯坦难民的分类标签也无异于隐形地圈出了这一群体的范围，凸显了他们的特殊性，加剧了巴勒斯坦人对自我与周围群体的差异性的认知。这些外部因素必然导致巴勒斯坦人很难将其群体认同归属转移到所在地的新群体，进而事实上增强了其作为巴勒斯坦人的身份认同。

一个群体的维系仅靠外部力量和意识的作用是远远不够的，一个群体能够存在的关键因素在于群体内部成员的向心力，即群体凝聚力。这种凝聚力将个体与周围的人团结在一个共同的空间，维持群体成员的共性特征；也将过去和现在联系在一起，使群体成员带着过去的有效经验和回忆不断步入当下和未来，维系群体的持续性，如此实现群体的维系和发展。这种作用方式与扬·阿斯曼（Jan Assmann）所说的文化的凝聚性结构相似：“每种文化都会形成一种‘凝聚性结构’，它起到的是一种连接和联系的作用，这种作用表现在两个层面上：社会层面和时间层面。凝聚性结构可以把人和他身边的人联系到一起，其方式便是让他们构造一个‘象征意义体系’——一个共同的经验、期待和行为空间，这个空间起到了连接和约束的作用，从而创造了人与人之间的相互信任并且为他们指明了方向。凝聚性结构同时也把昨天跟今天联系到了一起：它将一些应该被铭刻于心的经验和回忆以一定形式固定下来并且使其保持现实意义，其方式便是将发生在从前某个时间段中的场景和历史拉进持续向前的‘当下’的框架之内，从而生产出希望和回忆。”①

在巴勒斯坦人这里，能将个体与其他人联系在一起的主要因素是“大

① 〔德〕扬·阿斯曼：《文化记忆：早期高级文化中的文字、回忆和政治身份》，金寿福、黄晓晨译，北京大学出版社，2015，第 6 页。

灾难”的共同经历以及人们对过往生活的回忆。是“大灾难”经历将所有巴勒斯坦人联系在了一起，也将他们与其他阿拉伯人区分开来。在这个标志性事件以前，巴勒斯坦人和其他阿拉伯人一样，是阿拉伯人的一部分。而在那以后，巴勒斯坦人开始了他们和其他阿拉伯人不一样的命运和历史。在其他阿拉伯人建立自己的民族国家的时候，他们逃亡、离散、无家亦无国，甚至连历史和过去都被抹除。这种共同命运使所有巴勒斯坦人团结在一起，不仅有助于增强群体的自我独特性，凸显与外部世界的差异；而且会削弱群体内部的差异，原来的诸如贫富、阶级等差异在这种失去家园和土地的共同悲剧性命运之下逐渐弱化。

巴勒斯坦人对“大灾难”经历及灾前生活的深刻回忆行为事实上证明了在巴勒斯坦人心中这场灾难并未结束，也未成为遥远的过去，而是在不断地影响着他们当下的生活，成为他们心中“永恒的当下”。这种记忆将过去与当下联系在一起，使过去不断地对当下产生影响和作用力，也有助于形成一种经得住时间考验的群体认同意识，进一步维护巴勒斯坦人这个群体的连续性和持久性。

因此，可以说，“大灾难”是巴勒斯坦人民两种截然不同的生存现实的转折点，更是巴勒斯坦人群体身份认同意识所依据的起源性事件，或者我们可以称它为“奠基神话”。扬·阿斯曼（Jan Assman）这么定义神话：“我们把有奠基意义的故事称作神话……过去，如果被固定和内化成起到奠基作用的历史，那就变成了神话。”① 每一个族群都有自己的“奠基神话”，它不仅告诉成员们“我们是谁”“我们来自哪里”，而且能指引未来的方向。作为“奠基神话”的过去经历或故事虽然发生在过去，与不断向前的当下的距离越来越远，但通过记忆和讲述，它不但可以指引当下而且可以照亮未来。只有具有重要意义的过去才会被回忆，同时，也只有被回忆的过去才具有重要的意义。“大灾难”因其改变群体命运的重大意义而被刻进巴勒斯坦人的记忆中，不断地被回忆和讲述，成为巴勒斯坦人的核心记忆，是巴勒斯坦人群体身份认同的来源和根基。

不仅如此，巴勒斯坦人还以“大灾难”为起点，将亲历灾难的人称为

---

① 〔德〕扬·阿斯曼：《文化记忆：早期高级文化中的文字、回忆和政治身份》，金寿福、黄晓晨译，北京大学出版社，2015，第 72 页。

"灾难一代"，而灾后出生的人为"灾后一代""灾后二代"……而"灾难一代"的巴勒斯坦人们也被视为"第一代人"或者"巴勒斯坦一代"。由此可见"大灾难"在巴勒斯坦人心中不仅是当前现实的起点，而且影响着随后世世代代的巴勒斯坦人。

"大灾难"在巴勒斯坦人身份认同构建过程中起着奠基神话的两个基本功用。一是奠基作用。每一个巴勒斯坦人思考自己的当下存在时都会回溯到 1948 年失去巴勒斯坦的关键时刻。当下的一切都是这一历史事件的不可逆转的发展和结果。从那时起，无论个体是否愿意，他都已变得和其他阿拉伯人不一样，拥有了独特的身份归属——巴勒斯坦人。二是与"现实对立"的作用。巴勒斯坦人从当下的困顿现状出发，回忆起过去的美好"天堂"，越发感受到"从前"和"现在"的反差和断裂。在这个完美的过去面前，当下的现实似乎是历史被恶意篡改的结果。当下越艰难，记忆中的过去就会越美好；反之亦然，因为记忆中的过去越完美，对当下现实困境的不满就越强烈，就愈加想回到过去延续过去的美好。

过去和现实之间的这种张力被称为神话动力。正是这种动力推动着巴勒斯坦人坚持不懈地抗争回归权和自决权。这种动力越强大，群体对过去的回忆和建构行为也越盛行。群体在选取回忆内容和叙述角度的时候，往往根据与群体自我认识是否相符和是否连续而进行。因此，这种回忆行为所构建的过去不仅符合群体的当下利益，而且符合群体的认同。由此就不难理解巴勒斯坦人集体记忆中对 1948 年以前的美好生活的深切怀念和对返回家园的强烈渴望了。这不仅有助于将地理上分散各地的巴勒斯坦人团结在一起，而且有助于深化巴勒斯坦人对自己群体身份的感知和认同。

结　语

"大灾难"并不是一个单一的事件，而是一系列历史变迁的结果。其标志是 1948 年 5 月 14 日以色列国在巴勒斯坦地区的成立，同时巴勒斯坦人失去巴勒斯坦，且大部分巴勒斯坦人开始了流亡、离散的难民生活。尽管从表面上看，此时巴勒斯坦社会解体，人群分散各地、沟通受阻，且没有国家或任何官方机构来组织和领导人民。然而事实上，巴勒斯坦人这个群体不但没有因此而消散解体，反而发展出一种共同的群体认同意识。究其原因，主要是因为巴勒斯坦战争惨败，所有巴勒斯坦阿拉伯人都经历了一场巨大灾难：社会全方位崩溃，领土丧失，大部分人口背井离乡、逃亡离散、生存堪忧，小部分留在巴勒斯坦的阿拉伯人也沦为被压迫的少数人口，生活各方面被隔离、歧视，成为身在故土的外国人。也由于这场剧变改变了所有巴勒斯坦人的命运，反倒使得原本存有众多分歧的巴勒斯坦人在这场巨大悲剧的面前团结起来，也使群体成员之间具有了更多的共同之处；同时也使得巴勒斯坦人和其他阿拉伯人因为不同的历史经历和生存现实而区分开来，开始具有了独特性。

然而对于一个群体的持续来说，仅仅具有成员之间的共性和区别于他人的独特性是不够的，还需要有持久性。因为维持群体存在的共性和独特性可能随着时间的推移和历史的变迁而发生改变或消解，进而导致群体的变迁或解体。对于巴勒斯坦人这个群体来说，“大灾难”记忆既是它的成员共性也是它区别于其他群体的独特性所在。因此，维持群体存在并持续的关键在于这段共同经历是否会消逝于成员个体的记忆和集体的记忆中。巴勒斯坦人历来对土地和家族的深厚感情使得他们在失去土地和家园后颠沛流离的过程中对过去的安稳美好生活念念不忘。悲苦的当下与过往的美好形成鲜明对比，浓浓的乡愁和无根的不安全感导致巴勒斯坦人民无法释怀，不断地回忆过去，将过去的美好记忆带入当下的生活，构成了他们永恒的记忆。

这种集体记忆所建构的美好过去也将巴勒斯坦人进一步团结在一起，强化了成员对这个群体的归属感；同时，这种群体归属感也会促使成员们在选择回忆内容和回忆角度的时候不自觉地建构一个符合自己群体身份和群体利益的过去。可见，记忆建构和身份建构之间的关系是相互作用的。一方面，巴勒斯坦人对灾前的土地、家园和美好生活的回忆促进了自我群体归属的认知；另一方面，巴勒斯坦人的自我群体认同亦会影响他们对记忆中的过去的美好化建构。因此，“大灾难”的集体记忆及其建构在巴勒斯坦人身份认同中发挥了重要作用，也将继续影响巴勒斯坦人群体的未来发展。

（作者单位：四川外国语大学东方语学院）

An Analysis on the Role of "AL-NAKBA" Memory in the Construction of Palestinian Identity

Long Yaling

Abstract: Individual's identification of group identity is a constructible process, based on common historical and cultural materials. The Palestinian identity is also based on the Arab Islamic historical and cultural elements shared by members; however the common language, history, culture and other elements are not unique to the Palestinians, but are shared by all Arabs. Therefore, "AL-NAKBA" and its memory are the core factors affecting the Palestinian identity. The "AL-NAKBA" memory is shared by members of the Palestinian community, and it is also their uniqueness compared to other groups, which is seen not only as the starting point of Palestinian current reality, but also about the present and future of generations of Palestinians.

Keywords: Palestine; Refugee Problem; Collective Memory; Zionist Movement; Identity

从对立到和解：沙特与以色列关系的演变*

王　然

内容提要　2010年底中东变局发生以来，沙特与以色列频繁互动，和解趋势明显，理解沙特与以色列的当前关系和未来走向离不开对沙特与以色列关系演进历史的梳理。沙特与以色列的关系错综复杂，具体可以分为5个时期：缘起期（1932～1948年）、对立加剧期（1948～1967年）、高度对立期（1967～1979年）、缓和期（1979～2003年）和正常化期（2003年至今），总体呈现从对立到和解的趋势。两国关系演变的内在动力是两国的利益诉求和分歧，外在因素是中东地区局势的演变，具体包括巴勒斯坦问题、美国对中东局势的控制力和伊朗对中东其他国家的威胁程度。

关键词　沙特　以色列　国家利益　中东局势

沙特阿拉伯（简称“沙特”）和以色列在中东地区占据重要位置，两国关系发展事关中东政治格局变动。长期以来，沙特作为阿拉伯国家的“领袖”，与以色列关系跌宕起伏。但是2010年底中东变局发生以来，沙特与以色列频繁互动，“沙特与以色列和解”[①] 引起了国际社会的高度关注。目前学者对沙特与以色列关系的研究，多是从短时段分析的，[②] 缺乏长时段的分析。

---

* 本文系2019年重庆市社会科学规划博士和培育项目“当代沙特政治稳定及其风险研究”（2019BS010）和四川外国语大学2019年外国语言文学市级一流学科科研项目“当代沙特政治稳定及其风险研究”（SISUWYJY201914）的阶段性成果。

① Sharmini Peries, Asad Abukhalil, “Saudi Arabia's Unholy Alliance with Israel,” The Real News Network, February 22, 2018, https://www.newsclick.in/saudi-arabias-unholy-alliance-israel.

② 参见王建《沙特阿拉伯和以色列关系改善的背景、目标及影响》，《当代世界》2019年第1期，第54～58页。

从长时段分析，沙特与以色列关系如何演变？影响沙特与以色列关系演变的因素是哪些？沙特与以色列关系未来如何演化？对这些问题的回答，离不开对沙特与以色列关系演进历史的掌握。

鉴于此，本文拟以沙特与以色列关系中的关键性事件为线索，梳理沙特与以色列关系发展历程，总结沙特与以色列关系的阶段性特征和变化趋势，探索影响沙特与以色列关系演变的主要因素，进而研判沙特与以色列关系的未来走向，为理解纷繁复杂的中东政治提供参考。

一　沙特与以色列关系的缘起期（1932~1948 年）

沙特与以色列关系始于以色列建国，但可以追溯至犹太复国主义运动时期。19 世纪末 20 世纪初，犹太人在犹太复国主义的号召下，相继迁居巴勒斯坦，建立“犹太人之家”，巴勒斯坦问题由此诞生，逐渐成为中东问题的核心。

现代沙特于 1932 年 9 月正式建国。沙特与巴勒斯坦同属阿拉伯国家和伊斯兰国家，沙特尽管在原则上反对犹太复国主义运动，但是沙特第一任国王伊本·沙特（全名为“阿卜杜拉·阿齐兹·伊本·沙特”，简称“伊本·沙特”）对犹太复国主义运动持超脱态度，主要原因有以下两点。其一，一战后，英国根据巴黎和会相关协议“委任统治”巴勒斯坦地区，并以约旦河为界，把巴勒斯坦一分为二，西部仍称巴勒斯坦，东部建立外约旦酋长国，巴勒斯坦与沙特在地理上几乎没有共同边界。其二，建国初期，沙特面临着严峻的国内外威胁，主要致力于国内的政权稳定和建设，很少关注沙特以外的国际事务，故巴勒斯坦问题对于沙特来说只是一个边缘问题。

1936~1939 年的巴勒斯坦人民大起义爆发后，沙特开始注意巴勒斯坦问题的发展态势，反对犹太人向巴勒斯坦移民，反对建立独立的以色列国。[①]

首先，沙特声援巴勒斯坦阿拉伯人，向他们提供各类援助。沙特乌勒玛通过宗教裁定称，犹太人是伊斯兰最暴力的敌人，并且他们（犹太

① 参见郭亚茜《沙特对巴勒斯坦问题的政策研究（1935—1975）》，硕士学位论文，陕西师范大学，2018。

人）尝试建立一个犹太国家这一野心是可预见的，并威胁以圣战对抗巴以分治。[①] 起源于麦加并遍布沙特各地的巴勒斯坦抵抗委员会表示，所有的阿拉伯人和穆斯林都对巴勒斯坦的分治决定表示不满并坚决抗议。在巴勒斯坦人民大起义期间，沙特向巴勒斯坦人提供了部分人力和武器援助。1937~1940 年，伊本·沙特国王多次声称巴勒斯坦是阿拉伯人的土地，并给予巴勒斯坦少许经济援助。此后沙特通过在埃及、叙利亚、黎巴嫩和伊拉克的大使馆给位于巴勒斯坦的阿拉伯高等委员会以支持和经济援助。

其次，沙特与其他阿拉伯国家协同调解巴勒斯坦问题。沙特先后参加了有阿拉伯国家召开的 1939 年伦敦会议、1946 年 5 月的英沙斯（Inshas）会议、1946 年 6 月的卜卢丹会议、1947 年 10 月的阿莱会议和 1947 年 12 月的开罗会议，旨在协调阿拉伯国家对巴勒斯坦问题的立场，联合阻止犹太移民和以色列建国。历次会议决议均反对以色列建国，并提出相应举措。例如，开罗会议决定向巴勒斯坦提供 10000 只来复枪、3000 名志愿者和一批资金，以帮助巴勒斯坦人民展开游击活动来对抗犹太复国主义的行动。[②]

再次，沙特为阻止以色列建国与英国和美国进行多次交涉。沙特国王伊本·沙特和外交部部长费萨尔亲王希望通过外交方式解决巴勒斯坦问题，故多次向英国首相、美国总统和英美外交使节表达沙特对巴勒斯坦的立场，要求英美就公正解决巴勒斯坦问题做出具体承诺。1937 年 9 月，伊本·沙特向英国提出备忘录，要求英国采取适当措施，保护巴勒斯坦阿拉伯人的土地不被剥夺。1940 年 1 月 8 日，英国人圣·约翰·菲尔比向伊本·沙特提出了旨在解决巴勒斯坦问题的“菲尔比计划”，但是遭到伊本·沙特断然拒绝。1943 年罗斯福总统派遣军事顾问哈里·霍普金斯（Harry Hopkins）前往沙特，希望伊本·沙特与犹太复国主义运动领导人就巴勒斯坦问题进行和平讨论，同样遭到了伊本·沙特的拒绝。

最后，沙特在联合国框架下反对以色列建国。1947 年 9 月 16 日，联合

---

① *Annual Report on Saudi Arabia for 1937*, Foreign Office Annual Reports from Arabia, 1930-1960 (London: Archive Editions, 1993)，转引自郭亚茜《沙特对巴勒斯坦问题的政策研究（1935—1975）》，硕士学位论文，陕西师范大学，2018，第 25 页。

② John G. Stoessinger, *Why Nations Go to War* (New York: St. Martin's Press, 1978), p. 147.

国大会举行第二次例会讨论巴勒斯坦议题，费萨尔亲王严厉批评了分割巴勒斯坦的建议；1947 年 11 月 29 日，联合国大会通过巴勒斯坦分治决议，但是沙特在该决议投票时投了反对票。

然而，沙特对巴勒斯坦人的支持主要体现在道义上，避免直接介入阿以冲突。耶路撒冷大穆夫提不断向伊本·沙特抱怨英国的犹太复国主义政策将会摧毁阿拉伯民族，但是沙特“不愿意把自己卷入巴勒斯坦和叙利亚的问题中”。[①] 更值得注意的是，沙特甚至试图利用犹太复国主义运动遏制哈希姆在巴勒斯坦的影响力，[②] 故沙特甚至对以色列建国持矛盾和模糊态度。此外，由于沙特自身实力和国际影响力有限，阿拉伯国家内部纷争不断，沙特反对以色列建国政策并没有发挥明显作用。

总之，在以色列建国前，沙特在道义上支持巴勒斯坦，反对以色列建国，但是尽量避免直接介入阿以冲突，尽力避免与犹太复国主义运动产生正面冲突。

二　沙特与以色列关系的对立加剧期（1948~1967 年）

1948 年 5 月 14 日以色列正式成立，巴勒斯坦问题成为中东问题的核心议题。以埃及、叙利亚为首的阿拉伯民族主义激进派，以泛阿拉伯民族主义为旗帜，与以色列展开多方面的斗争。在阿拉伯民族主义激进派的裹挟下，沙特在多方面抵制以色列。

沙特延续了反以政策，不仅严厉谴责以色列建国，不承认以色列的国家地位，而且参与了中东战争。第一次中东战争爆发后，沙特不仅派遣两支军队参加阿拉伯联军与以色列作战，而且向巴勒斯坦阿拉伯高等委员会提供高达 500 万美元的援助，同时帮助巴勒斯坦游击队购买了大量的武器装

① Clive Anthony Leatherdale, *Britain and Saudi Arabia* 1925－1939: *The Imperial Oasis* (London: Frank Cass, 1983), p. 284.

② 沙特家族与谢里夫家族围绕阿拉伯半岛统治权展开竞争，谢里夫家族最终败北，其势力被逐出阿拉伯半岛，故沙特与谢里夫家族长期处于对立状态。一战后，英国根据巴黎和会相关协议“委任统治”巴勒斯坦地区。1921 年，英国以约旦河为界，把巴勒斯坦一分为二，西部仍称巴勒斯坦，东部建立外约旦酋长国。阿拉伯大起义后，英国扶持谢里夫家族侯赛因次子阿卜杜拉一世为外约旦酋长国酋长。阿卜杜拉一世曾试图将巴勒斯坦纳入外约旦酋长国。

备。1949 年 1 月战争结束后，联合国曾邀请沙特参加与以色列的谈判，但遭到了沙特的拒绝。然而沙特在军事上对抗以色列的意愿是有限的，不希望其正规军和“志愿军”直接参与第一次中东战争。沙特仅希望阿拉伯国家向巴勒斯坦人民提供必要的武器装备即可，号召各阿拉伯国家不要直接介入巴勒斯坦，让巴勒斯坦人民为自己的命运而战。

伴随阿拉伯民族主义日益高涨，沙特更加“仇视”以色列。沙特多次谴责以色列攻击沙特领土，禁止犹太人担任政府最高职务。沙特禁止美国籍犹太人进入沙特，美国总统德怀特·艾森豪威尔（Dwight Eisenhower）说：“在我们政府就美国军事人员在沙特阿拉伯着陆权的谈判中，沙特政府强加的条件之一是，不允许犹太人进入沙特领土。”[①] 沙特拒绝允许携带以色列护照的游客进入本国，这暗示任何承认犹太国家的官方协议均被禁止，即使这些协议仅限于文化或体育活动。此外，沙特与以色列围绕战略要地亚喀巴湾和蒂朗海峡的通行权展开斗争，沙特认为亚喀巴湾和蒂朗海峡是阿拉伯国家的航道，而以色列则认为每个国家都可以通航。

在巴勒斯坦问题上，沙特多次批评以色列袭击巴勒斯坦游击战士；声称巴勒斯坦人应回归家乡，并获得相应的财产赔偿；要求美国向以色列施压撤出被占的阿拉伯土地；甚至认为毁灭以色列是解决巴勒斯坦问题的最佳办法。[②] 在具体实践层面，1954 年 7 月 17 日，沙特向在约旦的阿拉伯难民提供 10 万里亚尔援助；1957 年 10 月 13 日，沙特决定每年向联合国提供的针对巴勒斯坦难民的援助从 4 万美元提高到 10 万美元。1964 年巴解组织建立时，沙特提供了 100 万里亚尔的援助。

巴勒斯坦问题成为沙特处理对外关系的重要准则，“他们（阿拉伯人）认为在经济、军事和政治上向以色列提供帮助的所有人都是敌人，在所有领域采取行动对抗以色列的人都是他们的朋友”[③]。

此外，沙特与以色列围绕与美国特殊同盟关系和军售问题进行激烈博弈。沙特不仅对华盛顿向以色列提供安全承诺表示强烈不满，而且对美国

---

① Dwight D. Eisenhower, *The White House Years: Waging Peace, a Personal Account* 1956 - 1961 (New York: Doubleday & Company, Inc., 1960), p. 114.

② Jacob Abadi, "Saudi Arabia's Rapprochement with Israel: The National Security Imperatives," *Middle Eastern Studies*, Vol. 55, No. 3 (2019): 437.

③ Jacob Abadi, "Saudi Arabia's Rapprochement with Israel: The National Security Imperatives," *Middle Eastern Studies*, Vol. 55, No. 3 (2019): 435.

向以色列军售提出强烈抗议；以色列对美国与沙特的类似行为采取对等的态度和立场。1956 年 2 月 15 日，艾森豪威尔政府决定向沙特提供轻型坦克，这一消息震惊了以色列人。随后以色列政府不仅通过多种渠道严厉谴责美国偏袒沙特，违背美国对以色列的安全保护承诺，制造威胁以色列安全的中东地缘政治格局，而且“指挥”美国犹太人利用其政治影响力，游说美国议会成员和政府官员反对该军售案，利用媒体大肆宣扬该军售案对以色列的消极影响。最终，艾森豪威尔政府对沙特军售案一度中止。

尽管沙特多次“被动”参与中东战争，但是在军事上对抗以色列的意愿是有限的。在第一次中东战争中，除了一小部分正规军被安置在埃及司令部之外，伊本·沙特派往战场的部队只不过是少数骑骆驼的未受过训练的部落成员[①]。在第三次中东战争中，阿拉伯总兵力超过 25 万人，2000 辆坦克和 950 架飞机，而沙特仅提供了 4500 人，10 辆坦克和 40 架飞机。在第四次中东战争中，沙特仅派遣了 1500 人，一个坦克小队和一些飞机，[②] 而且沙特部队只参加了一次小型战斗。相较于埃及和叙利亚，沙特阿拉伯对阿拉伯战争努力的贡献微乎其微。沙特在历次中东战争中几乎没有影响力，不只是因为沙特自身实力相对有限，国内政治斗争激烈，还在于沙特有自身特殊的利益考量：沙特试图利用以色列和中东战争，遏制“纳赛尔主义”扩张，抵制苏联对埃及的支持。埃及凭借其较强的军事力量和“纳赛尔主义”的号召力，成为历次中东战争的领袖和主力。但是“纳赛尔主义”号召推翻中东“腐朽”的君主制，参与北也门战争威胁沙特南部边境安全，同时沙特国内出现了工人运动和共产主义组织，威胁沙特政治稳定，这致使沙特将埃及及其支持者苏联视为最直接的敌人，埃及与沙特关系陷入了低谷。从沙特来看，中东战争在一定程度上转移了埃及对外战略注意力，减少了埃及颠覆沙特君主制的资源投入，故沙特没有介入阿以冲突的迫切需要。

在泛阿拉伯主义高峰时期，尽管沙特在多个方面“仇视”以色列，但是沙特与以色列有许多秘密合作措施，其中的标志是沙特与以色列在北也

---

① Simha Flapan, *The Birth of Israel*: *Myths and Realities* (New York: Pantheon Books, 1987), p. 122.

② Fouad Ajami, *The Arab Predicament*: *Arab Political Thought and Practice since 1967* (London: Cambridge University Press, 1982), p. 86.

门战争（1962~1970年）中展开秘密合作。[①] 为了向盟友保皇党提供武器，沙特阿拉伯与以色列展开了被称为“调味酱”（Mivtza Rotev）的秘密计划。在该秘密计划中，费萨尔国王情报局局长卡玛尔·阿德汉（Kamal Adham）负责监督，英国雇佣军居中协调，以色列摩萨德（Mossad）先后12次秘密空运，安排从以色列向保皇党转让武器和设备。然而沙特与以色列的秘密合作招致埃及和叙利亚严厉批评，被视为侵犯阿拉伯团结和不可原谅的背叛行为。叙利亚总统努尔丁·阿塔西（Nurredin al-Attasi）严厉批评沙特阿拉伯与致力于保护“犯罪的犹太复国主义实体”的帝国主义势力合作。[②] 但是沙特与以色列秘密合作符合双方的战略利益：沙特试图阻止“纳赛尔主义”扩散至阿拉伯半岛，威胁沙特君主政体，而以色列试图打击当时反以强硬派领袖埃及总统纳赛尔，削弱高涨的“泛阿拉伯民族主义”——“纳赛尔主义”，近距离观察埃及军队的战略战术特点。

1948~1967年，沙特基于阿拉伯国家身份、伊斯兰教圣地的监护人身份和泛阿拉伯民族主义思潮，采取“敌视”以色列的政策，直接参与反对以色列的行动，具体体现在始终不承认以色列，多次参与中东战争，支持巴勒斯坦独立事业，反对美国对以色列的军售。但是沙特与以色列因各自国家利益诉求，采取灵活务实的政策，在“敌视”中保持克制态度，在军事上采取有限对抗，甚至进行秘密合作。

三　沙特与以色列关系的高度对立期（1967~1979年）

第三次中东战争沉重打击了埃及在阿拉伯世界的影响力，促使阿拉伯民族主义激进派开始逐渐消退，以沙特为主导的温和派阿拉伯阵营崛起。[③] 费萨尔国王作为沙特现代化的奠基者，对外奉行泛伊斯兰主义，坚定捍卫

---

① 1962年9月，以阿卜杜拉·萨拉勒（Abdallah al-Sallal）为首的北也门军官发动政变，试图推翻穆塔瓦基利亚王国伊玛目穆罕默德·巴德尔（Mohammed Bader），建立共和国，北也门战争爆发。埃及总统纳赛尔支持阿卜杜拉·萨拉勒领导的共和党人，沙特则支持以穆罕默德·巴德尔为首的保皇党。

② Cited in Joseph Mann, “The Syrian Neo-Bacth Regime and the Kingdom of Saudi Arabia,” *Middle Eastern Studies*, Vol. 42, No. 5 (2006): 764.

③ Malcolm Peck, “Saudi Arabia's Wealth: ‘A Two-Edged Sword’,” *New Middle East*, No. 40 (1972): 6.

巴勒斯坦事业。同时，伴随沙特石油收入快速增加，经济实力大增，沙特有意愿、有能力干预关注巴勒斯坦问题和耶路撒冷地位问题。这使沙特逐渐取代埃及成为解决巴勒斯坦问题的领袖。因此，沙特在阿以冲突中由被动参与变为主动介入①。

沙特对以色列的态度日益强硬。沙特将以色列视为中东动乱的根源，“在我们看来，该地区的所有的纷争的出现都源于以色列的非法建立”②，进而将以色列和犹太复国主义视为阿拉伯人的首要敌人。③ 沙特总是在阿拉伯国家中带头反抗以色列的威胁，④ 同时号召阿拉伯人做好最大的准备以保卫国家并不断地保持警惕。于是沙特在多方面与以色列对抗，进而与以色列关系陷入了谷底。

沙特支持巴解组织，并协调巴解组织与其他国家关系。第三次中东战争后，沙特取代埃及成为巴解组织和亚西尔·阿拉法特的主要支持者。20 世纪 70 年代初，沙特特遣队与巴勒斯坦解放组织（PLO）从约旦南部邻近沙特边界的地区开始对以色列采取行动。1970 年 9 月，“黑九月事件”爆发，阿尔及利亚、利比亚、叙利亚和伊拉克都断绝或暂停了与约旦的外交联系，但是沙特没有切断对约旦的资助。沙特积极协调约旦政府与巴勒斯坦抵抗组织的关系，最终公布了解决约旦与巴勒斯坦抵抗组织间冲突的“沙-埃联合工作报告”。在 1974 年 10 月召开的拉巴特首脑会议，约旦侯赛因国王提议否认将巴解组织作为巴勒斯坦唯一代表，但是费萨尔国王反对约旦侯赛因国王的建议，支持将巴解组织作为巴勒斯坦人民的唯一合法代表。⑤

与支持巴解组织形成鲜明对比的是，沙特坚持对抗以色列的立场。第三次中东战争以阿拉伯联军失败而告终，但是沙特不仅拒绝承认 1967 年 6

① 参见 Adeed Dawisha, “Saudi Arabia and the Arab-Israeli Conflict: The Ups and Downs of Pragmatic Moderation,” *International Journal*, Vol. 38, No. 4 (1983)。

② *International Documents on Palestine, 1967* (Beirut: The Institute for Palestine Studies, 1970), p. 541.

③ 郭亚茜：《沙特对巴勒斯坦问题的政策研究（1935—1975）》，硕士学位论文，陕西师范大学，2018，第 55 页。

④ *International Documents on Palestine, 1967* (Beirut: The Institute for Palestine Studies, 1970), p. 541.

⑤ Abdal-Raliman Ibn Nasir A. AI-Anqari, *The Palestine Issue in Saudi Arabia Foreign Policy: 1936-1981*, Ph. D. Thesis, University of Exeter, 1989, pp. 362-363.

月8日的停火协议，而且拒绝承认于1967年11月22日通过的联合国安理会第242号决议，同时表示在巴勒斯坦人民获得全部权利且耶路撒冷圣地的穆斯林恢复之前，其对以色列的打击不会停止。1967年8月29日到9月2日，费萨尔国王在伊斯兰首脑会议"喀土穆峰会"上发挥"领袖作用"，推动峰会通过了对以色列的军事协议和阿拉伯国家对以色列的"三不原则"——不与以色列和平，不承认以色列，不与以色列进行谈判。"三不原则"成为70年代阿拉伯国家处理与以色列关系的重要原则。

第三次中东战争使以色列全面攻占耶路撒冷，沙特主动担负起解放耶路撒冷并将其恢复到伊斯兰范围内的特别责任。1967年10月，"穆斯林世界联盟"在麦加召开的会议上采纳了一个关于耶路撒冷的决议："对于穆斯林们来说，为解放阿克萨清真寺和解放被侵略者占领的领土是他们必须承担的神圣的义务……不包括将耶路撒冷恢复到其先前地位的决议或解决办法是不会被接受的"[①]。1969年8月21日阿克萨清真寺大火事件后，费萨尔国王强烈谴责以色列的纵火，称"罪恶的犹太复国主义者玷污了阿克萨清真寺"。此后，费萨尔国王公开提倡反对犹太复国主义者的政策。

第四次中东战争爆发后，沙特对以色列采取更加激进的政策。费萨尔国王不仅将驻扎在约旦的沙特特遣队迁移到叙利亚，而且派遣沙特苏尔坦亲王率军到达叙利亚并部署在戈兰高地。1973年10月22日，联合国安理会第338号决议要求各方停火并执行1967年安理会第242号决议，通过谈判建立持久和平。埃及和以色列表示支持；沙特虽然接受了停火协议，但是表示将保留在叙利亚前线的军队并置于叙利亚的指挥之下。沙特阿拉伯同意向埃及出租位于红海南部入口处的佩里姆岛，以使埃及能够在需要时将巴卜·曼德卜海峡封锁，阻止以色列运输。

第四次中东战争后，阿拉伯国家认识到战争方式难以解决巴以冲突，致力于探索阿以冲突的和平解决方案。但是沙特坚持"三不原则"，明确反对部分阿拉伯国家与以色列的和解谈判。当1974年1月以色列和埃及讨论脱离接触协定时，沙特明确表示，以色列和埃及之间的协定只是解决以色列军队全部撤离和解决巴勒斯坦问题的初始阶段。这表明沙特反对埃及与

① Jolm N. Moore, *The Arab-Israeli Conflict*, Vol. 1 (Princeton: Princeton University Press, 1983), p. 154.

以色列单独和解。沙特不仅明确反对 1977 年 11 月埃及总统萨达特访问耶路撒冷与以色列开始和平谈判，而且激烈反对 1978 年 9 月埃及与以色列达成的“戴维营协议”，将埃及开除“阿盟”。

为了反对以色列，沙特凭借其雄厚的资金支持阿拉伯前线国家。费萨尔国王是巴勒斯坦事业的坚定支持者，认为“一个不积极支持阿拉伯兄弟对抗以色列的阿拉伯人不配称为阿拉伯人……沙特支持反抗以色列的其他阿拉伯国家，并援助遭到以色列侵略的阿拉伯国家”[①]。费萨尔国王将对阿拉伯前线国家的支持视为“履行义务”而不是“提供援助”。

1967 年前，沙特曾向巴勒斯坦多次援助，但援助存在不稳定性。1967 年后，沙特领导人通过提供财政、军事和政治支持来帮助巴勒斯坦解放事业，成为对抗以色列国家的最主要的支持者和最大规模的资助者。在伊斯兰首脑会议“喀土穆峰会”期间，费萨尔国王不仅宣布沙特将每年援助对抗以色列的阿拉伯国家 5000 万里亚尔，并建议科威特每年援助 5500 万里亚尔、利比亚每年援助 3000 万里亚尔。[②] 1968 年 2 月，沙特向埃及和约旦的经济援助由 5000 万里亚尔增加至 7000 万里亚尔。同年 9 月，沙特向约旦提供了额外的 1500 百万里亚尔援助，帮助其购买军事装备，以加强约旦的军事力量。第四次中东战争前，沙特为支持埃及与以色列作战，向埃及空军提供了从法国得到的 33 架喷气式飞机，并许诺将向埃及提供沙特从英国获得的 20 架战斗轰炸机。在第四次中东战争期间，费萨尔向埃及萨达特总统许诺将向埃及提供与以色列作战的所需物品，随后向埃及人提供了 2 亿美元以帮助其购买更多武器。拉巴特首脑会议同意建立一项 20.06 亿美元的军事基金，其中沙特阿拉伯和其他海湾国家是最主要的出资者。此外，沙特向巴勒斯坦提供了大批的人道主义援助。

沙特向美国施压，要求美国约束以色列，公正解决巴勒斯坦问题。鉴于沙特和以色列均是美国在中东地区重要的战略伙伴，沙特利用华盛顿的影响力实现其地区目标。1972 年夏天，费萨尔国王首次与美国就阿以冲突进行接触，呼吁美国总统理查德·尼克松（Richard Nixon）确认对冲突采取

---

① *International Documents on Palestine, 1967* (Beirut: The Institute for Palestine Studies, 1970), p. 541.

② Aham Assah, *Miracle of the Desert Kingdom* (London: Johnson Publications Ltd., 1969), pp. 159-161.

更加公平的政策。第四次中东战争期间，尼克松决定向以色列提供 22 亿美元的紧急援助，费萨尔国王对华盛顿在战争期间通过空运向以色列提供武器的决定表示失望。为了迫使美国对以阿冲突采取更均衡的政策，沙特阿拉伯加入了石油输出国组织实施的石油禁运。

长期以来，沙特反对将石油用作政治武器。在第三次中东战争期间，沙特政府宣布禁止向支持以色列的国家出口石油，但 1967 年石油禁运最终没有正式实施。但是第四次中东战争期间，沙特改变了原有反对将石油用作政治武器的看法。沙特认为“美国是支持以色列的主要的国家，这也导致了目前以色列的自大并使其继续占领着我们的领土……决定每一个阿拉伯石油出口国迅速削减生产，从九月开始每月削减至少 5%的产量，直到国际社会迫使以色列放弃占领的我们的领土”。1973 年 10 月 17 日，阿拉伯石油输出国组织（OAPEC）成员在科威特举行会议，并通过决议：在 1973 年 9 月的情形下石油减产不低于 5%，之后每月增加 5%，直到解放所有被占领的阿拉伯土地并解决了巴勒斯坦人民的问题。10 月 18 日，沙特决定削减 10%的石油产量，并“根据（科威特会议）决定每月”持续削减产量。沙特还明确警告：“如果这些努力不能取得有效的成果，王国将停止对美国的石油出口。”① 这也是沙特首次将石油与政治挂钩。沙特石油禁运不仅提高了沙特在巴勒斯坦问题上的影响力，而且使沙特在处理与以色列关系时更加自信。

以色列对沙特的强硬政策不满，并采取破坏沙特的活动。以色列利用华盛顿支持者的影响力，试图破坏美国与沙特的关系，强烈反对美国向沙特供应武器。以色列在各类媒体散布有关王室的负面信息。1979 年 4 月 15 日，《华盛顿邮报》声称，中央情报局（CIA）发布了一份报告，指出沙特政权处于不稳定状态。事实证明，此报道严重夸张，但导致了美沙关系的紧张。②

沙特与以色列尽管处于紧张状态，但也存在共同利益。“黑九月事件”

---

① Mafaz A. Kurdi, *Saudi Arabia: Perspective on Oil, Foreign Policy, and the Arab-Israeli Conflict*, Ph. D. Thesis, Clarement Graduate School, 1982, p. 128.

② Anthony H. Cordesman, *The Gulf and the Search for Strategic Stability: Saudi Arabia, the Military Balance in the Gulf, and Trends in the Arab-Israeli Military Balance* (Boulder, CO: Westview Press, 1984), p. 186.

爆发后，叙利亚威胁入侵约旦，但是沙特反对叙利亚的冲动，以色列则陈兵约旦边界。尽管沙特政权对以色列的举动表示怀疑，但两个国家都在保护侯赛因国王方面有共同利益。同时，以色列与沙特在商业层面保持秘密联系，以色列曾向沙特出售军事装备。根据前摩萨德特工的一份报告，以色列航空工业公司向沙特阿拉伯出售了备用油箱挂架。[①]

总之，1967~1979 年，沙特基于阿拉伯民族主义激进派实力削弱、自身实力增强，在阿以冲突中由被动参与变为主动介入，对以色列采取强硬态度，成为对抗以色列国家的最主要的支持者和最大规模的资助者，发起石油禁运迫使美国约束以色列，这致使沙特与以色列关系处于“低谷期”。然而，即便是在“低谷期”，沙特与以色列仍存在共同利益和秘密合作。

四　沙特与以色列关系的缓和期（1979~2003 年）

1979 年，中东地区地缘政治发生了巨大变化。1979 年伊朗伊斯兰革命给沙特带来了一系列新的区域性危险。伊朗将自己视为伊斯兰世界中最合法的“乌玛”，将沙特描述为“非伊斯兰”政权，损害了海湾君主国合法性。伊朗向海湾国家输出伊斯兰革命，支持沙特什叶派起义。例如，在 1979 年 11 月，沙特阿拉伯东部石油资源丰富的省发生了什叶派起义，有 9 万名示威者无视政府对阿舒拉节的禁令；伊朗革命领导人之一阿亚图拉·萨德克·罗哈尼（Ayatollah Sadeq Rohani）宣布伊斯兰共和国将吞并巴林，并亲自领导了旨在推翻巴林政权的起义。两次起义尽管失败，但引起了海湾国家对伊朗的恐惧。随后两伊战争对沙特的地缘安全造成了严重破坏。同时，伊斯兰革命后，伊朗将自身塑造为解放巴勒斯坦、抵制以色列的“轴心”，持续指责沙特放弃对巴勒斯坦人的伊斯兰义务，故伊朗与沙特争夺解决巴勒斯坦的主导权。上述变化致使沙特与伊朗的关系由友好向对立转变，伊朗对沙特的威胁日益凸显。此外，1979 年 3 月 26 日，埃及总统萨达特与以色列总理贝京签订了《埃以和约》，标志着阿拉伯团结遭受破坏。于是，沙特与以色列的紧张关系开始缓和。

---

① Victor Ostrovsky and Claire Hoy, *By Way of Deception: The Making and Unmaking of a Mossad Officer* (New York: St. Martin's Press, 1990), pp. 123-124.

沙特作为两圣地的守护者，坚持泛伊斯兰主义，继续抵制以色列。沙特在历次阿盟会议上继续谴责以色列对巴勒斯坦的占领和暴行，坚持“喀土穆峰会”确立的“三不原则”。埃以和解后，沙特为了阻止其他阿拉伯国家与以色列和解，承诺向仍在“前线”对抗以色列的国家（即叙利亚和约旦）以及巴勒斯坦人的代表机构巴勒斯坦解放组织（PLO）提供财政援助。在此后10年，以沙特为首的海湾国家对巴解组织的援助超过100亿美元。沙特在距以色列港口城市埃拉特仅125英里的塔布克（Tabuk）建立主要空军基地，监视以色列的军事行动。

在继续抵制以色列的同时，沙特试图缓和与以色列的敌对关系。1981年8月，哈立德国王提出“法赫德倡议”，该倡议呼吁以色列归还1967年占领的领土，并呼吁建立一个以东耶路撒冷为首都的巴勒斯坦国。该倡议同时指出，所有中东国家都有权和平生活，联合国将负责执行该计划。该计划中的某些措辞，特别是对该地区所有国家的和平生活权的确认，暗示了以色列的生存权。其实，在公布“法赫德倡议”之前，沙特曾秘密讨论与以色列和解的可能性：如果以色列同意允许沙特阿拉伯在东耶路撒冷升起象征着对阿克萨清真寺监护权的旗帜，沙特将为实现以色列与阿拉伯人的和平相处努力。① 但叙利亚强烈反对“法赫德倡议”，最终1982年9月的阿拉伯联盟菲斯大会修改了“法赫德倡议”的部分内容，通过了“菲斯决议”。“菲斯决议”取消了强调中东所有国家享有和平生活权利的条款，而仅规定联合国安理会将为该地区所有国家，包括巴勒斯坦国提供和平保障，故“菲斯决议”削弱了对以色列的生存权的承认。菲斯大会暴露了阿拉伯世界中所谓“温和派”（赞成与以色列和解）和“排斥主义者”（拒绝与以色列和解）的分歧。②

1982年，以色列入侵黎巴嫩，致使巴解组织军队遭到击败，并被迫撤至突尼斯。尽管沙特政府严厉批评以色列的入侵，但是法赫德国王并没有直接与以色列人对抗，而是利用其在华盛顿的影响力向以色列施压。法赫

---

① Dan Raviv and Yossi Melman, *Every Spy Is a Prince: The Complete History of Israel's Intelligence Community* (Boston: Houghton Mifflin Company, 1990), pp. 259-260.

② Joseph Kostiner, "Coping with Regional Challenges: A Case Study of Crown Prince Abdullah's Peace Initiative," in Paul Aarts and Gerd Nonneman eds., *Saudi Arabia in the Balance: Political Economy, Society, Foreign Affairs* (London: Hurst & Company, 2005), pp. 352-371.

德国王向美国国务卿乔治·舒尔茨（George Shultz）发送了一封信，敦促美国对以色列人施加压力，要求其撤出贝鲁特，并威胁称除非以色列人撤离该城市（贝鲁特），否则沙特阿拉伯将不会执行美国的和平倡议。① 同样，以色列也利用其在华盛顿的影响力向沙特阿拉伯施加压力。例如，以色列工党领导人西蒙·佩雷斯会见美国驻联合国大使安德鲁·杨时要求美国向沙特施加压力，以缓和沙特对阿以冲突的激进立场。② 但美国为了与沙特和以色列保持"特殊关系"，努力调节沙特和以色列的关系。美国在沙特与以色列之间穿梭外交，在一定程度上缓和了沙特与以色列的对立关系。

在美国调节下，沙特与以色列展开了许多合作。1984 年，以色列从埃塞俄比亚对法拉沙犹太人（the Falasha Jews）展开营救行动时，一艘以色列导弹船在红海中航行，并意外航行至沙特海岸，以色列要求美国告知沙特该船是意外地出现在沙特阿拉伯。经过美国的居中协调，沙特最终释放了导弹船和船员。沙特与以色列秘密合作向阿富汗输送武器，以对抗苏联入侵阿富汗。据美国消息人士称，以色列和沙特阿拉伯每年向阿富汗的反苏部队提供总计 1 亿美元的援助，以色列在先前对阿拉伯人的战争中缴获的苏联制造的武器通过沙特阿拉伯运送至阿富汗。③

1990~1991 年，中东地区地缘政治再次发生显著变化。一方面，苏联因解体退出中东地区，美国通过海湾战争在中东事务中占据无与伦比的主导地位，主导阿以和平谈判，故美国试图协调沙特与以色列关系。另一方面，在 1991 年的海湾战争中，巴解组织主席亚西尔·阿拉法特支持萨达姆·侯赛因（Saddam Hussein）对科威特的占领，致使沙特与巴解组织日益疏远。上述变化使沙特与以色列的紧张关系进一步缓和。

在海湾战争后，美国国务卿贝克三世（James A. Baker Ⅲ）试图调解沙特与以色列的关系。在与法赫德国王会晤时，美国国务卿贝克建议沙特放弃对以色列的经济抵制；结束与以色列的战斗状态；会见以色列低级官员；并在打击恐怖主义方面与以色列分享情报。作为回报，贝克试图说服以色

① George P. Shultz, *Turmoil and Triumph: My Years as Secretary of State* (New York: Charles Scribner & Sons, 1993), p. 104.

② Matti Golan, *Shimon Peres: A Biography* (New York: St. Martin's Press, 1982), p. 214.

③ Benjamin Beit-Hallahmi, *The Israeli Connection: Who Israel Arms and Why* (New York: Pantheon Books, 1987), pp. 32-33.

列利库德总理沙特・伊米尔（Yitzhak Shamir）同意结束对巴勒斯坦人的驱逐和拘留，并撤出约旦河西岸和加沙地带的一些被占领城镇。[①] 经过美国的调节，沙特尽管不承认以色列是一个合法国家，但是认为没有以色列参与的中东目标是不现实的。甚至在巴解组织接受两国方案之前，沙特就正式接受了两国解决方案，因为沙特希望解决冲突。[②]

在美国推进巴以和平进程中，沙特与以色列开始谨慎交往。在 1991 年马德里和平会议上，以色列官员首次公开面对了沙特代表。1993 年签署《奥斯陆协定》后，海湾合作委员会正式取消了禁止与以色列进行贸易的美国公司和其他国家的贸易公司开展业务的禁令。

“9・11”事件后，沙特国王阿卜杜拉（Abdullah）提出了解决阿拉伯与以色列冲突的新倡议（简称“阿卜杜拉倡议”）。该倡议以 1981 年“法赫德倡议”为基础，提出沙特与以色列关系恢复正常化，但前提条件是要求以色列完全撤回 1967 年边界和在被占领土上建立一个以东耶路撒冷为首都的巴勒斯坦国。2002 年 3 月，沙特在贝鲁特举行的阿拉伯首脑峰会试图通过以“阿卜杜拉倡议”为基础的会议决议，但叙利亚再次反对“阿卜杜拉倡议”，要求决议包括有关难民返回的联合国安全理事会第 194 号决议，并要求以色列撤离戈兰高地以及以黎边界上有争议的领土。但“阿卜杜拉倡议”突破了 1967 年“喀土穆峰会”的“三不原则”。

然而，沙特与以色列关系的缓和并非一帆风顺，巴勒斯坦问题逐渐成为两国关系进一步发展的障碍。1996 年 5 月，以色列利库德集团党魁内尼亚尼亚胡（Binyamin Netanyahu）当选总理，随后和平进程陷入僵局，进而阻碍了沙特与以色列的秘密交往。随着 2000 年秋天的阿克萨起义爆发，以及沙龙在以色列掌权，沙特支持巴勒斯坦情绪的急剧上升，致使与以色列交往暂时停止。

纵观 1979~2003 年，沙特与以色列的紧张关系日益缓和，对立与缓和成为两国关系的主旋律。巴勒斯坦问题日益成为沙特与以色列关系进一步缓和的障碍，美国调解沙特与以色列关系成为沙特和以色列关系发展的不

① James A. Baker III and Thomas M. DeFrank, *The Politics of Diplomacy: Revolution, War & Peace, 1989-1992* (New York: G. P. Putnam, 1995), pp. 386-387.

② Uzi Rabi and Chelsi Mueller, “The Gulf Arab States and Israel since 1967: from ‘No Negotiation’ to Tacit Cooperation,” *British Journal of Middle Eastern Studies*, Vol. 44, No. 4 (2017): 583.

容忽视的因素。

五 沙特与以色列关系的正常化期（2003年至今）

2003年4月，伊拉克统治者萨达姆·侯赛因被推翻，为伊朗在中东地区扩大影响提供了前所未有的机遇。伊朗在阿富汗、伊拉克、黎巴嫩、叙利亚、巴勒斯坦和也门积极扩大影响力，扶持代理人，逐渐形成了“什叶派新月”，进而对沙特在中东地区的霸权主义构成了重大威胁。对伊朗的恐惧和对什叶派伊斯兰教权力的增加成了沙特评估中东每一个事态发展的基准。[①] 沙特与伊朗间的冷战日益取代巴勒斯坦问题，成为中东地区的核心问题。同时，伊朗核计划再次引起世界关注，沙特尽管承认伊朗享有和平利用核能的权利，但私下对伊朗追求核弹表示担忧。这些担忧导致沙特政权采取务实的态度，高度关注伊朗威胁，而将以色列视为潜在的盟友。[②] 兰德公司学者表示，伊朗的威胁使泛阿拉伯对话更加务实，阿拉伯国家不再“对抗”，而是在必要时甚至强调了与以色列的“接触”。[③] 而以色列深信以色列的敌人是伊朗，而不是沙特阿拉伯。[④] 曾担任以色列总理，后来担任总统的佩雷斯说：“伊朗对阿拉伯人和以色列人构成更大的危险。”[⑤] 为了应对共同的威胁——伊朗，沙特与以色列的和解进程加快。

中东变局改变了中东的地缘政治格局，进一步改变了海湾阿拉伯人对以色列的态度。伊朗的官方媒体将中东民众推翻国家政权称为“伊斯兰觉醒”。隶属于伊朗传统保守派的《每日政治报》（Siyasat-e-Ruz）宣传声称，与犹太复国主义者和欧美地区有不正当关系的阿拉伯统治者，将面临与

① Uzi Rabi and Ronen A. Cohen, *Iran, Israel and the Shi'i Crescent* (Tel Aviv: The S. Daniel Abraham Center for Strategic Dialogue, 2009), pp. 6-29.

② Jacob Abadi, "Saudi Arabia's Rapprochement with Israel: The National Security Imperatives," *Middle Eastern Studies*, Vol. 55, No. 3 (2019): 443.

③ Cited in Frederick Wehrey, Theodore W. Karasik, Alireza Nader, Jeremey Ghez, Lydia Hansell and Robert A. Guffey, *Saudi-Iranian Relations since the Fall of Saddam: Rivalry, Cooperation, and Implications for U. S. Policy* (RAND Corporation, 2009), p. 86.

④ Jacob Abadi, "Saudi Arabia's Rapprochement with Israel: The National Security Imperatives," *Middle Eastern Studies*, Vol. 55, No. 3 (2019): 443.

⑤ Jacob Abadi, "Saudi Arabia's Rapprochement with Israel: The National Security Imperatives," *Middle Eastern Studies*, Vol. 55, No. 3 (2019): 444.

本·阿里同样的命运，迟早也会被推翻。[①] 这致使沙特试图缓和与以色列关系，从而集中力量应对伊朗威胁，“遏制”伊朗扩张。

以色列同样更加重视沙特。与以色列政府有密切交往的巴里·兰多说：“伴随阿拉伯之春爆发，中东地区大多数以色列传统盟友关系遭遇打乱或破坏，沙特阿拉伯是犹太国保护其在阿拉伯世界中政治利益的最后机会。”[②] 以色列能源部部长斯坦尼茨说：“我们与温和的阿拉伯世界的紧密关系，能帮助我们对抗伊朗。”故沙特与以色列间的互动更加频繁，而且日益公开化。

沙特对巴勒斯坦支持力度降低。巴勒斯坦逐渐成为周边国家博弈的场所，巴勒斯坦内部纷争不断，致使巴勒斯坦问题久拖不决。沙特在道义上和经济上对巴勒斯坦表示支持，除此之外少有实际行动。例如，2018 年，美国总统特朗普执意将美国驻以色列大使馆迁至耶路撒冷。相较于德国、法国、俄罗斯、土耳其和伊朗等国的激烈反应，原本自诩为“阿拉伯逊尼派穆斯林老大”的沙特，却没有为巴勒斯坦兄弟伸张正义，仅发表了一系列反对美国将大使馆迁至耶路撒冷、支持巴勒斯坦合法权益的声明，并宣布了一些对巴勒斯坦的援助计划。在声明中，沙特阿拉伯国王萨勒曼“温和”地批评特朗普将美国驻以色列大使馆从特拉维夫迁往耶路撒冷的决定，并宣布将资助东耶路撒冷 1.5 亿美元，用于维护伊斯兰文化遗产。此后沙特并未有新的制裁和反对以色列的行动。

为了彻底解决巴勒斯坦问题，沙特与以色列多次互动。2006 年，沙特与以色列曾秘密开会，探讨重启 2002 年“阿卜杜拉倡议”的可能性；2016 年夏天，沙特前将军埃什基访问了耶路撒冷，与以色列政界人士会面，探讨重启 2002 年提出的“阿卜杜拉倡议”。但是沙特继续将巴勒斯坦问题与沙以两国关系正常化联系起来，然而以色列试图将巴勒斯坦问题与沙以两国关系正常化分开。正如以色列外交部前部长阿维格多·利伯曼所说：“禁止将解决巴勒斯坦问题作为与阿拉伯温和派国家发展联系的条件。”[③] 但是

---

① Uzi Rabi & Chelsi Mueller, “The Gulf Arab States and Israel since 1967: from ‘No Negotiation’ to Tacit Cooperation,” *British Journal of Middle Eastern Studies*, Vol. 44, No. 4 (2017): 590.

② Arutz Sheva, “Saudi Arabia Funds Mossad Anti-Iran Operations,” *Israel National News*, October 28, 2012, http://www.israelnationalnews.com/News/News.aspx/161407.

③ Constance Renton, “Saudi Arabia and Israel in Trade Discussions?” *Morocco World News*, June 19, 2017, https://moroccoworldnews.com/2017/06/220427/saudi-arabia-israel-trade-discussions.

两国最终没有就巴勒斯坦问题形成共识。

沙特和以色列均激烈反对美国向对方军售，但是对美国军售的担忧明显下降。2007 年，美国决定向以色列和沙特同时军售，尽管军售再次引起了以色列的反对，但是以色列同意了美国向沙特军售，并表示理解。正如利库德总理埃胡德·奥尔默特说："我们理解美国支持阿拉伯温和派国家的必要性，并且美国和以色列在应对伊朗问题时需要建立统一战线。"① 2010 年，华盛顿决定向沙特阿拉伯出售 600 亿美元的武器。以色列人尽管像往常一样反对这项交易，但是反对意见是温和的。

沙特与以色列为了应对伊朗威胁采取众多合作。沙特与以色列为了破坏伊朗核设施共同采取秘密行动。根据新闻报道，沙特阿拉伯同意为刺杀伊朗核科学家的摩萨德行动提供资金。② 英国《星期日泰晤士报》报道声称，如果以色列决定轰炸伊朗的核设施，沙特阿拉伯表示愿意为以色列的救援直升机、加油机和无人驾驶飞机提供空中走廊和空中基地。③ 2015 年，奥巴马政府与伊朗达成旨在解决伊朗核问题的一揽子协议，但是沙特阿拉伯和以色列对此都感到"绝望"④，并极力反对该协议。两国开始合作开发新型更具破坏性的计算机病毒以破坏伊朗发展核武器。

沙特与以色列展开军事情报合作。2014~2018 年，包括摩萨德在内的以色列安全人员已与沙特情报机构代表在印度、意大利和捷克等国举行五次会晤，讨论两国情报合作。其中最为重要的是，沙特情报局局长班达尔亲王与以色列情报负责人在日内瓦举行了会议，这是两国情报机构最高级别的会晤。沙特与以色列就共享伊朗核计划情报展开讨论。摩萨德官员数次秘密访问利雅得，长期负责沙特情报机构的图尔基·费萨尔（Turki al-Faisal）亲王分别与特拉维夫大学国家安全研究所所长阿莫斯·亚德林（Amos Yadlin）和前摩萨德负责人埃弗莱姆·哈列维（Ephraim Halevy）举行

---

① Cited in David Houska "U. S. Plans Major Middle East Arms Sales," *Arms Control Today*, Vol. 37, No. 7 (2007): 38.

② Jacob Abadi, "Saudi Arabia's Rapprochement with Israel: The National Security Imperatives," *Middle Eastern Studies*, Vol. 55, No. 3 (2019): 443.

③ Uzi Rabi and Chelsi Mueller, "The Gulf Arab States and Israel since 1967: from 'No Negotiation' to Tacit Cooperation," *British Journal of Middle Eastern Studies*, Vol. 44, No. 4 (2017): 589.

④ Uzi Rabi and Chelsi Mueller, "The Gulf Arab States and Israel since 1967: from 'No Negotiation' to Tacit Cooperation," *British Journal of Middle Eastern Studies*, Vol. 44, No. 4 (2017): 590.

会议，旨在分享伊朗核计划情报，制止伊朗获得核武器。也门战争期间，以色列多次向沙特提供了也门的情报数据。[①] 弗雷德·伯顿（Fred Burton）表示，长期以来，摩萨德军官一直靠出售沙特情报和设备发大财。[②]

沙特与以色列展开经济合作。沙特规模巨大的进口为以色列商人提供了机遇，其中网络安全领域的合作尤为显著。2012 年，沙特指责伊朗指挥黑客破坏了国有石油公司沙特阿美公司的计算机。此后以色列安全和网络安全公司获得了沙特的出口许可证，并获得了以色列政府的支持，提供网络安全技术支持；沙特阿美公司开始利用以色列的网络技术抵御伊朗的黑客入侵。2017 年，沙特阿拉伯雇用了以色列数据公司 IntuView，利用该公司的技术对社交媒体进行扫描，以查找恐怖主义威胁，这不仅有助于保护沙特王国免受恐怖袭击，而且还可以评估沙特的舆论。[③] 这些案例只是沙特支持以色列企业的部分例子。沙特与以色列于 2015 年开始贸易谈判，甚至有人认为这种接触最早于 2014 年开始。阿拉伯媒体援引时任沙特石油部部长阿里·纳伊米（Ali al-Naimi）的话说，沙特已准备向包括以色列在内的所有国家出口石油。

沙特与以色列政治交往的层级日益提高。2015 年 6 月 5 日，前沙特将军安瓦尔·本·马吉德·本·安瓦尔·埃什基和前以色列大使多尔·戈德在华盛顿外交关系委员会会面，讨论了共同应对伊朗威胁的手段。次年夏天，前沙特将军埃什基访问了耶路撒冷，与以色列政界人士会面。此外，据报道，萨勒曼国王已派遣瓦立德·本·塔拉勒（Al-Waleed bin Talal）亲王与以色列进行谈判。以色列则宣布塔拉勒对耶路撒冷的访问标志着以色列与阿拉伯人之间的敌对行动结束。2017 年 1 月，费萨尔在瑞士达沃斯举行的世界经济论坛（World Economic Forum）上会见了以色列前外长利夫尼（Tzipi Livni）。2017 年 10 月，图尔基·费萨尔亲王访问纽约上东区犹太教堂，并与以色列摩萨德前负责人哈勒维讨论中东的未来。对纽约犹太教堂的访问，是以色列人和沙特人之间越来越多的公开交流之一。

---

① Stanislav Ivanov, "The Alliance between Israel and Saudi Arabia," *New Eastern Outlook*, September 15, 2015, http://journal-neo.org/2015/09/15/the-alliance-between-israel-and-saudi-arabia.

② Yazan al-Saadi, "Mossad Doing Business with Saudi Arabia: Stratfor Source," *Alakhbar* (English), March 6, 2012, http://english.al-akhbar.com/node/4839/.

③ Uzi Rabi and Chelsi Mueller, "The Gulf Arab States and Israel since 1967: from 'No Negotiation' to Tacit Cooperation," *British Journal of Middle Eastern Studies*, Vol. 44, No. 4 (2017): 589.

沙特与以色列的合作日益公开化，和解趋势显著。2014 年 8 月，外交大臣沙特·费萨尔（Saud al-Faisal）在吉达向世界伊斯兰学者大会表示："我们必须拒绝对以色列制造仇恨，并且我们应与犹太国家实现关系正常化。"2017 年 11 月，以色列国防军总参谋长加迪·艾森考特（Gadi Eizenkot）首次接受沙特媒体采访，艾森考特说："我们（以色列与沙特）之间有很多共同的利益。"2017 年 9 月，以色列总理（兼外交部部长）本杰明·内塔尼亚胡在以色列外交部的一次演讲中说：（以色列与沙特）"在不同的层面上，有不同的合作方式，但目前还没有公开。"以色列能源部部长尤瓦尔·施泰尼茨（Yuval Steinitz）直接承认了长期以来关于以色列与沙特交流和合作的猜测，"我们与许多穆斯林和阿拉伯国家有秘密联系，另一方有兴趣隐瞒它"①。

结　语

纵观沙特与以色列关系的演变历程，两国关系可以分为 5 个时期：缘起期（1932~1948 年）、对立加剧期（1948~1967 年）、高度对立期（1967~1979 年）、缓和期（1979~2003 年）、正常化期（2003 年至今）。两国关系经历了由初步接触到对立加剧，从高度对立到正常化的演变历程，但总体上呈现从对立到和解的趋势。两国关系不仅存在公开的对立和秘密的合作，而且对立和合作相互交织。这反映出中东局势的复杂多变。

沙特与以色列的关系错综复杂是多重因素综合作用的结果。一方面，两国的利益是两国关系演变的内在动力。在 1979 年前，由于沙特自身实力增加，沙特对外政策由"不干预阿拉伯事务"转变为"被动参与阿拉伯事务"，进一步发展为"以伊斯兰世界领袖自居，主动参与阿拉伯事务"。在此背景下，沙特与以色列围绕巴勒斯坦问题冲突日益加剧，因而两国关系日益恶化。在 1979 年后，伴随伊朗逐渐成为沙特和以色列的竞争对手，巴勒斯坦问题日益边缘化，不再是沙特与以色列的主要利益冲突，遏制伊朗扩张成为沙特与以色列的共同利益。于是沙特与以色列开始缓和高度对立的关系，努力推动两国关系正常化。另一方面，中东地区局势的演变作为

① Oren Liebermann, "How a Mutual Enemy is Changing Israel-Saudi Relations," CNN, November 26, 2017, https://edition.cnn.com/2017/11/25/middleeast/israel-saudi-relations/index.html.

外部因素影响两国关系演变。中东地区局势具体包括巴勒斯坦问题、美国对中东局势的控制力和伊朗对中东其他国家的威胁程度。中东地区局势不仅塑造了沙特与以色列对立与合作的趋势和空间，而且通过构建沙特与以色列的利益和认知影响沙特与以色列的互动。这是两国关系演变的内在逻辑。在未来，两国关系演变的内在逻辑将左右两国关系的走向。

（作者单位：四川外国语大学以色列研究中心）

From Confrontation to Reconciliation: the Evolution of Relationship between Saudi Arabia and Israel

Wang Ran

Abstract: Since the Arab Spring, Saudi Arabia and Israel have frequently interacted, and the trend of reconciliation between Israel and Saudi Arabia is obvious. Understanding the current relationship and future trend between Saudi Arabia and Israel is inseparable from combing the history of relationship between Saudi Arabia and Israel. The relationship between Saudi Arabia and Israel is complex, which can be divided into five periods: origin before the founding of Israel in 1948, intensification of opposition from 1948 to 1967, extreme opposition from 1967 to 1979, detente from 1979 to 2003 and normalization from 2003 to now. The relationship between Saudi Arabia and Israel generally shows a trend from confrontation to reconciliation. The logic of evolution of relations between Saudi Arabia and Israel is that the internal driving force is the common interests and differences of the two countries, and the external factors are the evolution of situation in the Middle East which includes Palestinian issue, U. S. military control ability in the Middle East and Iran's threat to other countries in the Middle East.

Keywords: Saudi Arabia; Israel; National Interests; Situation in the Middle East

• 书评 •

犹太人的秘密武器

——评丹尼尔·戈迪斯《以色列：一个民族的重生》

侯静怡

《犹太史》《以色列史》《耶路撒冷三千年》……不知有多少绵延的目光投向地中海东南沿岸的那片小小的土地，又有多少声音触及了土地之外的种种时空。而丹尼尔·戈迪斯获2016年美国国家犹太图书奖的《以色列：一个民族的重生》（*Israel*：*A Concise History of a Nation Reborn*）就是众多优秀图书中的一本。该书汉语译本由王戎译、宋立宏校，浙江人民出版社2018年出版。

戈迪斯是在美国出生并完成高等教育后移民以色列的犹太人，目前是耶路撒冷沙勒姆学院的副校长以及《耶路撒冷邮报》和《彭博视点》的专栏作家。因此，《以色列：一个民族的重生》虽从犹太人视角来写，但作者的身份背景又使他在观察以色列时，既保有“局内人”的谙熟，又具备了“局外人”的超然。同时，作者以其对犹太文化中诗歌与艺术的丰富见闻，展现了这个民族非凡的浪漫想象力与创造力。

戈迪斯从数百本先前出版的历史、传记、回忆录和新闻作品中，总结了一部相对简短的以色列史。此外，他还深入挖掘了一些资料，其中包括对当代以色列人的采访，以展现公元前2000年以来犹太历史上的重大事件的细节。

该书内容可分为两大部分：建国之梦与建国之路。从1917年建立犹太人家园的《贝尔福宣言》到1937年《皮尔委员会分治协议》，从1939年限制犹太移民的《英国白皮书》到1947年“联合国分治方案”……犹太人最终迎来建国；后历经独立战争、德国赔款和艾希曼审判、六日战争——巴以冲突走上台前、赎罪日战争等，以色列游走在和平与战争，传统与世俗之间。而戈迪斯就是沿着这一轨迹向读者阐明现代以色列国是如何形成的，又是如何发展的。他既向我们展示了以色列的文化、经济和军事强国之路，也指出了这个国家所犯的错，追溯了它长期在国际上被孤立的根源。

一 建国之梦

作者首先以犹太人受迫害为背景介绍了生活在东欧的犹太诗人哈伊姆·纳赫曼·比亚利克，接着讲述了1897年在巴塞尔举行的第一届犹太复国主义者代表大会。会议主持者赫茨尔——“以色列之父”，在之后的日记里写道：“在巴塞尔我找到犹太国，如果我今天大声说出了，我会被全世界嘲笑。但5年或者50年后，每个人都会承认我这句话是对的。”[①] 大会起草了《世界犹太复国主义纲领》。《希望之歌》在这次会议上首唱，表达了犹太人对建立国家的渴望。以色列建国后将这首歌确定为国歌，歌词如下：

只要心灵深处
尚存犹太人的渴望
眺望东方的眼睛
注视着锡安山岗
我们还没有失去
两千年的希望
做一个自由的民族
屹立在锡安山和耶路撒冷之上

（第29页）

“一个民族只有在先祖生活过的土地上才能繁荣兴旺，在其他地方则难以实现，这一点并非只有犹太人明白。”（第31页）犹太人所踏出的第一步，从渴望回到“以色列地”开始。这是犹太人建国的核心。“如果没了这块土地，也就没了犹太家族和犹太民族（第31页）”，而在此之前，犹太

① 〔以色列〕丹尼尔·戈迪斯：《以色列：一个民族的重生》，王戎译、宋立宏校，浙江人民出版社，2018，第27页。以下引用该书内容只在文中括注页码。

人被驱逐出巴勒斯坦后就流散于世界各地，生活在其他民族的统治之下。1290 年英国驱逐犹太人，1492 年西班牙驱逐犹太人，然后就是席卷欧洲的反犹主义暴力活动。巴勒斯坦地区仅存极少量的犹太人社区。19 世纪 70 年代末，犹太教的圣城耶路撒冷，仅有 2.7 万犹太人生活（第 64 页），且他们只能依赖“哈卢卡制度”（halukla，有“分配”之意）从流散地富裕犹太人那里收集钱财以供经济支持。作者喟叹：一个无家可归的民族，所握有的秘密武器就是“无处可去”。

> 古老的思想在新的历史条件下展现出新的活力。19 世纪末欧洲人开始强烈排斥犹太人，民族主义席卷整个欧洲大陆，许多犹太人意识到欧洲很快将没有容身之地，他们本能地知道，在欧洲之外有一个属于他们的家园。不管是宗教人士还是世俗人士，知识分子还是普通民众，东欧犹太人还是西欧犹太人，他们都在对锡安的憧憬中长大，对于赫茨尔的《犹太国》中所提出的梦想再熟悉不过。赫茨尔的思想之所以能迅速传播，一个重要原因是它并非一个全新的思想，它只是激活了犹太人千年来的梦想。
>
> （第 43 页）

戈迪斯清晰生动地为我们复原了以色列与犹太民族的重生，他通过一个个里程碑式的事件向我们介绍了一位位凭借满腔热血和强大信念在关键时刻改变国家命运的关键人物。

> 有的人（如赫茨尔）寻求建国，而有的人（如阿哈德·哈姆）坚持认为建国会导致精神的堕落，犹太人应该建立的是一个精神中心。有的人（如比亚利克）视宗教为残害犹太人的毒瘤（虽然比亚利克一直对犹太宗教经典情有独钟），而有的人（如宗教犹太复国主义者）觉得宗教是维系犹太民族唯一的希望。有的人一直无视阿拉伯人问题，似乎在他们看来巴勒斯坦根本就没有阿拉伯人；有的人（如赫茨尔）大同小异地希望犹太人将给这一地区带来的进步可以赢得阿拉伯邻居的尊重与赞美；还有的人（如雅博廷斯基）认为这些观点过于天真，如果犹太人不愿战斗，锡安就没有未来。有的人（如诺尔道）设想犹

> 太人如果拥有强健的体魄就能拯救自己，而有的人（如 A. D. 戈登）主张身体的意义在于在这片土地上劳动。犹太复国主义是一场运动，但同时也是相互冲突的梦想的集合。
>
> （第 61 页）

“犹太复国主义包含很多方面，它让犹太人重新成为历史舞台上的重要角色，让一个古老国家重新屹立于世界”（第 67 页），但各个派别都有着自己的思量。希伯来语中，“伊休夫”（Yishuv）意味“定居”。现代犹太人移居巴勒斯坦以前的犹太定居点被称作“旧伊休夫”，居民主要是生活在耶路撒冷等地的传统犹太教徒。“新伊休夫”是 19 世纪 60 年代在耶路撒冷老城之外建立的定居点以及 1882 年后来到巴勒斯坦的犹太人所建立的定居点的统称。“欧洲犹太复国主义者的大量涌入引起了当地犹太人（旧伊休夫）的警惕。旧伊休夫犹太人信仰虔诚，只听从自己的拉比。新伊休夫的意识形态极端世俗，在旧伊休夫眼中几乎就是异类，甚至是对神的亵渎。”（第 66 页）在充斥着冲突的伊休夫中，库克拉比通过复活希伯来语使犹太人几千年来“第一次可以看到、听到和感受到什么是犹太社会”，“它意味着有自己的语言、文学和独特的生活方式”（第 83 页）。

犹太复国主义运动的兴起，既源于犹太传统，又是对欧洲反犹主义的直接回应。以赫茨尔为代表的犹太复国主义者致力于回归故土和创造新人，并建立世俗政权，与传统犹太教决裂，阿以冲突就此拉开帷幕。为此戈迪斯评论说：“犹太复国主义不仅仅是一场简单的政治运动。犹太复国主义的核心是犹太人未来建立一个民族国家，但恰恰在如何实现这一目标上，人们存在严重分歧，无法达成一致意见。从这个角度看，犹太复国主义不仅是一场运动，更是一场纷繁复杂、充满争论的对话。”

遗憾的是，雅博廷斯基所说的“阿拉伯人绝不会主动和犹太复国主义者达成任何协议，如果想在巴勒斯坦站稳脚跟，犹太复国主义者必须用铁枪对抗阿拉伯人的暴力”（第 99 页），一语成谶。英国支持犹太建国而签署的《贝尔福宣言》并未提供准确清晰的路线，而在此后不久新的暴力袭击爆发，1903 年 4 月 6 日在俄国基希涅夫小镇发生的反犹暴行“基希涅夫惨案”引起的“战火”从欧洲烧到了巴勒斯坦。面对阿拉伯人带来的暴力，“伊休夫”开始发展准军事力量，犹太军队开始形成，欧洲犹太人却变得越来越无助。1933 年，希特勒被任命为德国总理，再接下来我们都知道发生了什么，“发生在欧洲的恐怖场景让犹太人变得空前团结，半个世纪的辩论都没能做到这一点。犹太复国主义运动第一次拥有了一个官方政策，其目标就是创建一个犹太国”（第 125 页）。

终于，1948 年 5 月 14 日，大英帝国被“伊休夫”赶出了巴勒斯坦。“就像当年和马卡比家族作战的希腊人一样，英国人严重低估了巴勒斯坦犹太人战争到底的决心”（第 152 页）。

> 这个新成立国家的名字也有着深刻的象征意义。关于这个国家的名字，一开始有好几个选项，但最终选定为以色列，这是圣经时代的雅各和天使角力后获得的名字。“你的名不要再叫雅各，要叫以色列，因为你与神与人角力，都得了胜。”
>
> （第 158 页）

二　建国之路

以色列建国后，独立战争进入第二阶段，一直持续到 1949 年 1 月。最终不被看好的以色列人战胜了阿拉伯人，其间大约有 70 万阿拉伯人流离失所，作者对此所持的态度是“不可否认，这么多巴勒斯坦阿拉伯人离开家园令人悲痛。其中以色列人无疑负有责任。但与此同时，那些难民接收国造成了真正的人类悲剧，为了挑起国际社会对以色列的谴责，他们故意让这些难民无家可归，一直生活在难民营。保持这些巴勒斯坦人的难民身份成为黎巴嫩、叙利亚、约旦和埃及等国在未来阿以冲突中的王牌”（第 178 页）。

本-古里安总理在战争结束后，将注意力转移到了建设国家。以色列议会第一次全体会议于 1949 年 2 月 14 日召开，确定了总统。一年后，议会制定并通过了最能代表以色列国家性质的《回归法》，赋予所有犹太人回归以色列的权利，宣告犹太人无家可归、到处流浪的时代已经结束。本-古里安投入大量资源的另一个领域是儿童义务教育，《义务教育法》规定为所有 5~13 岁的儿童提供免费教育。

但大量的移民带来了不可忽视的文化冲突，“为了让国家的文化尽可能先进，本-古里安甚至提议东方犹太人和阿什肯纳兹犹太人的孩子分开教育，进不同的学校，他担心如果不这样做，以色列将成为‘黎凡特’，‘退化’成‘像阿拉伯国家’一样落后”（第190页）。以色列早期出现的这些社会问题为后来政治生态的剧烈变化埋下了伏笔。

同时，本-古里安决心建立以国家为核心的民族文化，但在后期走向了极端。比如禁止人们看电视、对新闻出版业施加压力。“考虑到以色列社会当时将要面临的严峻考验，恐怕正是本-古里安有时以高压方式执意打造出的这个以忠于国家和政府为核心价值的社会，才有可能让羽翼未丰的以色列幸存下来。”（第194页）

建国后不到十年，以色列已经登上国际舞台，法国和英国都视其为潜在的军事合作伙伴。同时，以色列和几个非洲国家建立了良好关系，利用自己擅长的农业技术等对其进行科技帮助。遗憾的是这些新成立的非洲国家很快联合成一个团体，成为以色列在联合国的最大敌人之一。但迈出这一步已经使以色列凭借其技术在国际上具有了一定话语权。以色列人随之发现，“在营造美好未来前，他们先要直面犹太民族漫长历史上一段最痛苦的时期”（第220页）：纳粹大屠杀。1961年4月11日，艾希曼审判在耶路撒冷举行，这是以色列社会第一次公开讨论这场暴行中恐怖的细节和噩梦。

> 虽然这一刻来得有些晚，但艾希曼审判让以色列社会明白，没有任何犹太人能脱离犹太历史而存在。新犹太人试图开始一段全新的犹太历史，但这场审判告诉以色列社会，不管历史有时多么令人痛苦，只有拥抱历史，犹太人的生活才能继续。
>
> 对于这个年轻的国家而言，这是个痛苦的过程。但这让一代不熟悉大屠杀的以色列人更清楚地看到，犹太人拥有自己的国家是多么重要。
>
> （第237、238页）

过后没多久，六日战争（第三次中东战争）就爆发了，这场战争大幅改变了以色列的领土，较战前翻了3倍多。但“六日战争”的胜利在戈迪斯的眼中成为重负，“如何处理被占领的领土成为犹太复国主义中最有争议的问题”（第271页）。虽然这样的胜利提升了流亡国外的犹太人的认同感，但阻碍了巴以双方谈判的进程，“几十年后，大多数以色列人将明白，约旦河西岸最终无法逃避分而治之的命运（由于国际压力等原因），不可能被以色列长期单独占领”，“这场冲突从政治问题演变为宗教问题，双方的宗教人士都认为这是上帝赐予他们的土地”。（第 271 页）

> 作为现代以色列国家的总设计师，西奥多·赫茨尔还认为，一旦犹太人有了自己的国家，欧洲和世界其他地方的反犹主义就将成为历史。这个想法也过于天真。在某种程度上，以色列让世界对犹太人的看法变得更为复杂，也让欧洲犹太人的境地变得更加尴尬。
>
> （第 6 页）

作者以同情又辩证的目光看待犹太复国主义者的努力，一方面将其期许视为天真，一方面并不掩盖犹太国家面临的实际问题和挑战。在全书的最后，戈迪斯将目光转向了现代犹太人，为“未来”留下了窗口。如果说犹太民族曾经重生的秘密武器是没有别的地方可去，也许现在也“同样经不起失败”（第 339 页）。

建国之路曲曲折折，但犹太民族还是勇敢前行，以色列不但生存了下来，而且欣欣向荣。

> 在一片荒凉而狭小的土地上，犹太复国主义者建立起一个持久的国家。它有军事实力，但不穷兵黩武。它接收了一批批难民，再把他们塑造成公民。它为信仰保留了空间，但仍然是个世俗国家。面对长期围堵，它仍然坚持民主精神。阿拉伯人本可以从这种经历中学到东西，但他们因恐惧望而却步。
>
> （第 398 页）

对于犹太国所取得的成就，很难找到比这更精练的总结了。

（作者单位：重庆大学人文社会科学高等研究院）

2019 年以色列研究大事记

黄 婧 赵红云

2019 年 1 月 12 日，河南大学在金明校区举行区域与国别研究院揭牌仪式暨区域与国别研究研讨会。来自中国社会科学院、中国人民大学、北京外国语大学、国际关系学院、复旦大学、上海外国语大学、上海对外经贸大学等高校和科研单位的学者共计 100 余人参与本次会议。新成立的研究院设有学术委员会、专家咨询委员会和以色列研究中心、亚太研究中心、欧洲研究中心、南亚研究中心、“一带一路”和河南发展研究中心等五个研究中心。

2019 年 4 月 19 日，上海社会科学院国际问题研究所、中国中东学会、上海外国语大学中东研究所、上海国际问题研究院西亚非洲研究中心、上海大学土耳其研究中心联合主办的第三届上海中东学论坛——“转型中的中东与新时代中国中东外交”学术研讨会在上海社会科学院举行。来自中国社会科学院、南京大学、北京外国语大学、陕西师范大学、宁夏大学、西北大学等科研机构和高校的 60 余位专家学者，围绕当前中东形势、地区热点问题和中国中东外交等进行了深入研讨和交流。

2019 年 5 月 31 日，以色列研究教学研讨会在陕西师范大学长安校区召开。此次研讨会由陕西师范大学历史文化学院和中以学术交流促进会（SIGNAL）联合主办，陕西师范大学犹太历史文化研究所承办。来自河南大学、云南大学、上海外国语大学、四川外国语大学、陕西师范大学、西北大学、西北工业大学等高校以色列研究机构的 30 余位专家学者与会。研讨会上以色列海法大学尼曼教授（Yisreal Ne’eman）做了有关以色列历史的主题讲座，学者们就相关议题展开了深入讨论，并在学术交流、科研合作、人才培养等方面达成了多项共识。

2019 年 6 月 11~14 日，“第三届犹太研究国际研讨会暨上海外国语大学犹太研究所成立大会”在上海外国语大学虹口校区隆重举行，本次会议由上海外国语大学犹太研究所、上海外国语大学全球文明史研究所共同举办，会议主题为“跨学科视野下的犹太研究”，参会代表来自中国、美国、以色列、日本等多个国家。会上还举行了上海外国语大学犹太研究所揭牌仪式。

2019 年 6 月 24~24 日，第 35 届国际以色列研究学会（Association for Israel Studies，AIS）在以色列举行。本届大会由以色列加利利海基尼列学院（Kinneret College on the Sea of Galilee）承办，共有来自美国、加拿大、英国、法国、德国、意大利、波兰、捷克、匈牙利、罗马尼亚、乌克兰、新西兰、印度和中国等国 400 多位代表参加。国际以色列研究学会总部设在以色列海法大学，是目前全球最大的以色列研究专业学术团体，其会员广泛分布于人文和社会科学各个学科。本次大会的主题是“概念和现实：从应许之地到创新国度”，下设 100 多个讨论小组，就当代以色列的政治、经济、社会、文化、艺术等各个方面展开讨论，汇报最新研究成果，进行相关学术交流。

2018 年 7 月 15~19 日，第 11 届欧洲犹太研究学会（European Association for Jewish Studies，EAJS）年会在波兰克拉科夫（Kraków，Poland）举行。大会的主会场设在雅盖隆大学（Jagiellonian University）的大礼堂，其他会议地点包括雅盖隆大学法学院和行政楼、克拉科夫教育大学和克拉科夫国家博物馆的报告厅，会议议程在 22 个房间同时进行。本次会议由雅盖隆大学犹太研究所和阿莱夫促进犹太研究基金会共同主办。大会的主题是“寻找犹太传统的根源”，提醒我们克拉科夫、利沃夫和加利西亚在 18~20 世纪犹太民族文化、传统和习俗形成中的作用。

2019 年 9 月 8~10 日，第 8 届欧洲以色列研究学会（European Association for Israel Studies，EAIS）年会在捷克首都布拉格的查尔斯大学（Charles University）艺术系举行，本次年会的主题是“变化时代中的民主：以色列、欧洲和世界”，考察以色列的现状及历史发展，重点讨论当代民主国家所面临的若干挑战。民粹主义的兴起（政治图谱中的左派和右派）质疑了国家的起源，并提出了有关身份认同、边界、文化、政党制度和精英形成等问题。会议会集了以色列研究各个领域的学者，包括但不限于政治、文学、安全、少数族裔、社会研究、历史、移民研究、性别研究、经济学、法律、宗教、人类学、语言、文化、电影、音乐和艺术等方面。

2019 年 9 月 21~22 日，由中国中东学会主办、南京大学犹太-以色列研究所承办的 2019 年中国中东学会年会在南京大学举行。本次年会的主题是“中国与中东各民族的相知和交往”，相关议题分别为古代中国与中东关系、中东社会经济发展与“一带一路”、当代国际关系转型中的中国与中东、国别与区域研究、中国的中东研究和中东国家的中国研究等，来自全国 30 多所高校和研究机构的数十名专家学者参会，还特邀了外交部前中东问题特使宫小生先生和中国驻卡塔尔、约旦前大使岳晓勇先生出席会议。

2019 年 11 月 22~24 日，庆祝山东大学犹太教与跨宗教研究中心成立 25 周年暨“犹太文化与多元宗教：回顾与展望”学术研讨会在山东大学济南校区举行。山东大学犹太文化研究所于 1994 年 11 月成立，开启了山东大学“犹太研究”的序幕；2004 年，以犹太文化研究所为核心组建的山东大学犹太教与跨宗教研究中心通过评审，成为教育部人文社会科学重点研究基地。25 年来，中心在犹太经典与文化名著翻译、犹太哲学宗教研究，以及佛教、基督教、东方宗教等跨宗教研究领域和人才培养、社会服务等方面取得了较好成绩。本次研讨会针对犹太研究在中国的发展历程与成就、当前宗教学研究各领域内的热点问题、宗教学学科的未来发展等议题展开研究与交流。

2019 年 12 月 17 日，第 51 届国际犹太研究学会（Association for Jewish Studies，AJS）年会在美国圣迭戈举行，作为当今全球最大规模的犹太研究学者集会，本次年会吸引了 1100 多名学者报名参加，设有 190 多个讨论组，以及书展、文化活动和宴会。

（作者单位：四川外国语大学国际关系学院）

《以色列研究》约稿启事

《以色列研究》是教育部国别与区域研究备案中心四川外国语大学以色列研究中心主办的专业性学术集刊，暂定每年出版一期。本集刊以“现状与历史结合，国别与区域并重”作为办刊主旨，鼓励跨学科研究、学术创新和学术争鸣。

主要刊发关于以色列、犹太及中东研究方面的学术论文，栏目设置有当代以色列、犹太研究、以色列与中东、名家访谈、书评、国内外以色列研究大事记等。热诚欢迎国内外同人赐稿。

投稿要求

1. 来稿应具有学术性与理论性，并且在选题、文献、理论、方法或观点上有创新性。

2. 来稿一般不少于 1 万字，有相应的学术史回顾，正文前应附上中英文题名、内容提要（300 字以内），关键词（3～5 个）。作者姓名、职称、学历、工作单位、通信地址、邮政编码、联系电话、电子信箱应附于文末，以便联系。

3. 本集刊注释采用脚注形式，引用文献需严格遵守学术规范，注明出处。

4. 来稿文责自负，本集刊编辑部有权对来稿做一定的修改或删节，如不同意，请在来稿中注明。

5. 本集刊将被中国知网（CNKI）收录，如有异议，请在来稿中说明。

6. 请勿一稿多投，本集刊实行双向匿名审稿制，稿件两个月后未被采用，作者可自行处理。

7. 来稿一经刊用即奉稿酬，并赠样刊两本。

联系方式

电子信箱：israelstudies @ 163. com

通信地址：重庆市沙坪坝区烈士墓壮志路 33 号　四川外国语大学博文楼 3 楼国关综合实验室《以色列研究》编辑部
邮政编码：400031
电话/传真：023-65385279

《以色列研究》编辑部

图书在版编目(CIP)数据

以色列研究. 第1辑 / 陈广猛主编. -- 北京 : 社会科学文献出版社, 2020.9

ISBN 978-7-5201-7358-2

Ⅰ. 以… Ⅱ. ①陈… Ⅲ. ①以色列-研究 Ⅳ. ①D738.2

中国版本图书馆 CIP 数据核字(2020)第 180503 号

以色列研究（第 1 辑）

主　　编 / 陈广猛

出 版 人 / 谢寿光
组稿编辑 / 张晓莉
责任编辑 / 郭白歌

出　　版 / 社会科学文献出版社 · 国别区域分社（010）59367078
地址：北京市北三环中路甲 29 号院华龙大厦　邮编：100029
网址：www.ssap.com.cn
发　　行 / 市场营销中心（010）59367081　59367083
印　　装 / 三河市龙林印务有限公司

规　　格 / 开 本：787mm × 1092mm　1/16
印 张：14.25　字 数：232 千字
版　　次 / 2020 年 9 月第 1 版　2020 年 9 月第 1 次印刷
书　　号 / ISBN 978-7-5201-7358-2
定　　价 / 98.00 元